Tilda's Homesewing

틸다의
홈소잉

북유럽 패브릭으로 만드는
옷과 귀여운 소품

일본 보그사 지음 | 송혜진 옮김

한스미디어

PART 1 __ 북유럽 패브릭이 탄생하는 멋진 집 6

PART 2 __ 가든파티로의 초대 20

PART 3 __ 틸다와 함께하는 홈소잉 시간 72

PART 4 __ 화려한 꽃무늬에 둘러싸인 아름다운 일상 102

PART 5 __ 해피 크리스마스! 146

PART 6 __ 소중한 나만의 선물 162

이 책에서 사용하는 틸다의 원단 198

How to make 200

실물 크기 패턴 A~D

LESSON 1 __ 스카프가 달린 튜닉 원피스 38

LESSON 2 __ 라운드형 트렁크박스 82

LESSON 3 __ 꽃무늬 그래니 백 120

Tone Finnanger

1999년 스웨덴 판두로 하비Panduro Hobby사의 협력 아래

스물다섯이라는 젊은 나이에 '틸다Tilda'라는 브랜드를 창립했습니다.

바느질뿐만 아니라 종이공예 등 다양한 아이디어를 제안합니다.

PART I

피오르드의 광활한 풍경과 풍요로운 자연에 둘러싸여 있는 노르웨이의 작은 섬 바세르Hvasser에 사는 틸다의 디자이너, 토네 피낭에르Tone Finnanger. 1999년에 브랜드가 탄생한 이후, 전 세계 팬들을 매료시키고 있는 디자인은 평화로우면서 영감을 자극하는 노르웨이의 이 섬에서 시작되었습니다.

인구 600명이 살고 있는 작은 섬, 바세르.
일 년 내내 풍부한 자연은 작품을 만드는 데에도 큰 영향을 줍니다.

Garden & Living

화사한 경치와 좋아하는 것들에 둘러싸인 생활

바다가 보이는 정원에는 각종 꽃들이 가득.

'빌라 로네스'라는 아름다운 집에서 애견 토토, 앵무새 키로와 함께 살고 있는 토네 씨. 유유자적한 시간 속에서 좋아하는 일을 마음껏 하는 것이 그녀의 일과입니다.

낡은 것을 소중히 여기는 그녀에게, 역사가 있는 건물과 앤티크와 함께 살아간다는 것은 매우 의미 있는 일입니다.

Atelier

반짝이는 아이디어로 가득한 아틀리에

노르웨이의 수도 오슬로에 살던 토네 씨는 14년 전에 인구 600명의 작은 섬, 바세르로 이사를 했습니다. 낡은 것을 소중히 여기는 인테리어 스타일은 부모님으로부터 물려받은 것입니다. "좋아하는 것들에 둘러싸여 살아간다는 것이 중요해요. 일상, 인테리어, 트렌드, 옷 등 온갖 것들의 영감을 받아서, 그러한 환경이 틸다의 멋진 디자인을 만들 수 있게 해줘요."라고 토네 씨는 말합니다.

아이들을 위한 그림책과 애니메이션을 만들고 싶다는 꿈을 키우는 동안, 스스로 만들어낸 콘셉트가 여성들의 수공예를 위한 작품에 더 맞지 않나 싶은 생각을 하며 틸다가 시작되었습니다. 그녀에게 틸다란 그림책에 나오는 동화 같은 일상을 만드는 것, 급격히 변화하는 현실 속에 평안과 즐거움을 만드는 것입니다. 현재 1년에 두 차례씩 새로운 무늬를 발표하는 동시에 그에 맞춰 책도 직접 내고 있습니다. "아직 제 꿈은 이뤘기는커녕 점점 더 커지고 있지만, 틸다가 많은 사람들에게 사랑받는 브랜드가 되어 정말 행복해요."

아틀리에에에는 틸다의 아이템들이 가득. 파스텔톤 컬러의 선반에는 각종 천과 단추 등 소품들이 늘어서 있습니다.

다양한 앤티크 물건으로 장식한 식기 선반. 부드러운 색감으로 정돈된 인테리어는 틸다의 세계관을 느낄 수 있는 로맨틱한 분위기를 연출합니다.

· 좋아하는 앤티크 잡화 위에 앉아있는 틸다 인형은 브랜드 이미지에서 빠질 수 없는 존재. 토네 씨가 직접 만든 것입니다.

· 지금까지 출판한 책, 책등의 디자인도 멋집니다.

1936년에 지어진 오래된 집. 목조건물로, 걸어 다니면 나무가 삐걱거리는 소리가 들리는 오랜 정취가 있는 집을 정말 좋아한다고 합니다.

천의 무늬로도 종종 나오는 새 모티브는 인테리어 포인트로도 활용합니다.

PART 2

Welcome to Garden Party

가든파티로의
초대

귀여운 꽃과 새무늬 원피스, 가방, 로맨틱한 무늬의 티 세트, 식물 모티브의 튜닉…….
북유럽 패브릭으로 만든 옷과 소품으로 가든파티를 연출해보세요.
컬러풀한 색깔과 무늬의 조화, 리본을 활용한 것이 매우 참신합니다.

리본 장식이 있는 테이블클로스

나뭇가지와 새장이 그려진 귀여운 분홍빛 천에 심플한 꽃다발무늬 천을 이어, 차분하면서도 사랑스러운 분위기로 완성했어요. 액자 형태로 만든 클로스의 네 모서리에는 리본을 달았습니다.

Design & make ·· Mariko Uchimura
How to make ·· p.42

찻잔무늬 티코지 & 코스터

'이상한 나라의 엘리스'에 나오는 티파티를 표현한 세트. 귀여운 찻잔무늬에 스트랩과 리본을 달아 발랄한 느낌을 더했습니다. 스티치가 들어간 리본도 귀엽습니다.

Design & make ·· Mariko Uchimura
How to make ·· p.44·45
실물 크기 패턴 A면 〔1〕티코지 · 〔2〕코스터

• 얇은 회색빛 천에 핑크, 빨강, 파랑 등 알록달록한 색깔을 활용한 찻잔무늬가 파티 분위기를 돋우는 듯합니다.

•• 찻잔무늬 하나씩을 넣어 완성한 코스터. 별이 총총 박힌 귀여운 리본을 양옆에 묶어 포인트를 주었어요.

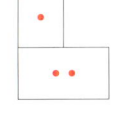

코르사주를 단 드로스트링 백

산뜻한 핑크×그레이의 북유럽식 색깔 조합이 매력적인 천으로 만든 숄더백. 리본을 조여서 묶어주면 복주머니 모양이 되는 귀여운 디자인입니다. 같은 천으로 만든 코르사주도 붙여보세요.

Design & make ‥ Chiharu Okuyama
How to make ‥ p.52
실물 크기 패턴 A면 (5)

보타이 풀오버

튜닉 원피스의 길이를 좀 더 짧게 해 깃 부분을 보타이로 살짝 바꿔보았어요. 오프화이트 천에 회색의 작은 부케무늬가 청순한 느낌을 줍니다. 바대에 주름을 넣어 더욱 날씬해 보이는 실루엣으로 만들었습니다.

Design & make ·· Rika Komori
How to make ·· p.56
실물 크기 패턴 A면 (7)

라일락무늬 숄더백

하나하나 섬세하게 그려진 핑크빛 라일락무늬가 인상적입니다. 한가운데 주름을 넣고, 안쪽에 지퍼를 달아 더욱 쓰기 편하게 만든 디자인이에요. 어깨끈은 원하는 길이만큼 조절해서 묶어주면 됩니다.

Design & make ‥ Yoko Kato
How to make ‥ p.58
실물 크기 패턴 B면 (8)

가방 바닥 천과 이어진 것처럼 보이는
넓은 폭의 어깨끈은 사용하기도 정말 편하답니다.
초록색의 물방울무늬가
꽃무늬를 더욱 돋보이게 합니다.

둥근 칼라 튜닉

둥근 칼라와 퍼프 슬리브, 앞 몸판에 턱(접박기 주름)을 잡아 맵시를 더한 작은 꽃무늬 튜닉. 프릴 원피스와 같은 패턴을 이용해 만듭니다.

Design & make ·· Rika Komori
How to make ·· p.62
실물 크기 패턴 B면 (10)

프릴 꽃무늬 원피스

품이 넉넉한 7부 소매 원피스는 가슴 부분부터 목 언저리까지 프릴을 덧대어 화려한 느낌을 줍니다. 연한 초록색 천에 핑크, 오프화이트의 작은 장미무늬가 매력적이에요.

Design＆make ‥ Rika Komori
How to make ‥ p.64
실물 크기 패턴 B면 〔11〕

새무늬 리본 원피스

빨강 꽃과 새가 잘 어우러진 귀여운 천으로 만든 캐미솔 원피스. 가슴 부분에 어깨끈과 같은 물방울무늬의 리본을 묶어 포인트를 주었어요.

Design & make ·· Yoko Kato
How to make ·· p.66
실물 크기 패턴 B면 (12)

새 모티브 플랩 백

와펜 스타일로 그린 새 모티브를 차분한 톤의 물방울 무늬와 조합해 시크한 분위기를 내었어요. 물건을 많이 넣을 수 있도록 둥근 모양으로 완성했습니다. 덮개에 붙인 커다란 와펜이 포인트입니다.

Design & make ·· Yoko Kubodera
How to make ·· p.68
실물 크기 패턴 B면 [13]

가는 선 하나하나까지 꼼꼼하게 수놓은 와펜. 광택이 있어 하나만으로도 존재감을 발휘합니다. 덮개가 반짝반짝하지 않나요?

롱 랩스커트

파랑새무늬가 시원스러운 스커트. 너무 넓게 퍼지지 않고 깔끔하게 떨어지는 실루엣과 물결 모양의 스커트 가장자리가 전체적으로 매우 세련된 인상을 줍니다. 함박꽃무늬 랩스커트와 같은 패턴을 사용하되 길이만 좀 더 길게 해서 만듭니다.

Design & make ·· Sanae Kouno
How to make ·· p.70

함박꽃무늬 랩스커트

함박꽃무늬가 화려함을 더하는 랩스커트는 리본을 커다랗게 묶어 포인트를 주었습니다. 넓은 폭의 허리벨트가 무늬를 한층 돋보이게 해줍니다. 스커트의 주름은 살짝만 잡아주세요.

Design & make ·· Sanae Kouno
How to make ·· p.70
실물 크기 패턴 B면 (14)

p.28

스카프가 달린 튜닉 원피스

실물 크기 패턴 A면 (6)

1 앞 몸판
2 뒤 몸판
3 소매
4 앞 안단
5 뒤 안단
6 벨트

완성 사이즈

• 기장 S~L 85cm

재료

• 코튼 140×200~220cm
• 접착심 50×20cm
• 지름 1.5cm 단추 2개

Fabric

• Birdcage Toile Cadet Blue

※ ○안의 숫자는 시접 표시.
따로 표시하지 않은 부분은 시접 1cm

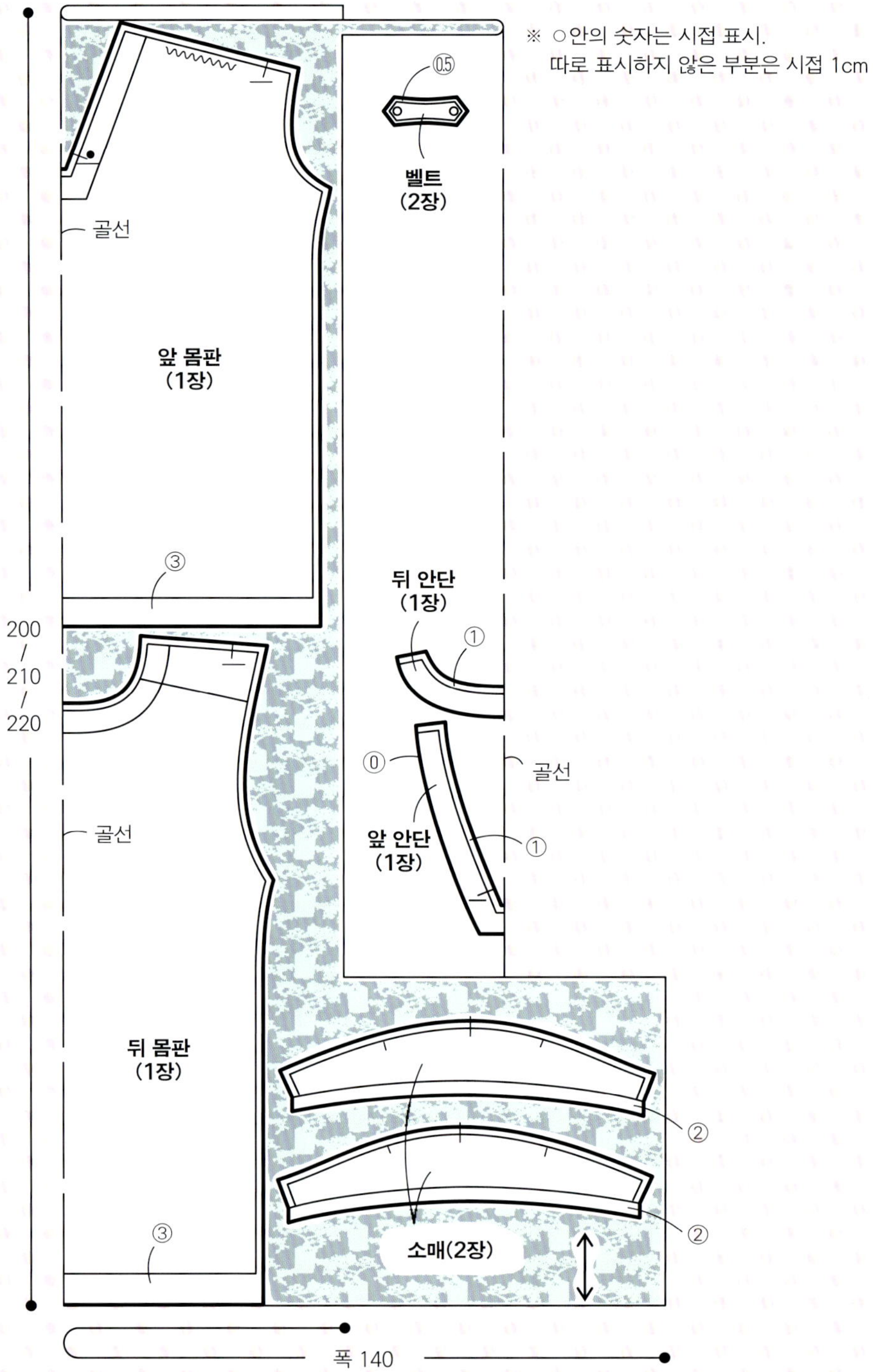

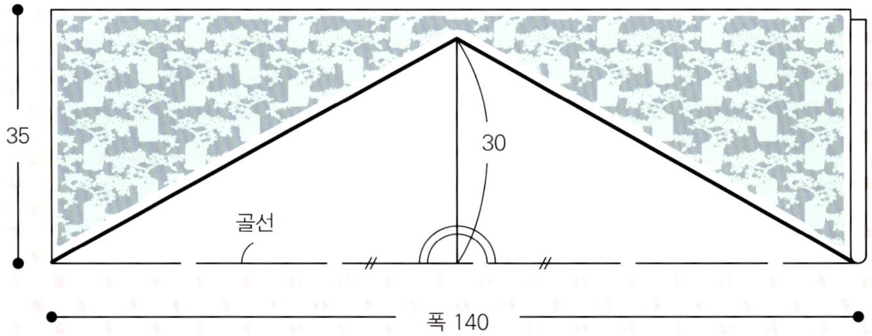

1
원단을 준비한다

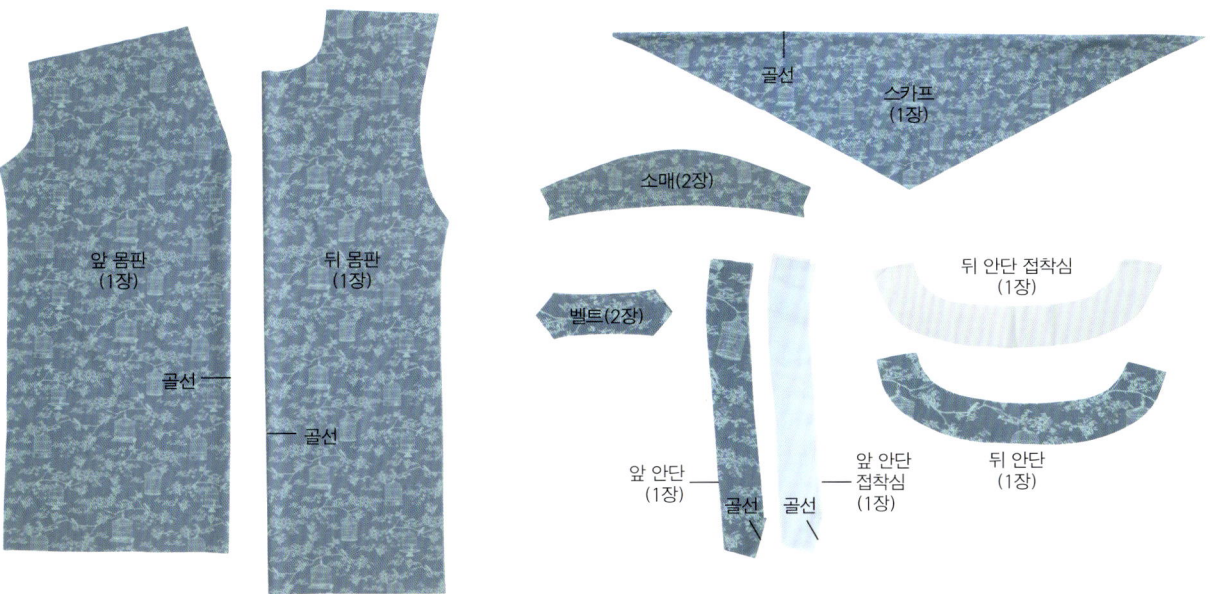

2
안단을 만들고, 어깨와 목둘레를 박는다

※ 여기에서는 알아보기 쉽도록 눈에 띄는 색상 실로 꿰매어 설명한다.

❶ 앞뒤 안단에 접착심을 붙인다.

❷ 앞 안단을 뒤집어 시접의 2군데에 초크펜으로 표시를 해둔다.

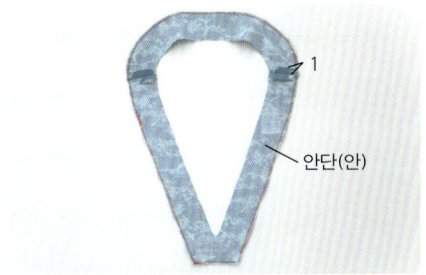

❸ 앞뒤 안단을 겉끼리 맞댄 다음 골선에 맞춰 박는다. 시접을 가르고, 전체 시접 둘레에 지그재그박기를 한다.

❹ 앞 몸판의 어깨 부분에 큰 땀으로 2줄을 박은 다음, 윗실만 2줄이 평행하도록 양쪽으로 잡고 당겨준다. 주름이 들어가야 할 부분을 살짝 넘겨서 넉넉하게 박아둬야 나중에 예쁘게 완성된다.

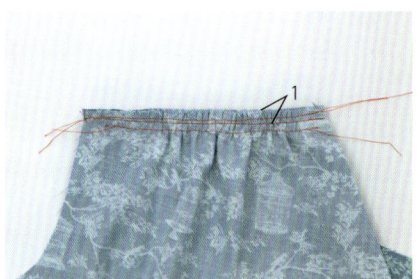

❺ 앞뒤 몸판을 겉끼리 맞댄 다음, 앞 몸판이 위로 오게 해 양어깨를 박는다. 주름이 끝나는 부분까지 주름을 넣고 균등하게 잘 잡히도록 정리한다.

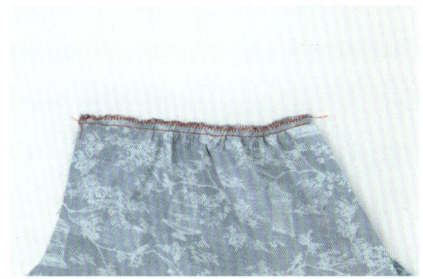

❻ 다 박으면 ❹에서 큰 땀으로 박은 실을 뽑아 버리고 시접을 지그재그박기 해 끝단을 처리한다.

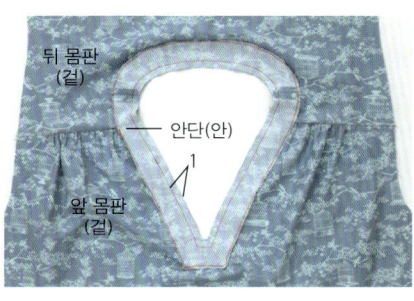

❼ 어깨의 시접은 뒤 몸판 쪽으로 넘기고, 안단과 몸판을 겉끼리 맞대어 박는다.

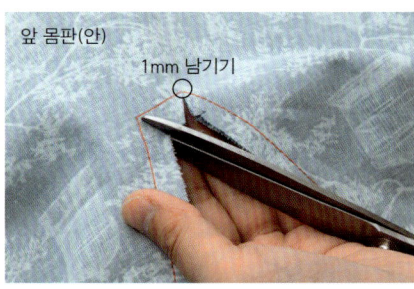

❽ 앞 목둘레의 모서리 시접에 1mm를 남기고 가위집을 낸다. 목둘레의 곡선 부분에도 1~1.5cm 간격으로 가위집을 낸다. 바늘땀은 자르지 않도록 주의한다.

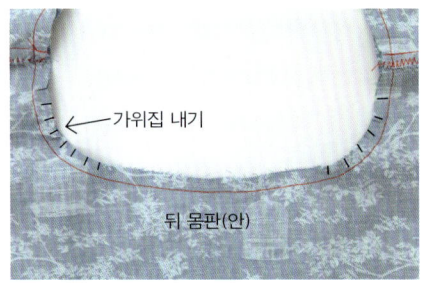

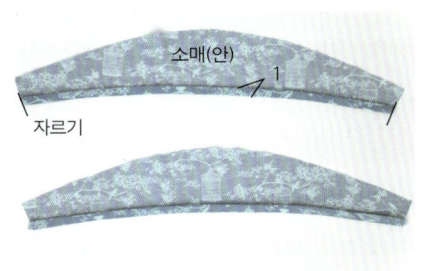

❾ 안단을 겉이 나오게 뒤집어 목둘레를 박는다.

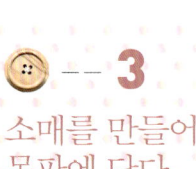

3
소매를 만들어 몸판에 단다

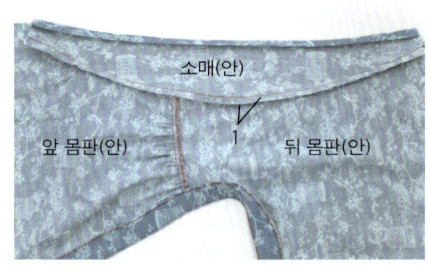

❶ 소맷부리의 시접을 두 번 접어 다리미질한다. 삐져나온 시접은 잘라낸다.

❷ 몸판과 소매를 겉끼리 맞대어 박는다. 반대쪽 소매도 같은 방법으로 박고, 시접은 2장 같이 지그재그박기 해 끝단 처리한다.

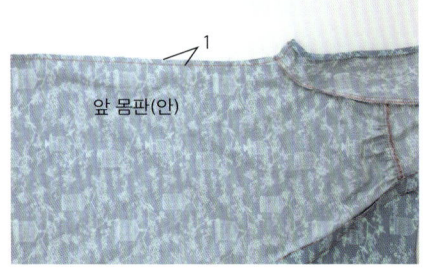

❸ 앞뒤 몸판을 겉끼리 맞대어, 소매밑부터 옆단까지 이어서 박는다. 반대쪽 소매도 같은 방법으로 박고, 시접은 2장 같이 지그재그박기 해 끝단 처리한다.

❹ 소맷부리를 두 번 접어 박는다.

4
밑단을 박는다

❶ 밑단을 끝에서 1cm 접고 2cm로 한 번 더 접은 다음 끝을 재봉틀로 박아서 고정한다.

5
벨트를 만든다

❶ 벨트 2장을 겉끼리 맞대어 창구멍을 남기고 박는다. 모서리를 가위로 자른다.

❷ 겉이 나오게 뒤집고 둘레를 재봉스티치한다.

6
스카프를 만든다

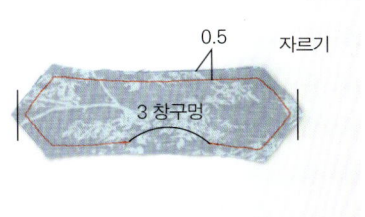

❶ 겉끼리 맞대어 한 번 접고, 창구멍을 남기고 박는다. 겉이 나오게 뒤집고 창구멍을 막는다.

7
벨트를 단다

❶ 벨트를 앞 몸판에 단추와 함께 달아서 고정하고, 스카프를 끼운다.

p.24

리본 장식이 있는 테이블클로스

완성 사이즈
- 110×110cm

재료
- 본체:
  새장무늬 90×90cm
- 가장자리 천:
  꽃다발무늬 120×140cm
- 기타:
  폭 2.5cm 리본 200cm

Fabric
- Birdcage Toile Cadet Pink
- Buke Ornament Grey

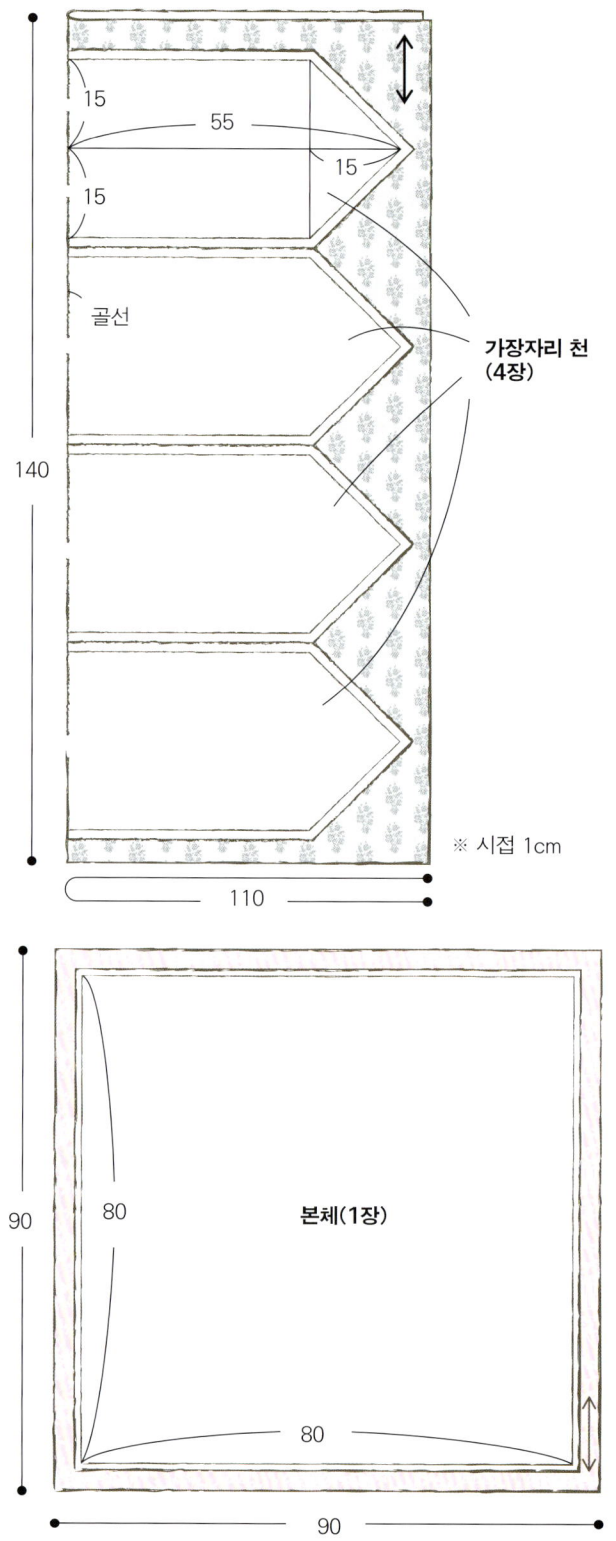

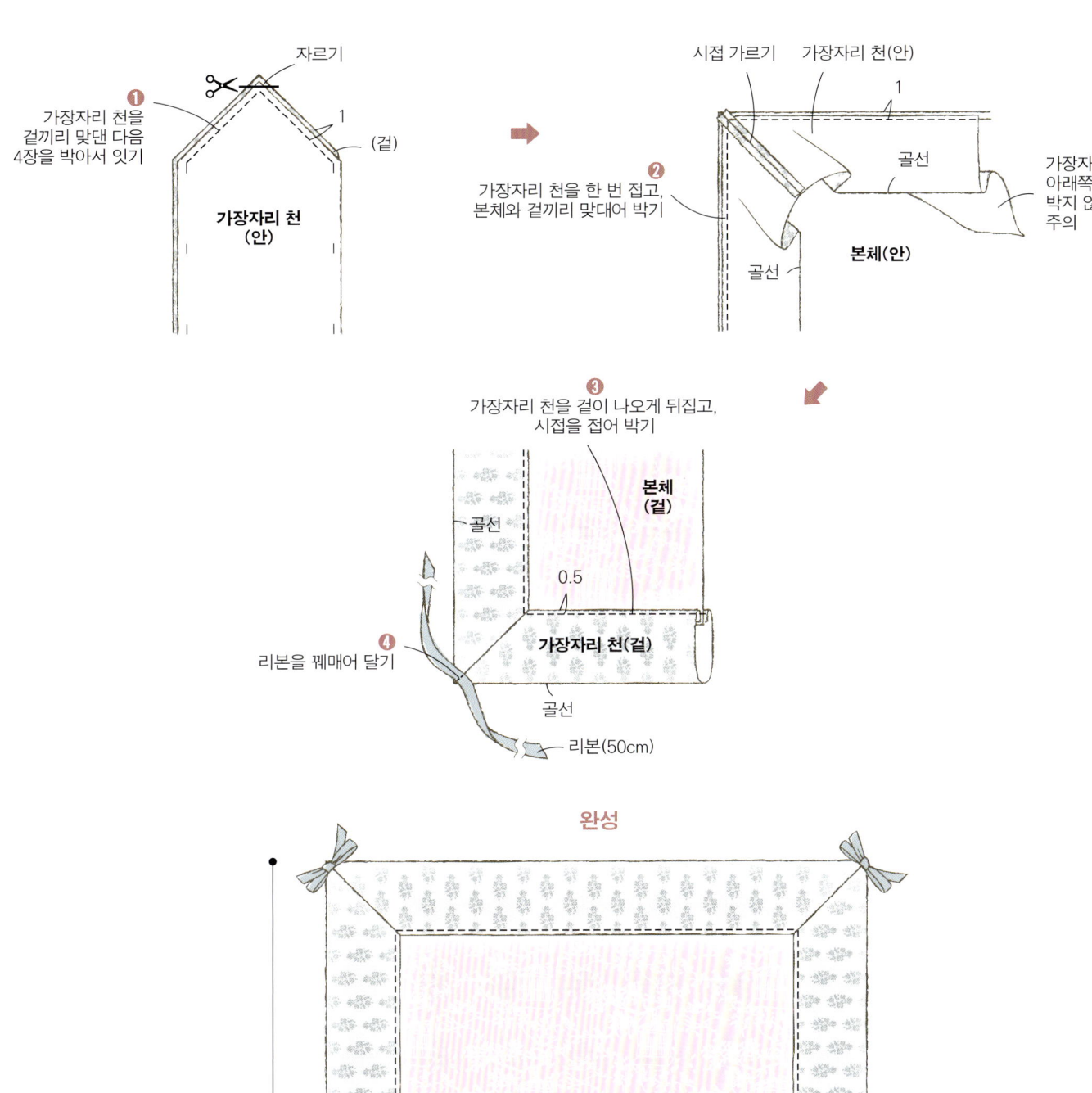

p.25

찻잔무늬 티코지

실물 크기 패턴 A면 (1)

완성 사이즈
- 18×30cm

재료
- 겉감: 찻잔무늬 40×50cm
- 안감: 별무늬 40×50cm
- 기타: 퀼트심 40×50cm, 폭 1cm 리본 15cm, 폭 2.5cm 리본 50cm

Fabric
- Porcelaine Cup Lin Grey

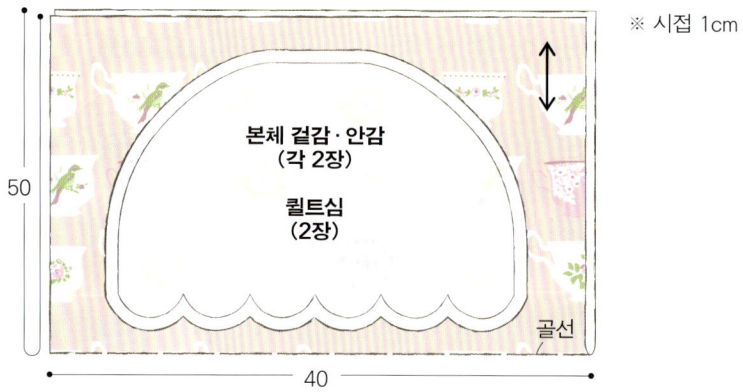

※ 시접 1cm

본체 겉감·안감 (각 2장)
퀼트심 (2장)

50 / 40 / 골선

1. 본체 겉감을 만든다

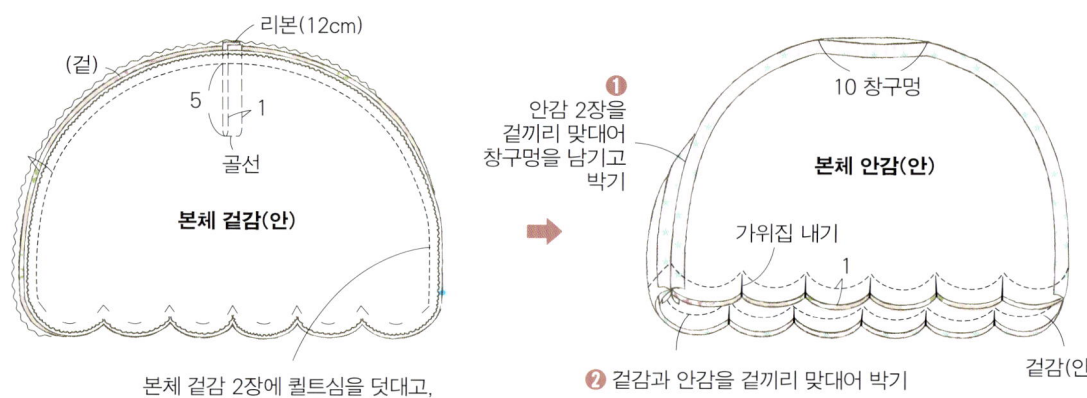

리본(12cm)
(겉)
5 1
골선
본체 겉감(안)

본체 겉감 2장에 퀼트심을 덧대고, 겉끼리 맞댄 다음 리본을 끼워 박기

2. 안감을 만들고, 겉감과 맞댄다

❶ 안감 2장을 겉끼리 맞대어 창구멍을 남기고 박기

10 창구멍
본체 안감(안)
가위집 내기
1
겉감(안)

❷ 겉감과 안감을 겉끼리 맞대어 박기
❸ 겉이 나오게 뒤집고, 창구멍 막기

완성

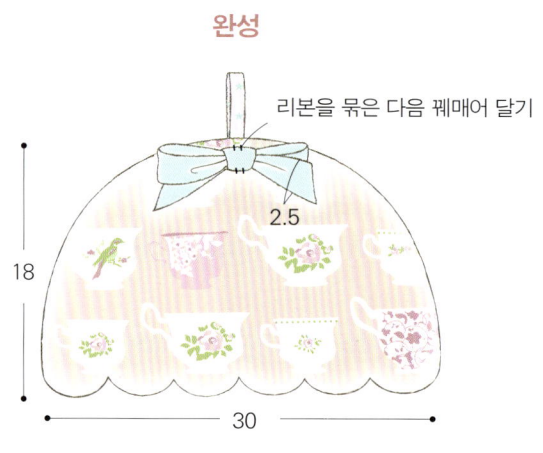

리본을 묶은 다음 꿰매어 달기

2.5
18
30

p.25

찻잔무늬 코스터

실물 크기 패턴 A면 〔2〕

완성 사이즈
- 10×13cm

재료
- 겉감: 찻잔무늬 20×15cm
- 안감: 별무늬 20×15cm
- 기타: 폭 1cm 리본 60cm

Fabric
- Porcelaine Cup Lin Grey

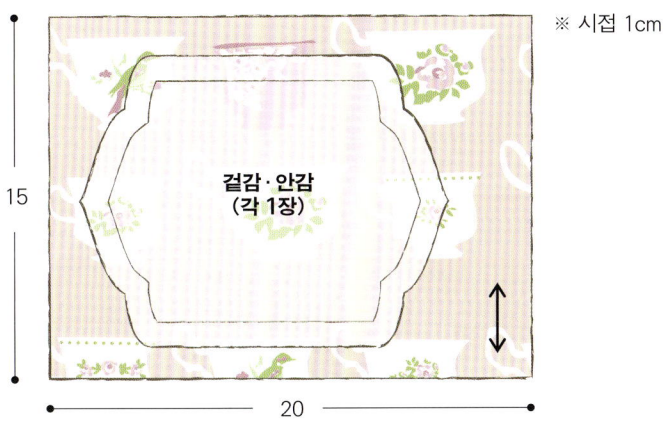

※ 시접 1cm

겉감·안감 (각 1장)

15

20

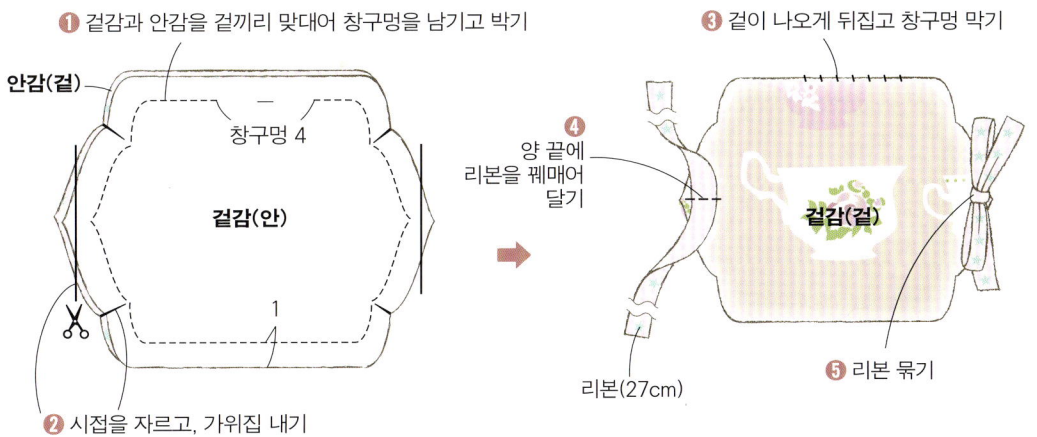

❶ 겉감과 안감을 겉끼리 맞대어 창구멍을 남기고 박기

안감(겉)

창구멍 4

겉감(안)

1

❷ 시접을 자르고, 가위집 내기

❸ 겉이 나오게 뒤집고 창구멍 막기

❹ 양 끝에 리본을 꿰매어 달기

겉감(겉)

리본(27cm)

❺ 리본 묶기

완성

10

13

p.26

둥근 칼라 블라우스

실물 크기 패턴 A면 (3)

완성 사이즈
- 기장 36 / 39.5 / 42.5cm
- 가슴둘레 75 / 79 / 83cm

재료
(100/110/120cm 사이즈)

- 본체:
꽃무늬
폭 110cm × 120/130/140cm
- 기타:
지름 1.5cm 단추 1개

Fabric
- Mini Rose White

※ ○안의 숫자는 시접 표시. 따로 표시하지 않은 부분은 시접 1cm
※ ∧∧∧∧ 시접을 지그재그박기 해 끝단 처리해두기

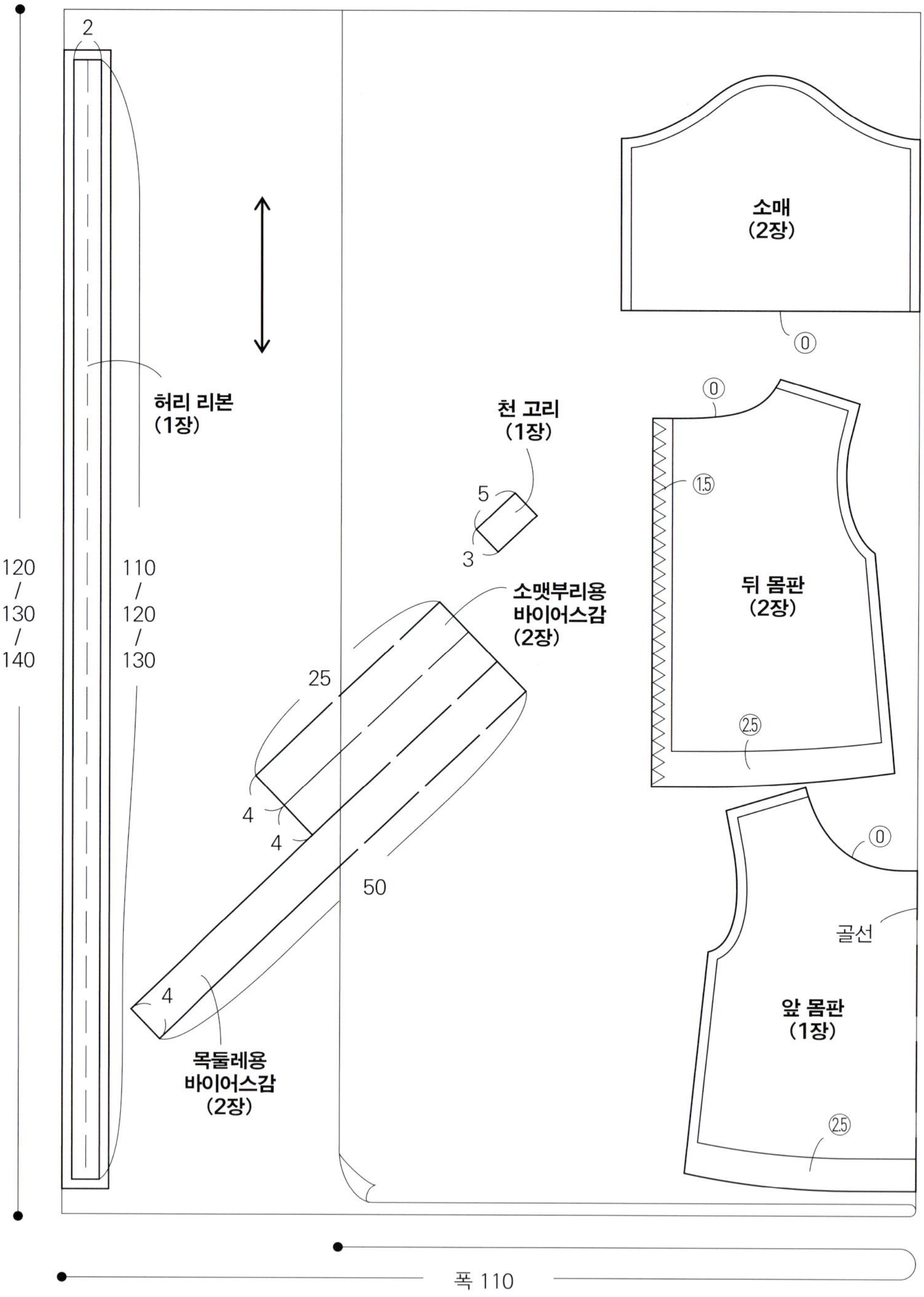

- 허리 리본 (1장) — 2, 110/120/130
- 천 고리 (1장) — 5, 3
- 소맷부리용 바이어스감 (2장) — 25, 4, 4
- 목둘레용 바이어스감 (2장) — 50, 4
- 소매 (2장)
- 뒤 몸판 (2장) — ⓪, ⑮, ㉕
- 앞 몸판 (1장) — ⓪, 골선, ㉕

120 / 130 / 140

폭 110

1. 천 고리를 만든다

2. 뒤 몸판을 맞대어 박고, 어깨를 박는다

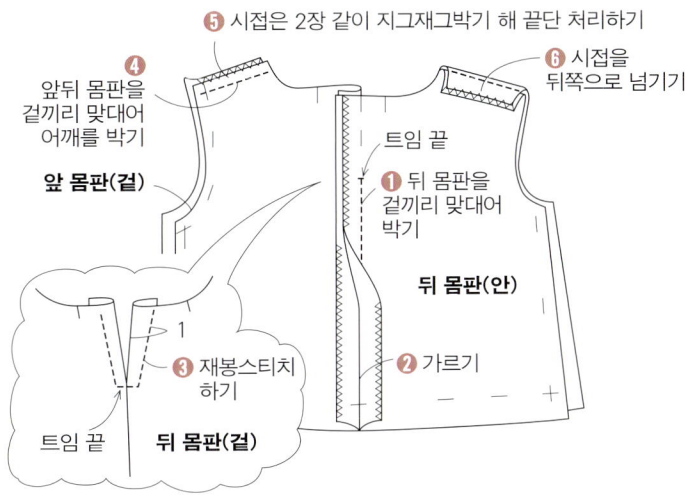

3. 목둘레에 주름을 잡는다

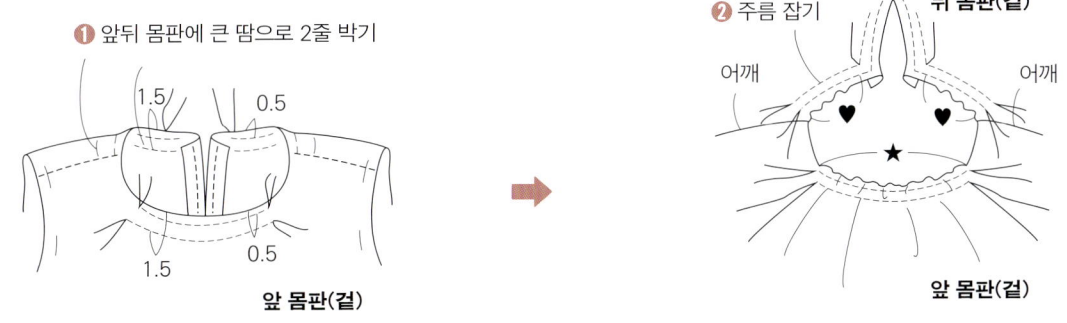

★(앞)…12 / 13 / 14cm 길이가 되도록 주름 잡기
♥(뒤)…7 / 8 / 9cm 길이가 되도록 주름 잡기

4. 목둘레를 끝단 처리한다

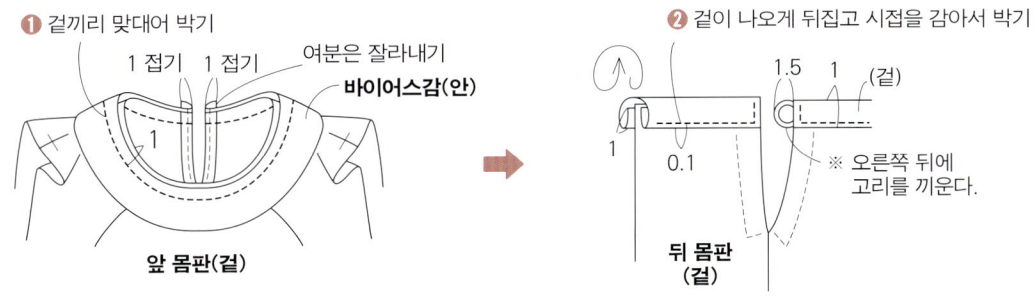

5. 몸판에 소매를 단다

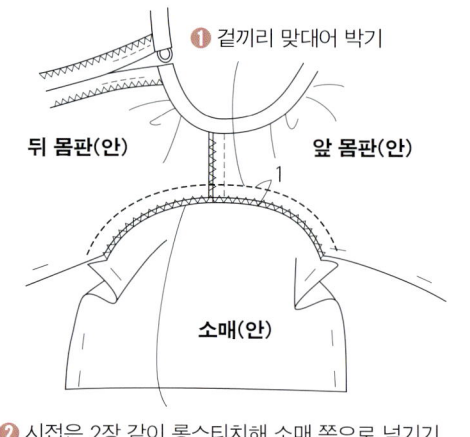

6. 소매밑부터 옆단을 이어서 박는다

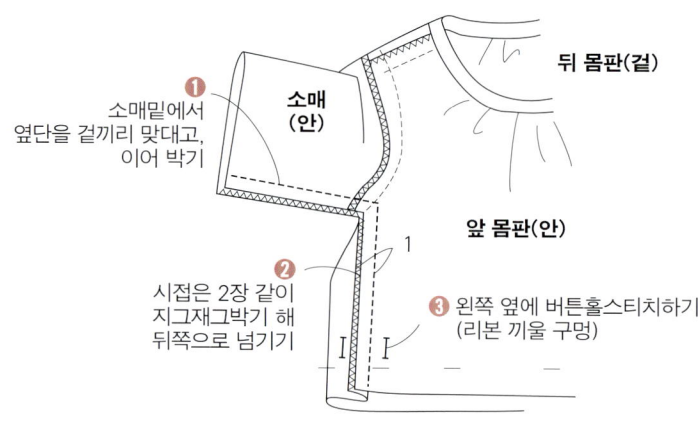

7. 소맷부리를 끝단 처리한다

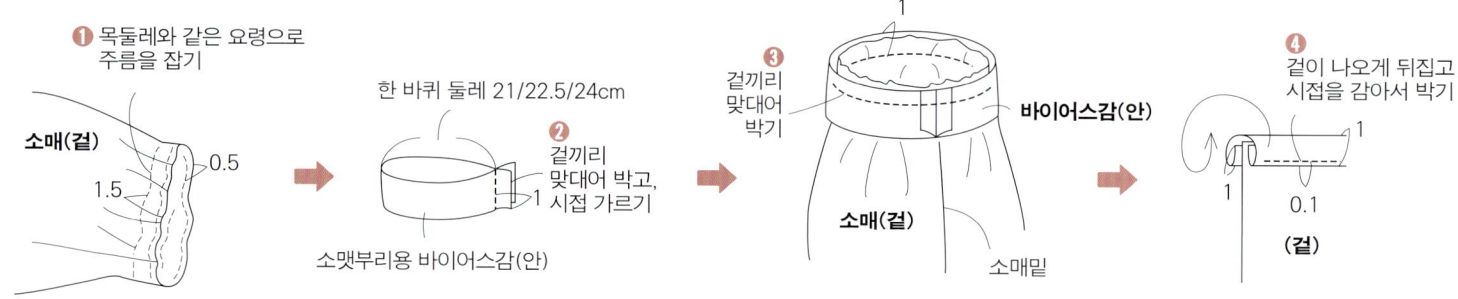

8. 허리 리본을 만든다

9. 밑단을 처리하고, 리본을 끼운다

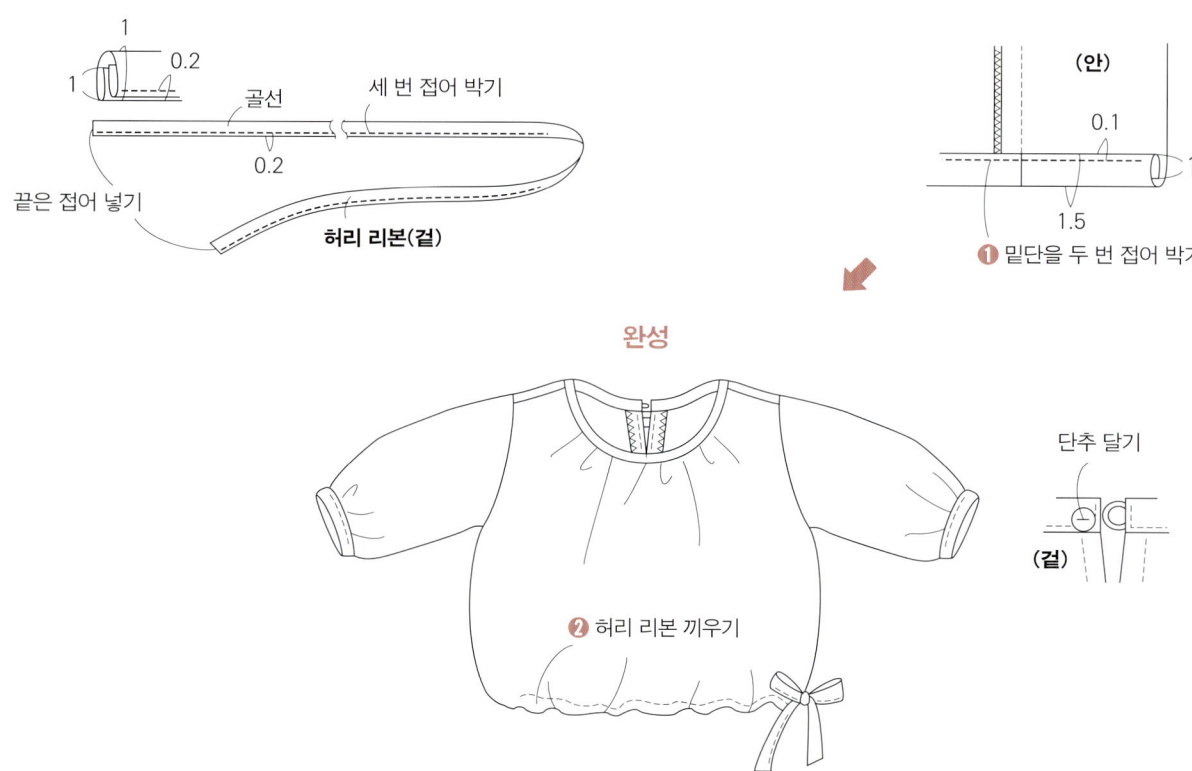

p.26

프릴 퀼로트

실물 크기 패턴 A면 (4)

완성 사이즈
- 기장 27 / 28 / 29cm
- 허리 45 / 47 / 49cm

재료
(100 / 110 / 120cm 사이즈)
- 본체:
  물방울무늬
  폭 140cm × 80 / 85 / 90cm
- 기타:
  폭 0.9cm 고무줄 100cm

Fabric
- Mini Spot Light Grey

※ ○안의 숫자는 시접 표시. 따로 표시하지 않은 부분은 시접 1cm
※ ∧∧∧∧은 지그재그박기 해 끝단 처리해두기

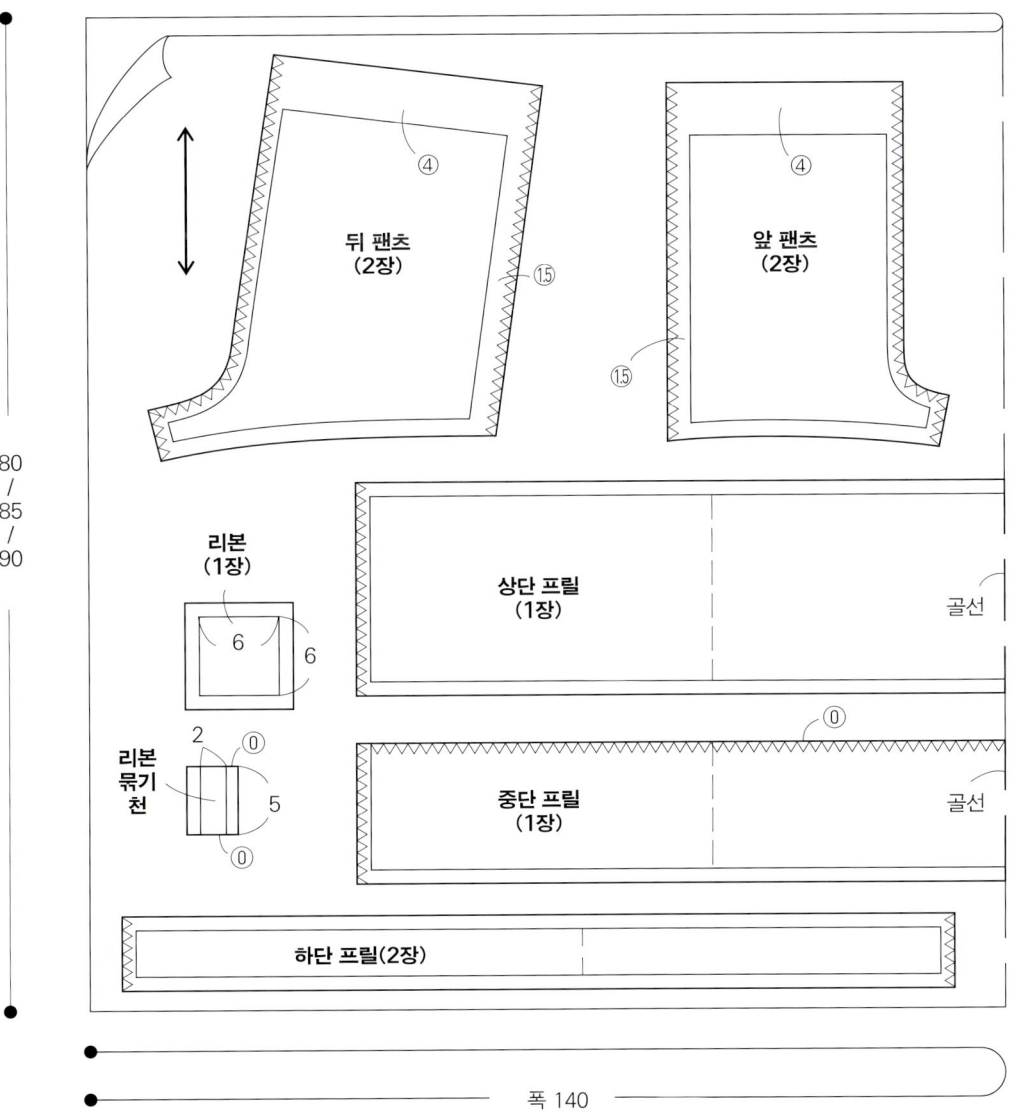

제도

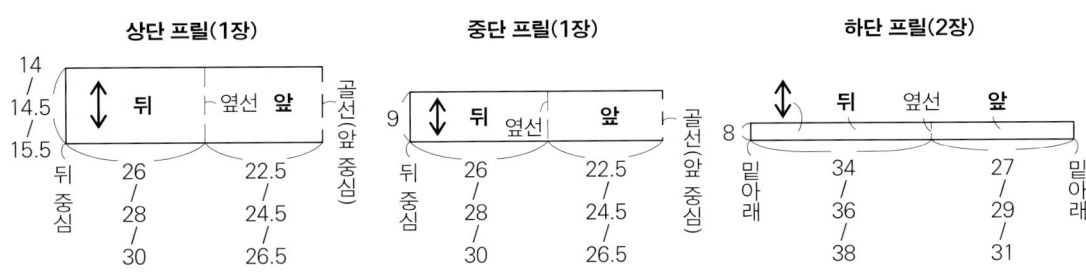

49

1. 리본을 만든다

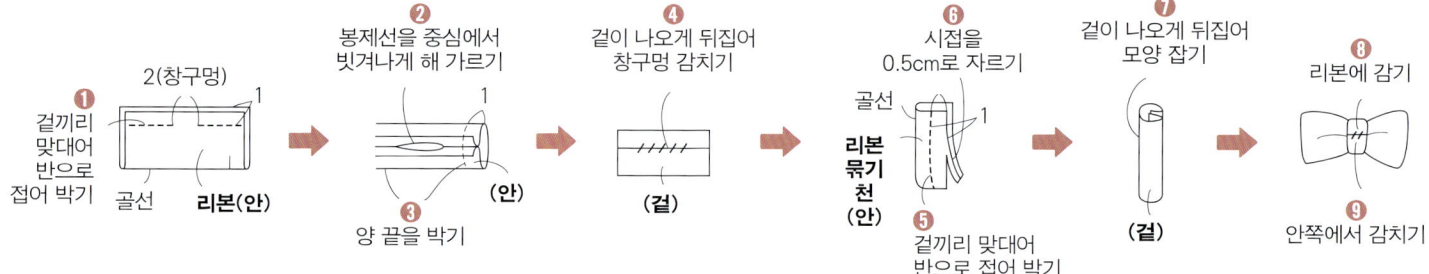

2. 팬츠 옆단과 밑아래를 박는다

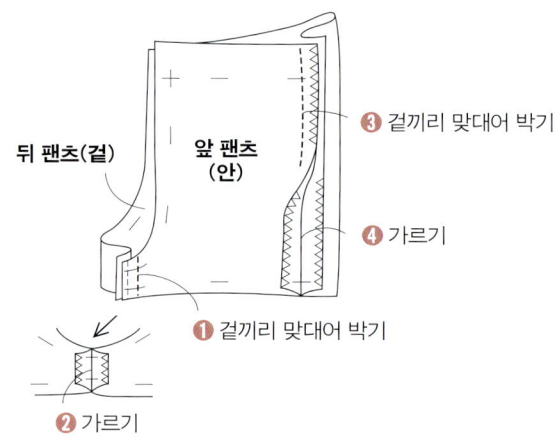

3. 하단 프릴을 만들어 밑단에 단다

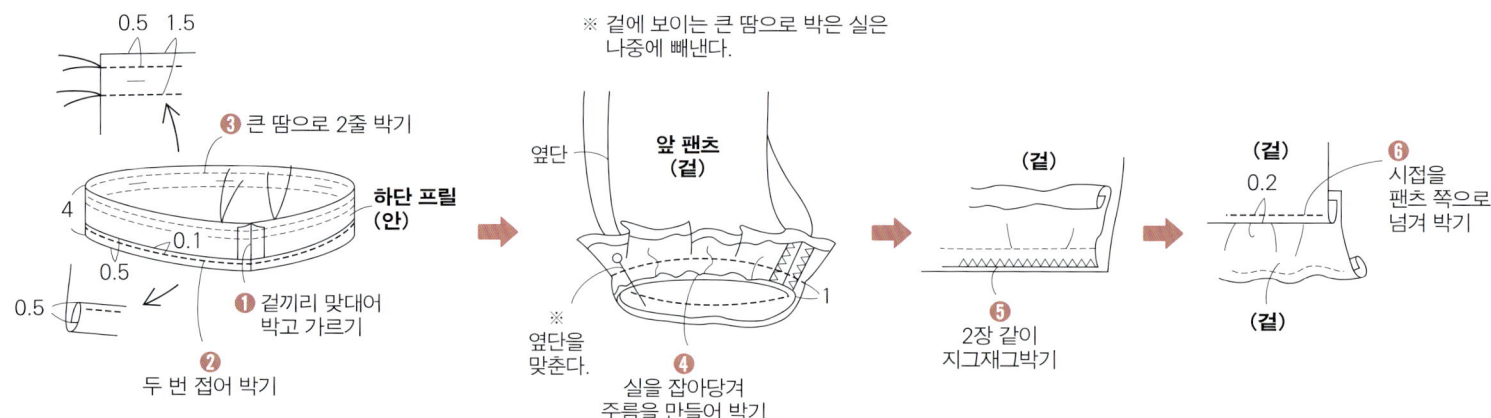

4. 좌우 팬츠를 맞대어 밑둘레를 박는다

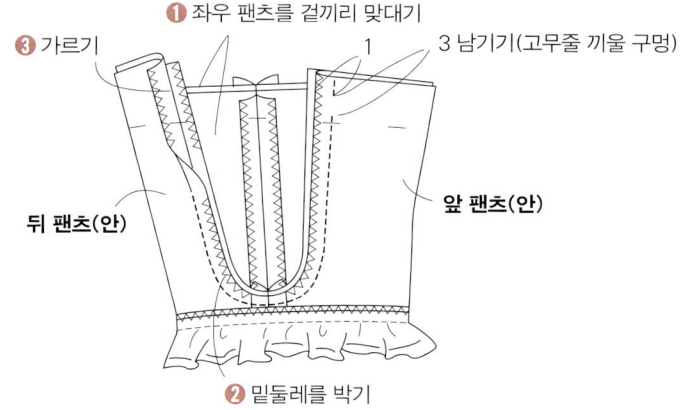

5. 중단 프릴을 만들어 단다

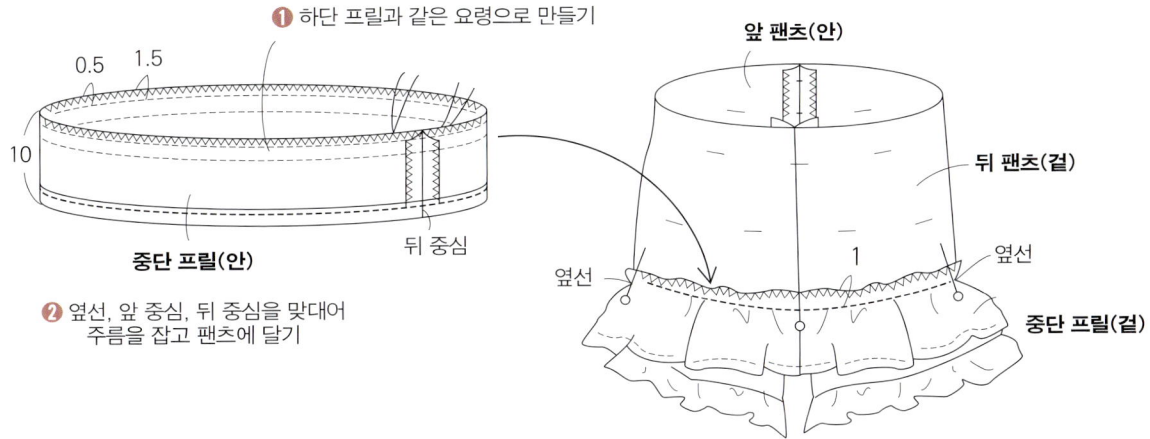

6. 상단 프릴을 만들어 단다

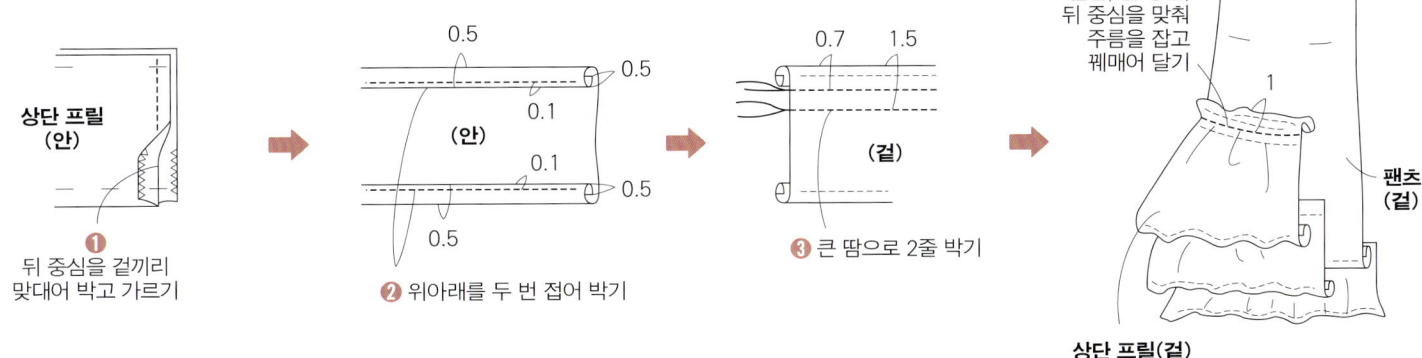

7. 허리에 고무줄을 끼운다

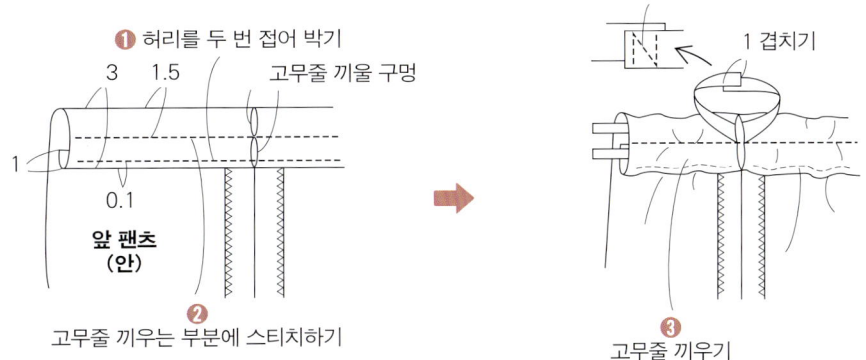

완성

p.27

코르사주를 단
드로스트링 백

완성 사이즈
• 29×14×바닥 11cm

재료
• 본체 겉감·안주머니:
  꽃무늬 90×70cm
• 손잡이·밑 겉감·리본 고리:
  잎사귀무늬 80×30cm
• 자루·밑 안감:
  원무늬 90×45cm
• 안단:
  새무늬 90×15cm
• 기타:
  퀼트심 80×5cm,
  폭 1cm 리본 a 160cm,
  리본 b 150cm

Fabric
• Grandma's Rose Blue
• Babette Teal

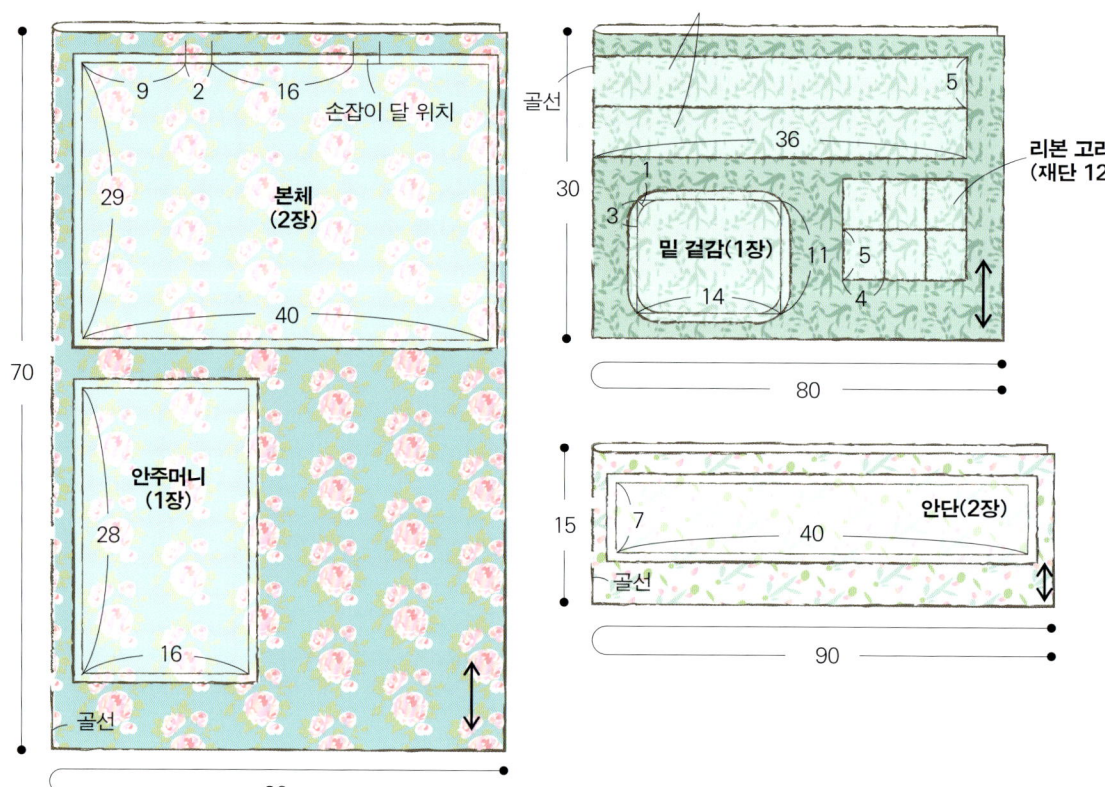

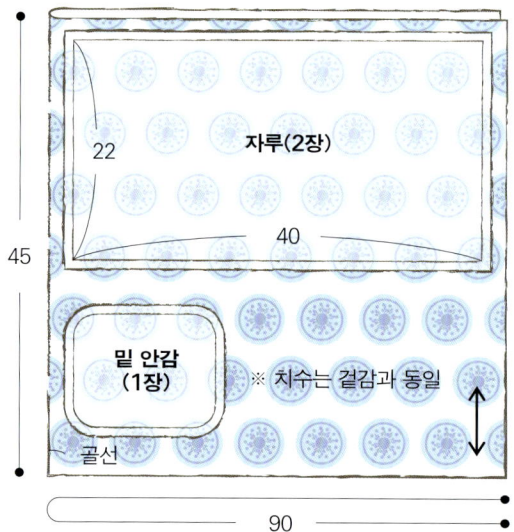

※ 따로 표시하지 않은 부분은 시접 1cm

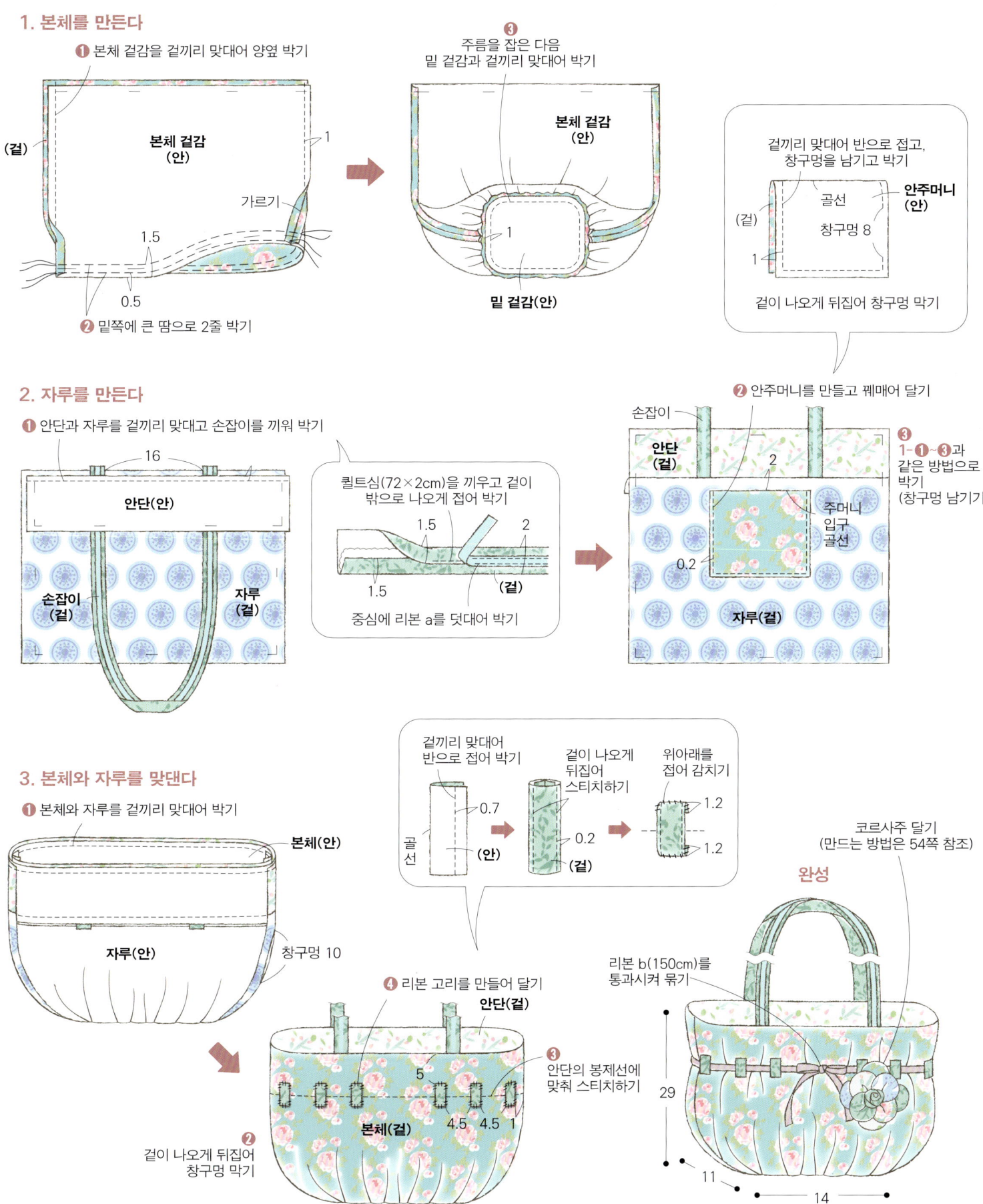

p.27

코르사주를 단 드로스트링 백

실물 크기 패턴 A면 (5)

완성 사이즈
- 약 10×10cm

재료
- 꽃잎 대·꽃잎 소: 꽃무늬 천 a·b·c 각 30×10cm
- 꽃잎 대·꽃잎 소·화심·안감: 꽃무늬 천 d 50×15cm
- 기타: 코르사주 핀 1개

Fabric
- Grandma's Rose Blue
- Babette Teal

※가방 만드는 방법은 52쪽 참조

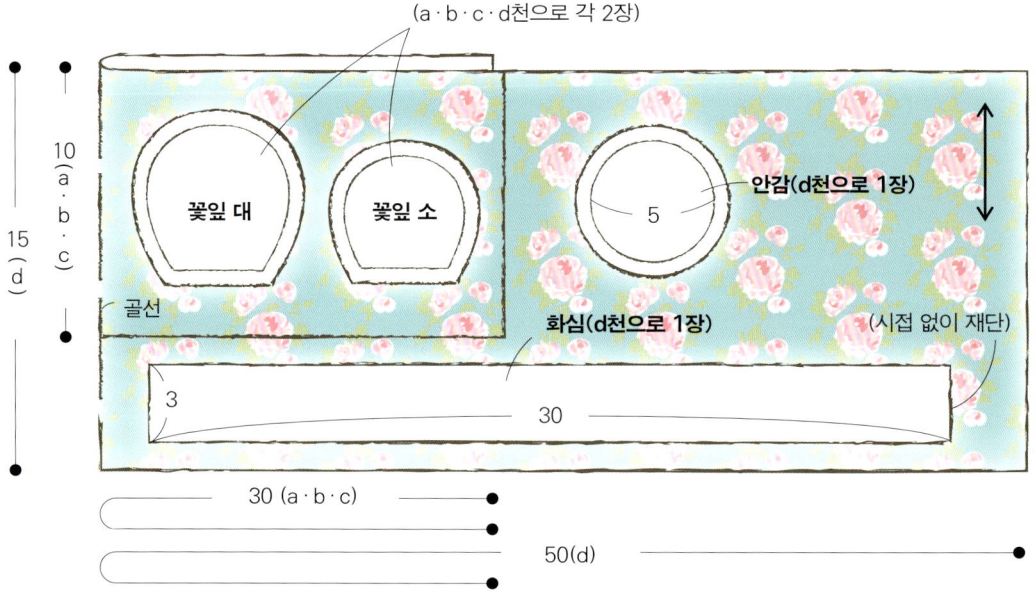

※ 따로 표시하지 않은 부분은 시접 0.5cm

1. 화심을 만든다

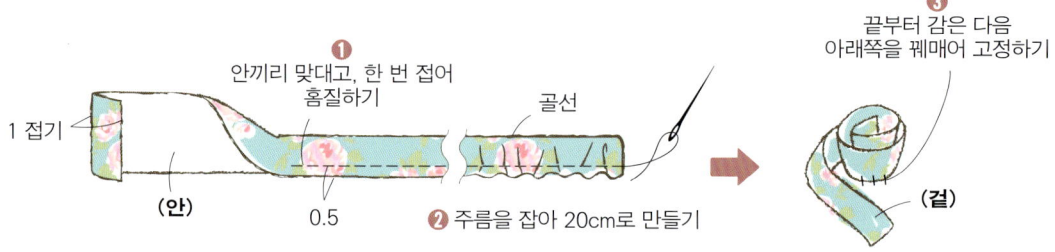

2. 꽃잎을 만든다

3. 꽃잎을 붙인다

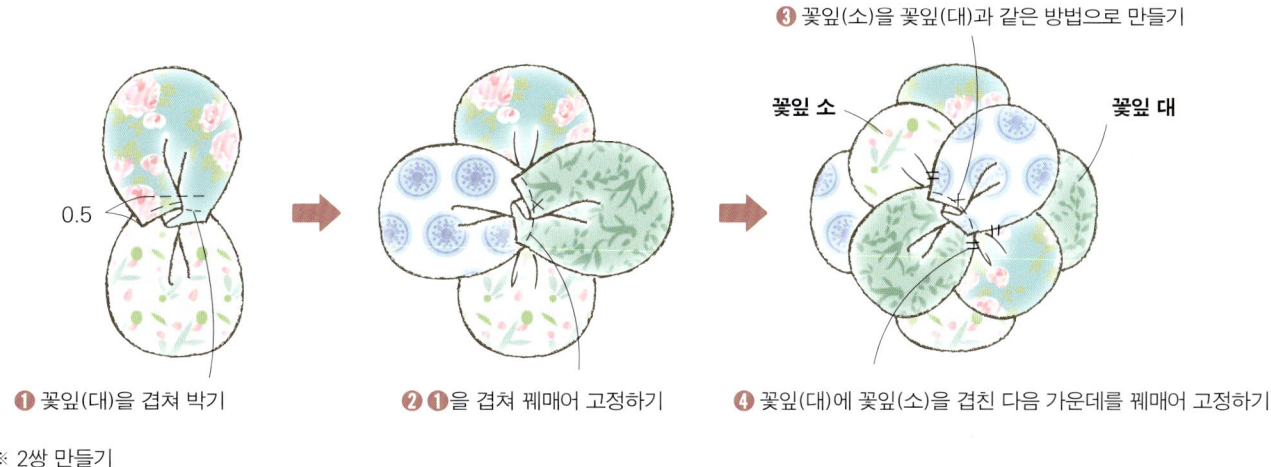

완성

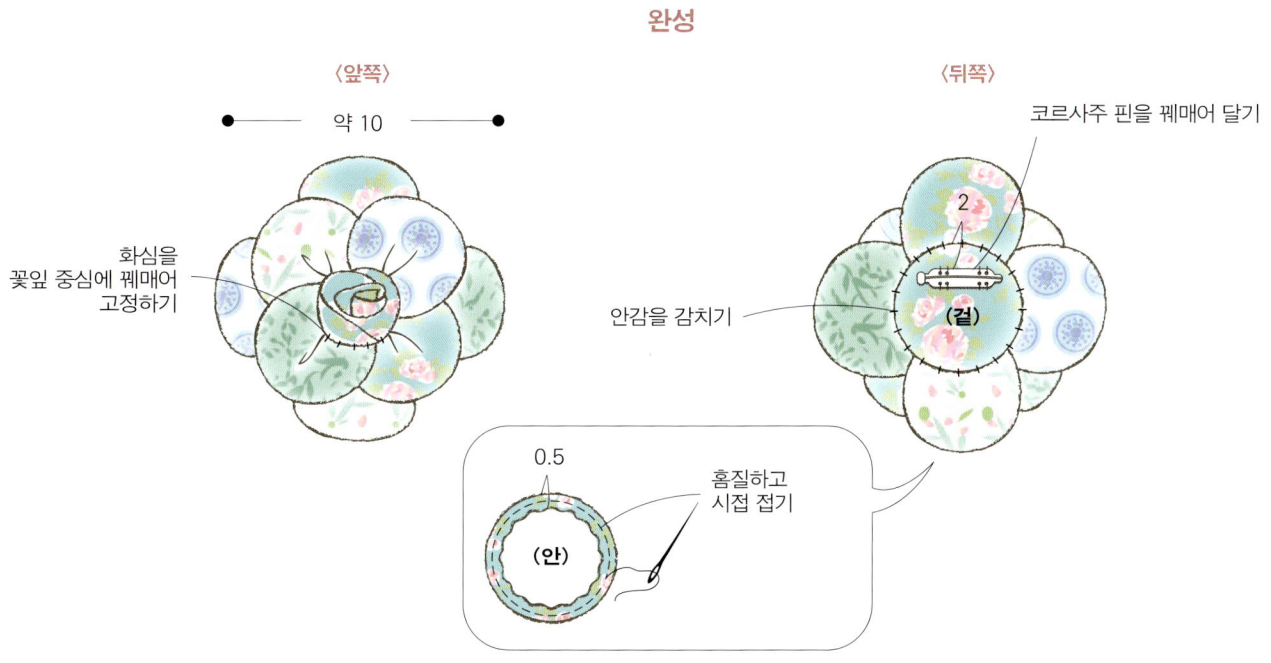

※ ○ 안의 숫자는 시접 표시. 따로 표시하지 않은 부분은 시접 1cm

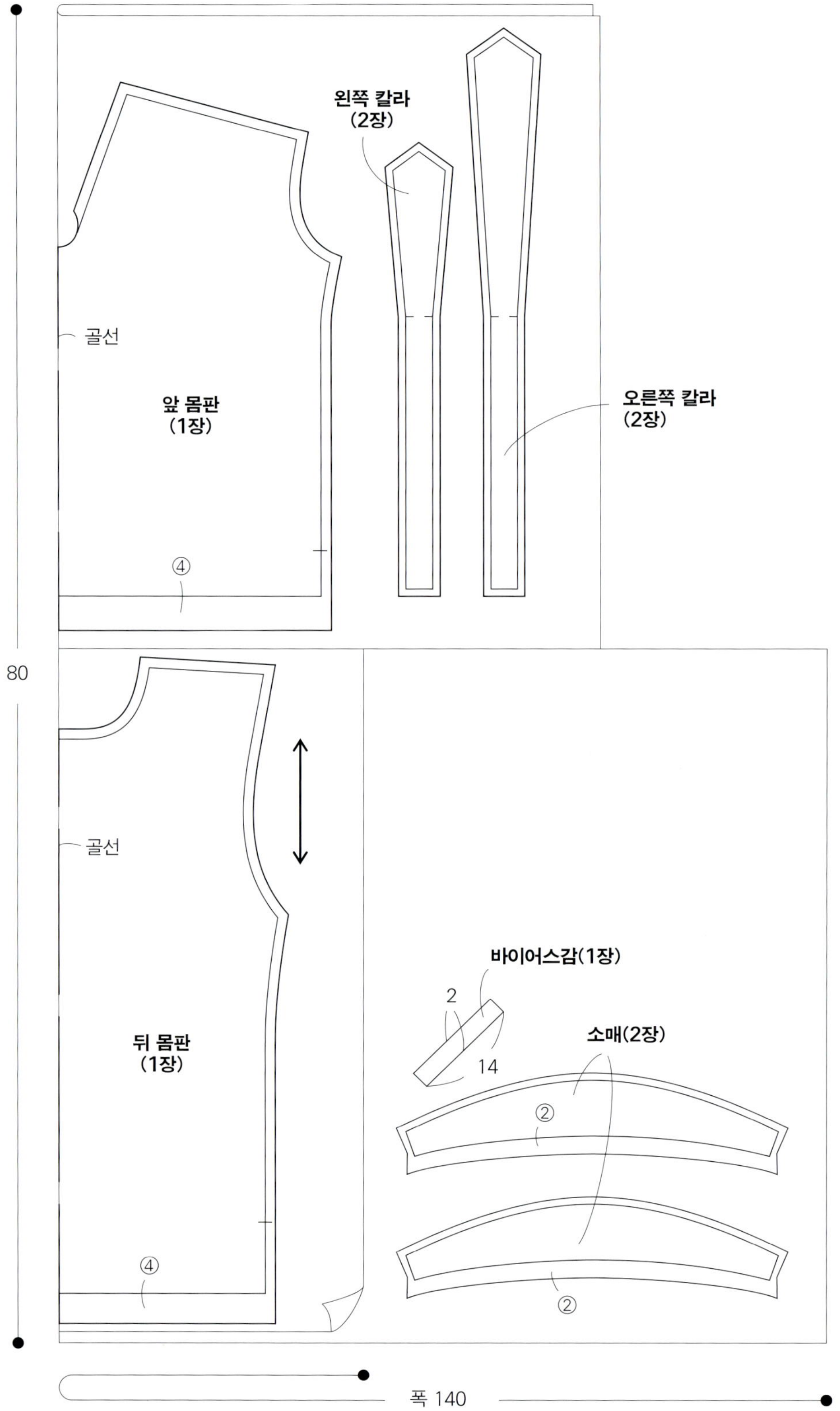

p.29

보타이 풀오버

실물 크기 패턴 A면 (7)

완성 사이즈(S/M/L)
- 기장 71/72/73cm
- 가슴둘레 120/126/132cm

재료
- 본체:
  꽃무늬 폭 140cm×180cm

Fabric
- Buke Ornament Grey

1. 칼라 부분의 끝단을 처리한다

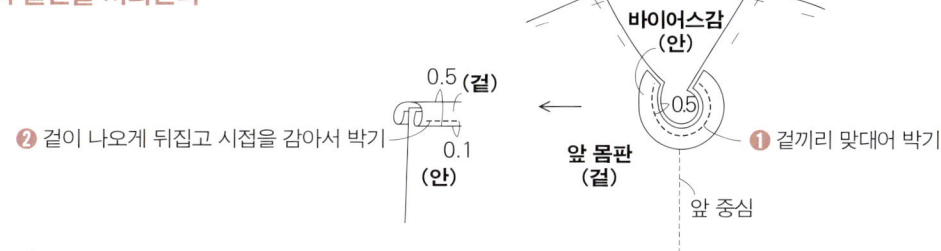

2. 칼라를 만든다

※ ★~★ 사이는 시접 남기기

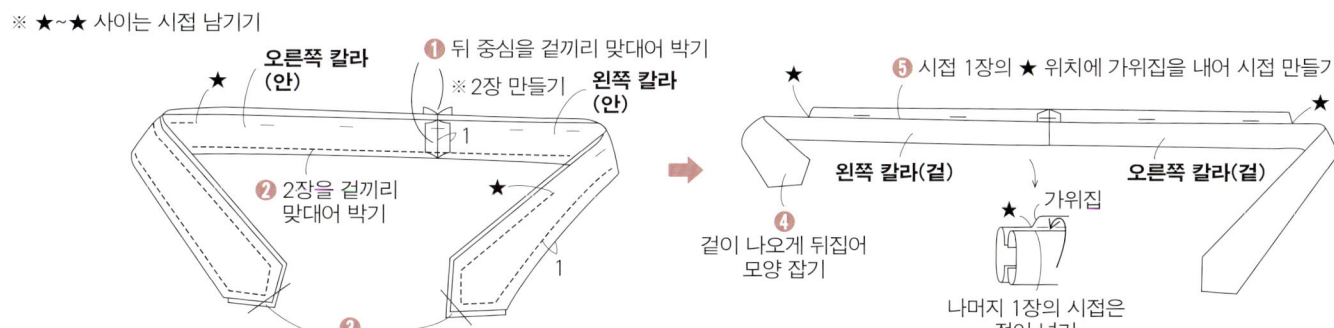

3. 칼라를 단다

4. 40쪽 3을 참조해 소매를 박는다

5. 옆단과 밑단을 박는다.

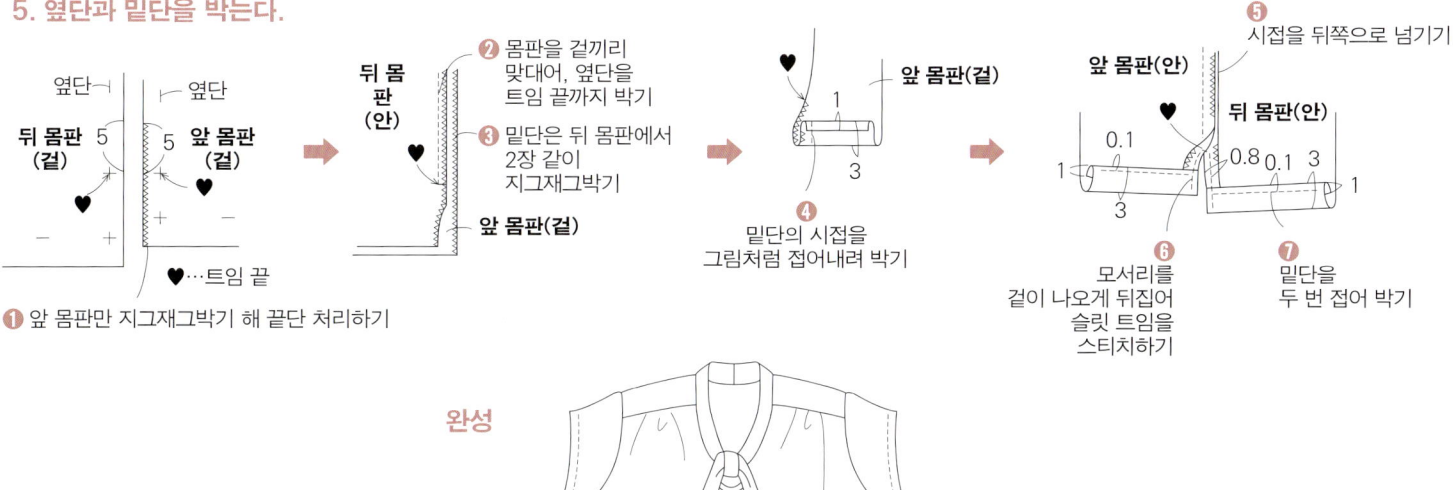

완성

p.30
라일락무늬 숄더백

실물 크기 패턴 B면 (8)

완성 사이즈
- 26×32×바닥 8cm

재료
- 본체 겉감·안단·지퍼 받침용 천·안주머니·어깨끈 안감·태브:
꽃무늬 110×90cm
- 자루·바닥·어깨끈 겉감:
물방울무늬 110×90cm
- 기타:
접착심 110×90cm,
길이 30cm 지퍼 1개

Fabric
- Lilac Surf Green
- Dottie Green

※ ○ 안의 숫자는 시접 표시. 따로 표시하지 않은 부분은 시접 1cm

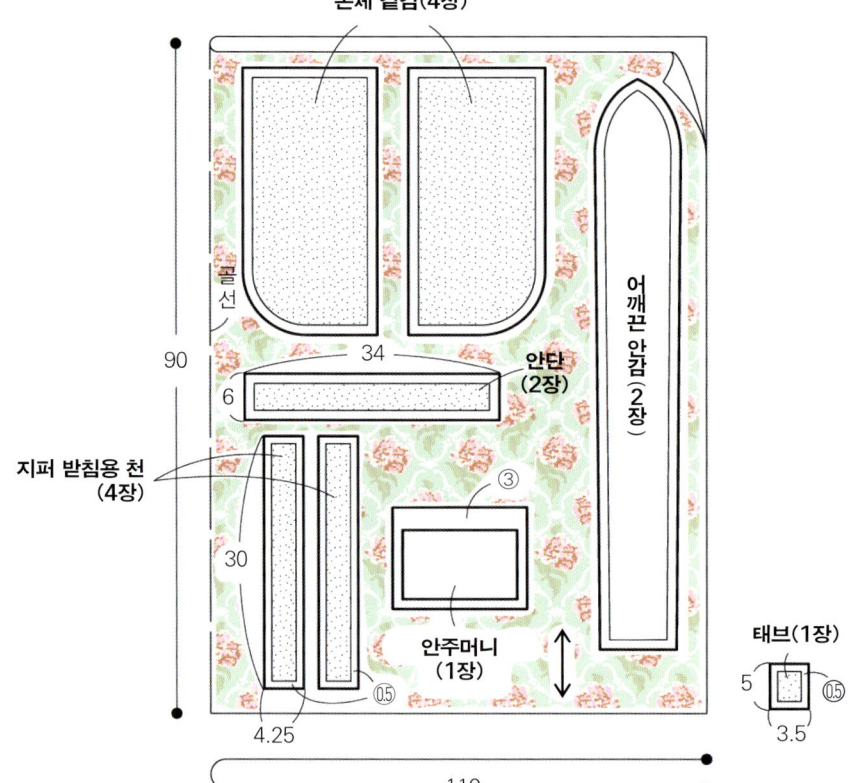

※ 본체 겉감·바닥·안단·지퍼 받침용 천·어깨끈 겉감·태브 안쪽 면의 ▦ 부분에 접착심을 붙인다.

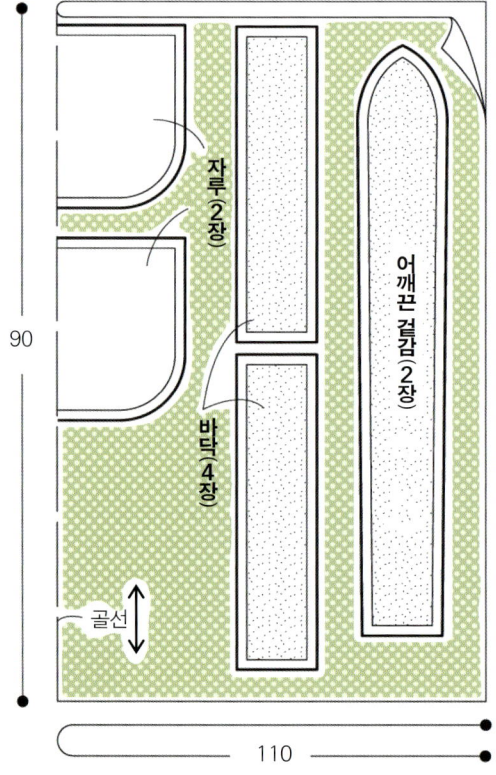

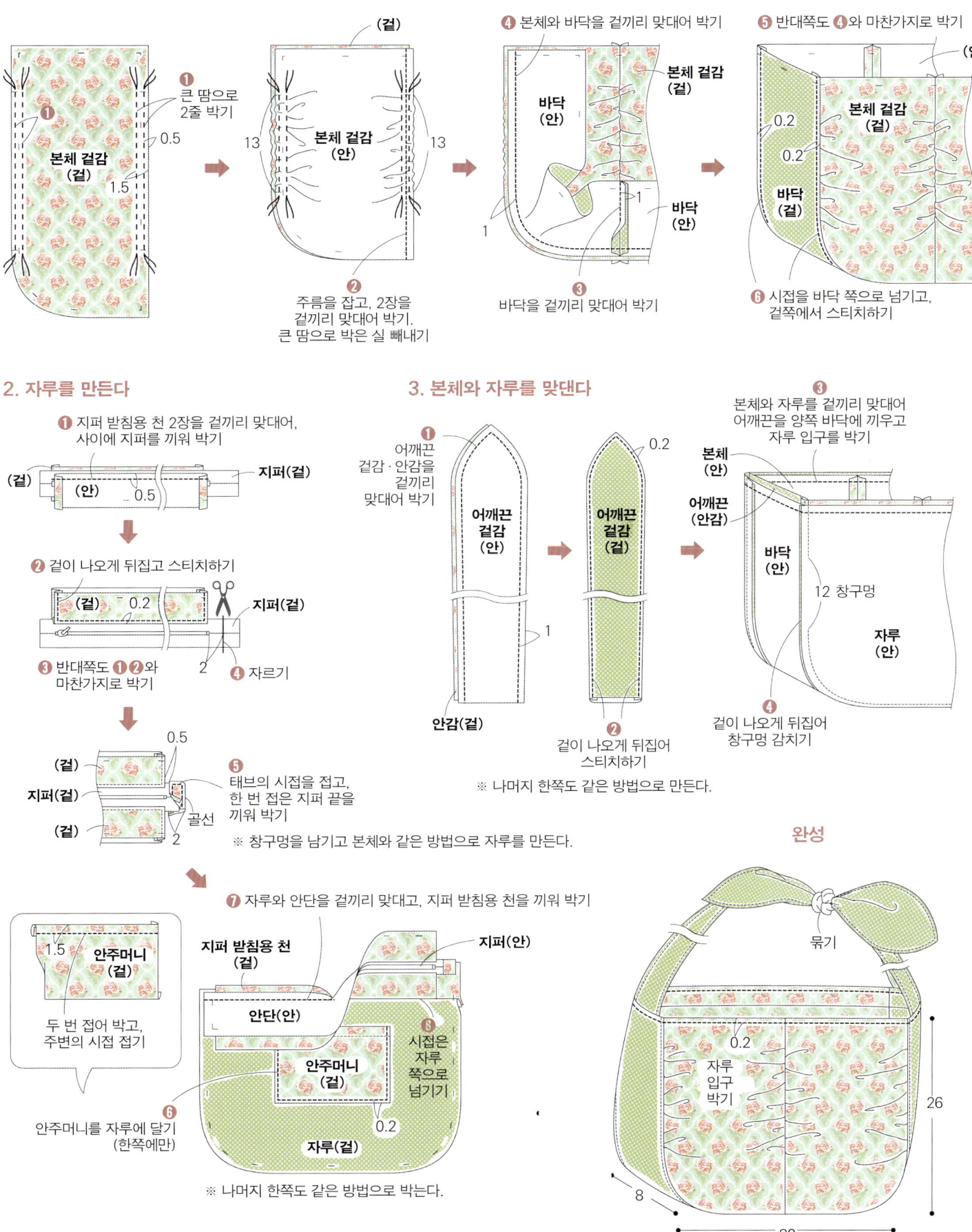

p.31
꽃×물방울무늬 장지갑

실물 크기 패턴 B면 〔9〕

완성 사이즈
- 11×20cm

재료
- 본체 겉감 a · 토대 겉감 · 카드 주머니 중단 · 동전 주머니 안감 · 옆단:
  꽃무늬 100×40cm
- 본체 겉감 b · 본체 안감 · 토대 안감 · 카드 주머니 상단 · 하단 · 주머니 · 동전 주머니 겉감:
  물방울무늬 100×40cm
- 지갑 입구용 · 테두리용 바이어스감:
  작은 꽃무늬 50×50cm
- 기타:
  두꺼운 접착심 70×40cm,
  얇은 접착심 70×40cm,
  폭 1cm 리본 40cm,
  지름 1.4cm 스냅단추 1쌍,
  길이 16cm 지퍼 1개

Fabric
- Flowerpatch Teal
- Dottie Red
- Starflower Teal

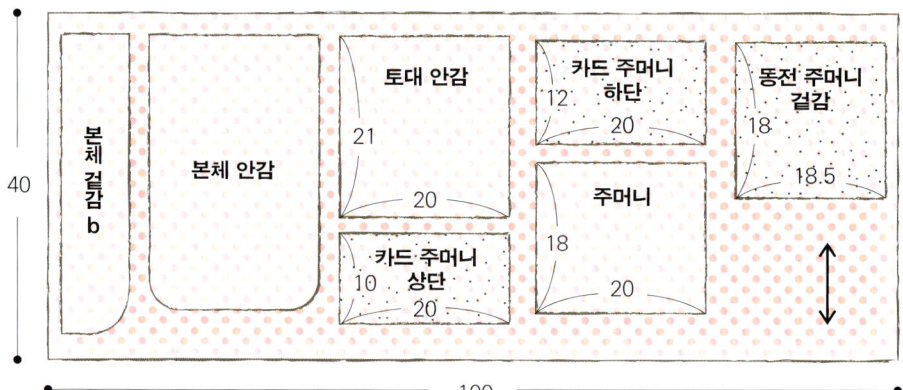

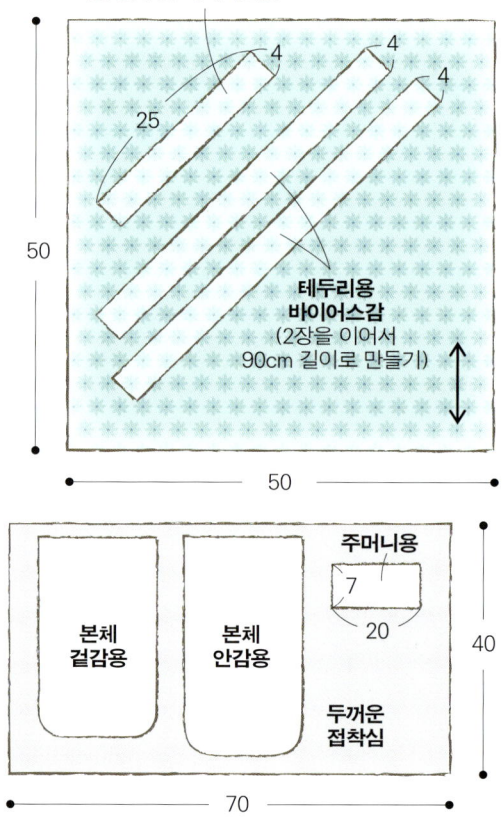

※ 모두 시접 없이 재단
※ 모두 각 1장씩
※ □은 뒷면에 접착심을 붙인다.

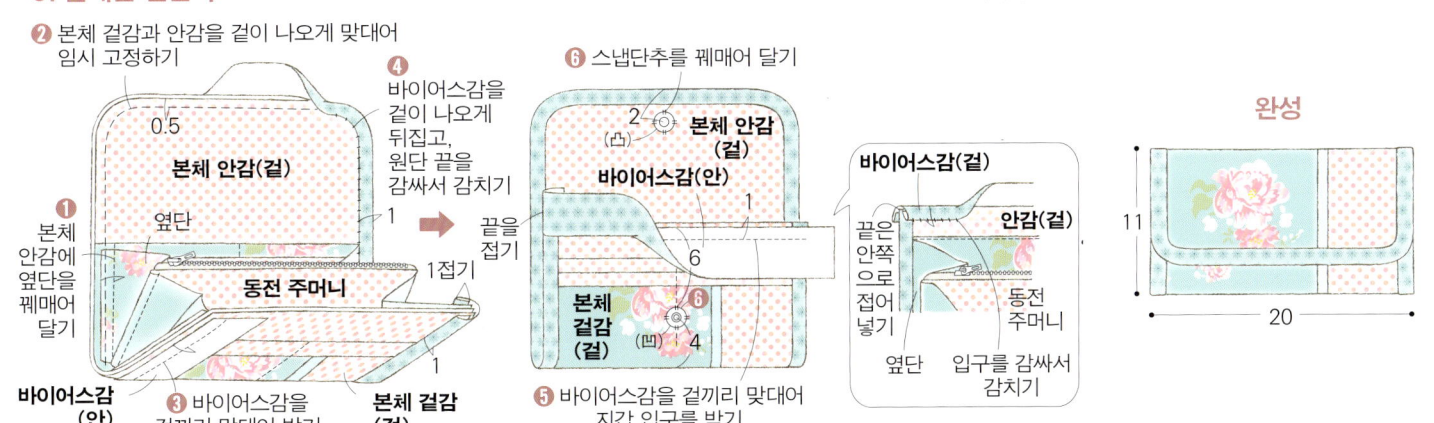

p.32

둥근 칼라 튜닉

실물 크기 패턴 B면 (10)

완성 사이즈(S/M/L)
- 기장 71 / 72 / 73cm
- 가슴둘레 114 / 120 / 126cm

재료
- 본체:
꽃무늬 폭 140cm×180cm

Fabric
- Mini Rose Grey Brown

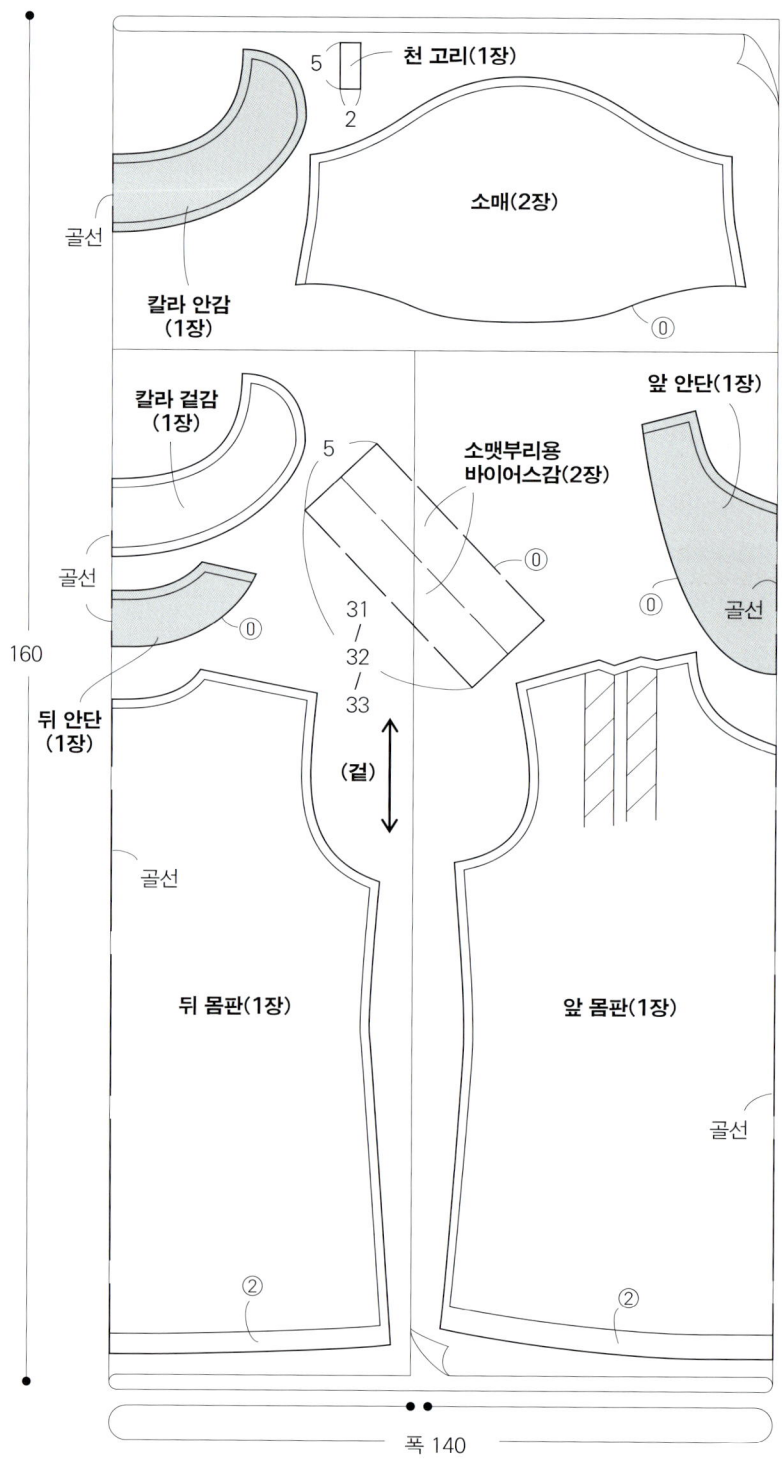

※ ○ 안의 숫자는 시접 표시. 따로 표시하지 않은 부분은 시접 1cm
※ ▒ 은 접착심을 붙인다.
※ ∿∿∿ 시접은 지그재그박기 해 끝단 처리해두기

1. 앞 몸판의 턱을 박는다

2. 어깨를 맞대어 박는다

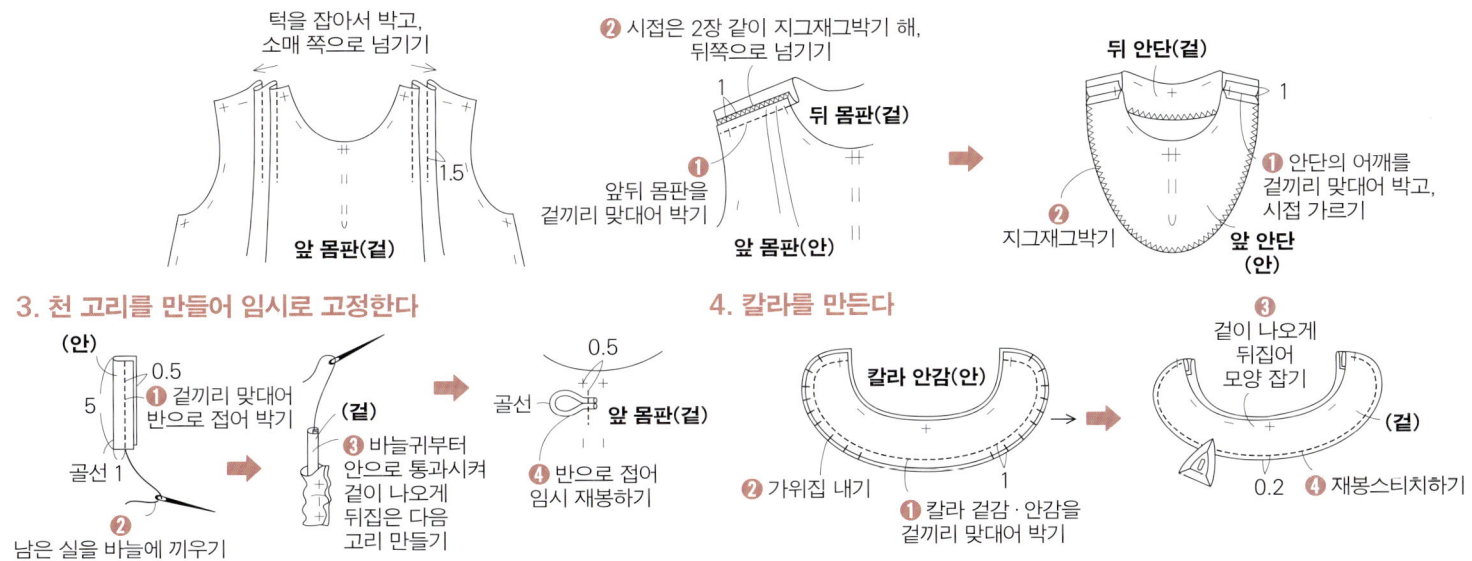

3. 천 고리를 만들어 임시로 고정한다

4. 칼라를 만든다

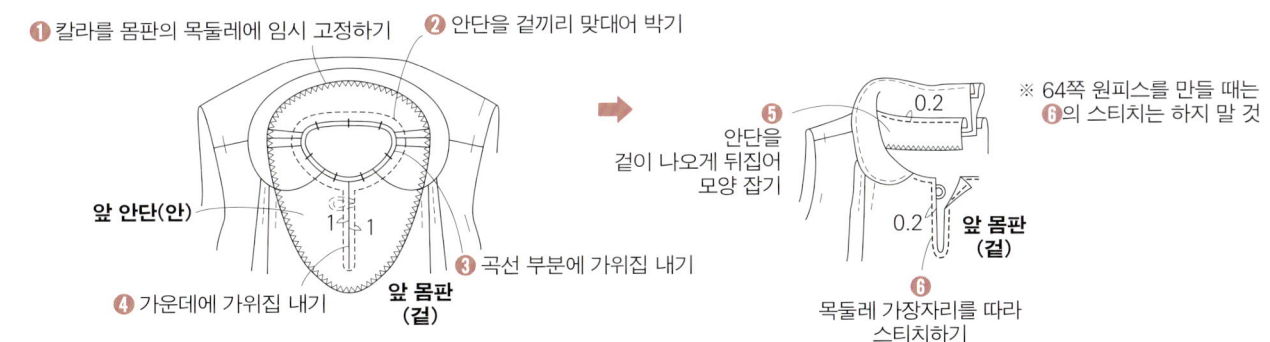

5. 안단과 칼라를 몸판에 박는다

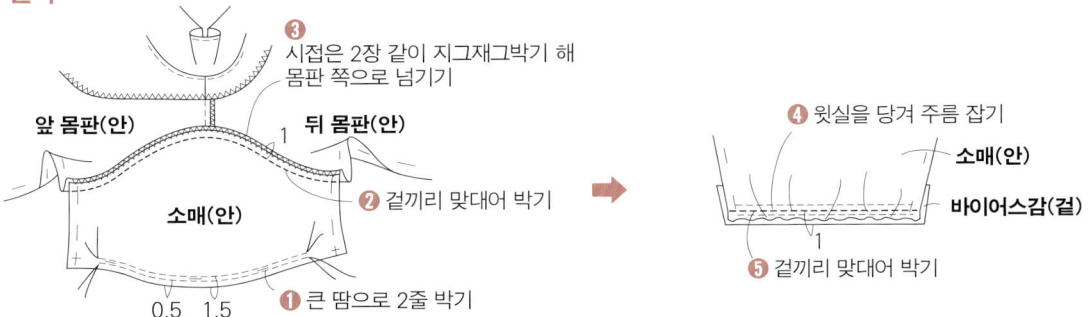

※ 64쪽 원피스를 만들 때는 ❻의 스티치는 하지 말 것

6. 몸판에 소매를 단다

7. 소매밑부터 옆단을 이어서 박고, 밑단과 소맷부리를 끝단 처리한다

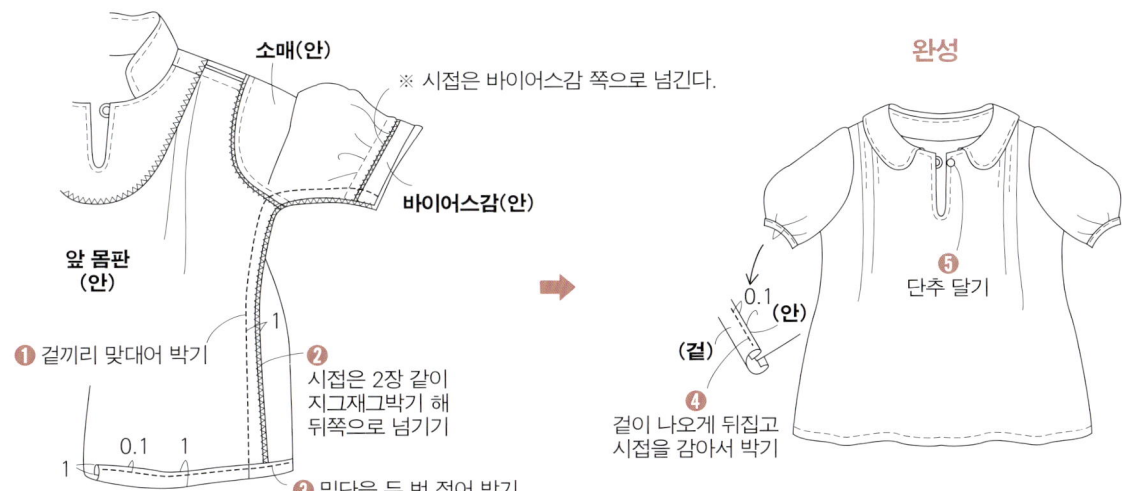

p.33

프릴 꽃무늬 원피스

실물 크기 패턴 B면 (11)

완성 사이즈(S/M/L)
- 기장 96/97/98cm
- 가슴둘레 114/120/126cm

재료
- 본체: 꽃무늬 폭 110cm×330cm
- 기타: 접착심 70×35cm

Fabric
- Pernille Mist Green

※ ○ 안의 숫자는 시접 표시. 따로 표시하지 않은 부분은 시접 1cm
※ ▨ 은 접착심을 붙인다.

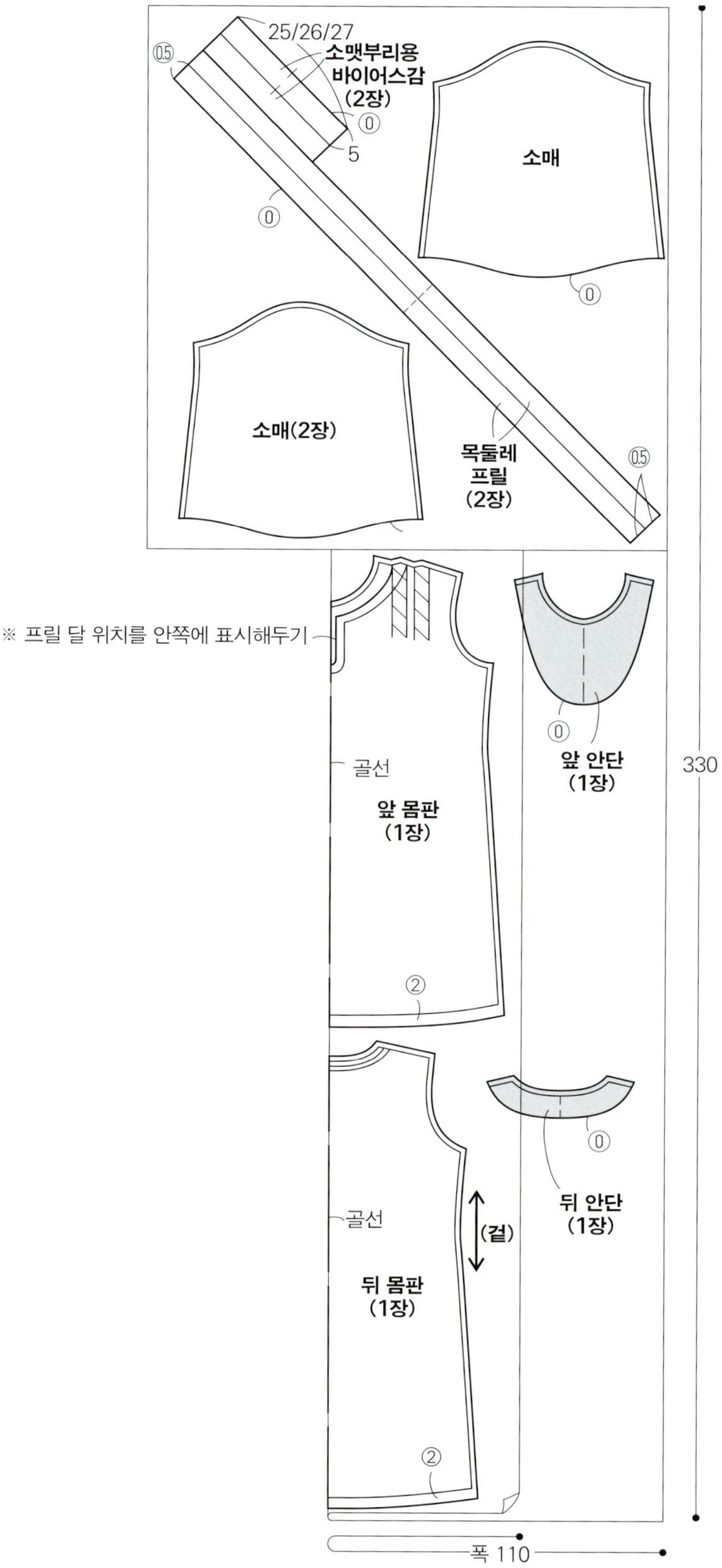

※ 프릴 달 위치를 안쪽에 표시해두기

1. 목둘레 프릴을 만들어 단다

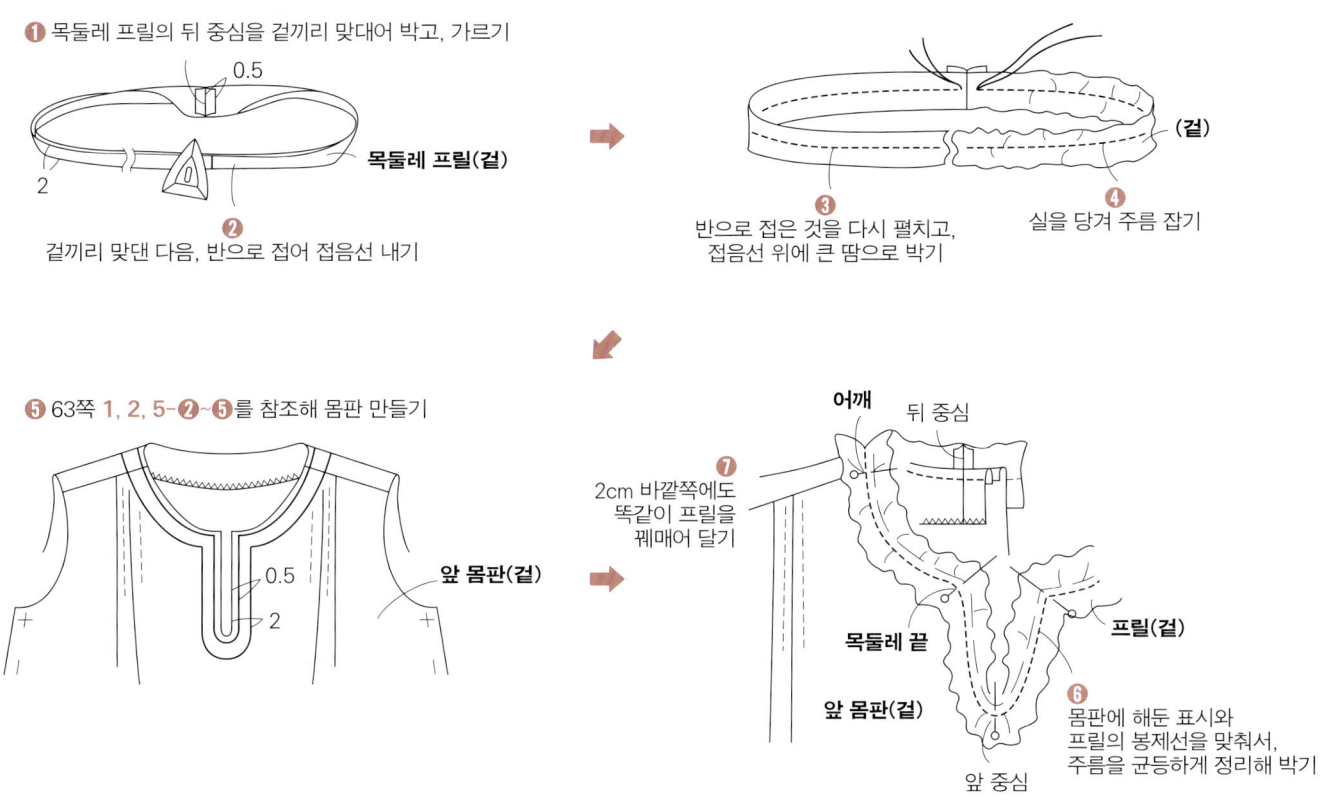

65

p.34

새무늬 리본 원피스

실물 크기 패턴 B면 (12)

완성 사이즈 (100/110/120cm)
- 기장 약 53/56/59cm
- 가슴둘레 108/112/116cm

재료 (100/110/120cm 사이즈)
- A천: 새무늬 폭 140cm × 130/140/150cm
- B천: 물방울무늬 폭 140cm × 10cm

Fabric
- Folklore Bird Red
- Big Spot Red

※ ○ 안의 숫자는 시접 표시. 따로 표시하지 않은 부분은 시접 1cm
※ 왼쪽(위쪽)부터 100/110/120 사이즈

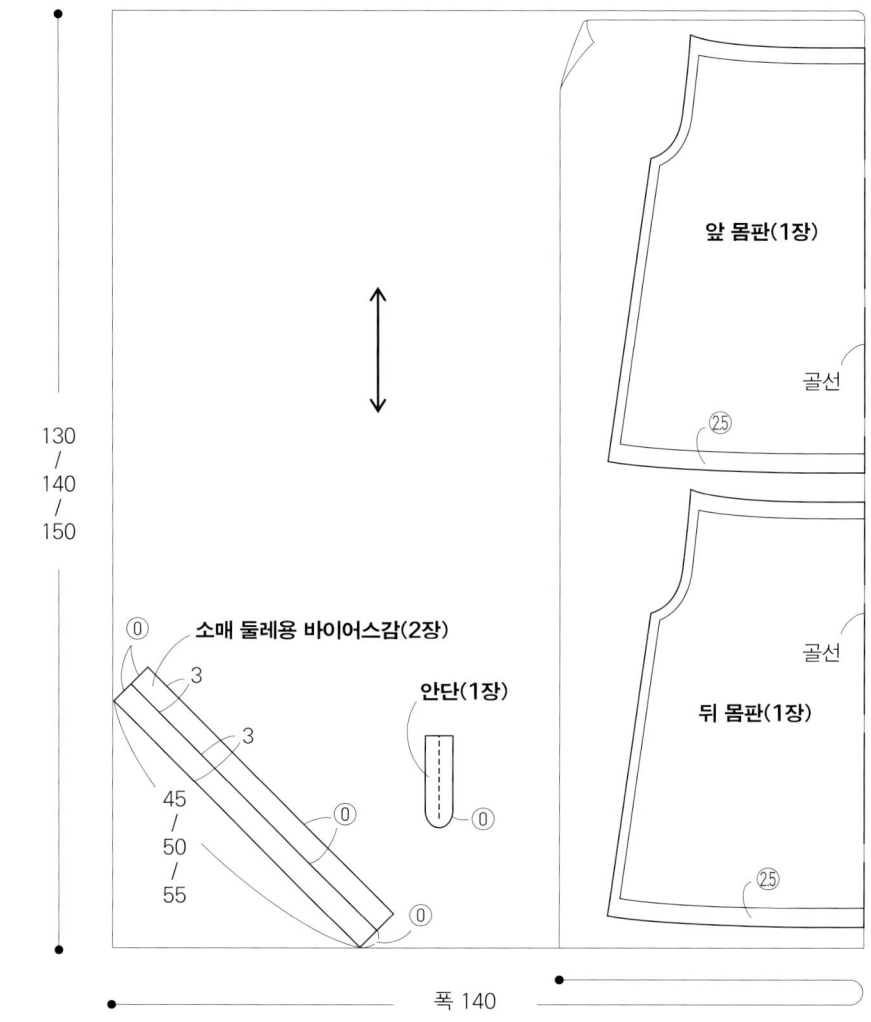

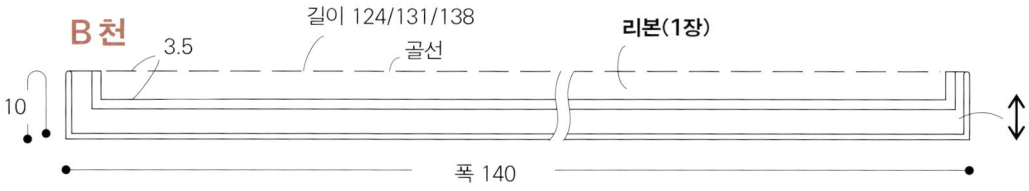

1. 앞 몸판의 안단을 박는다

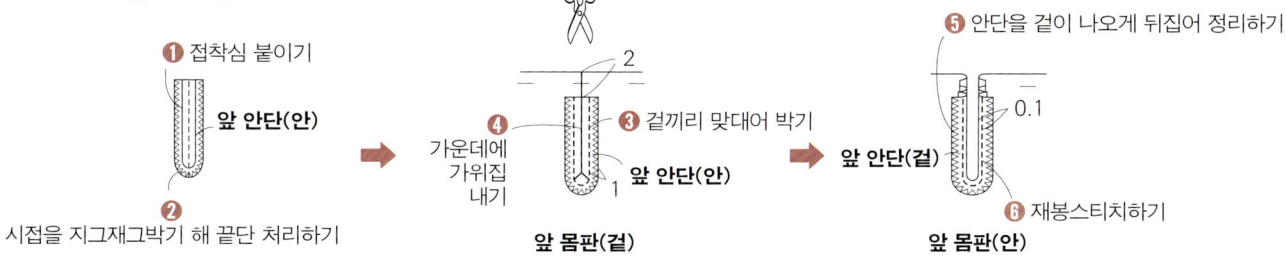

2. 양옆을 박는다

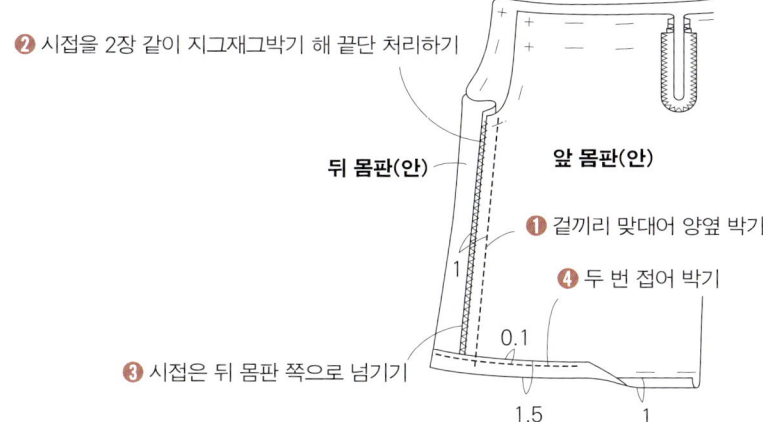

3. 소매 둘레에 바이어스감을 박는다

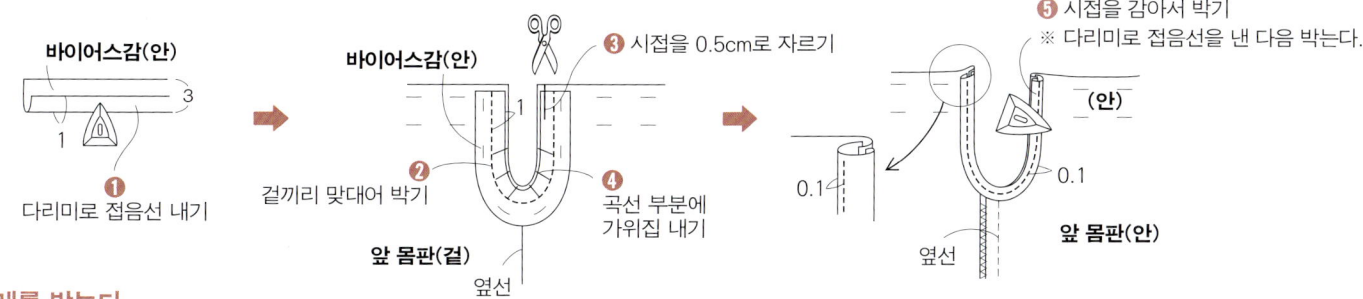

4. 목둘레를 박는다

5. 어깨끈을 만들어 끼운다

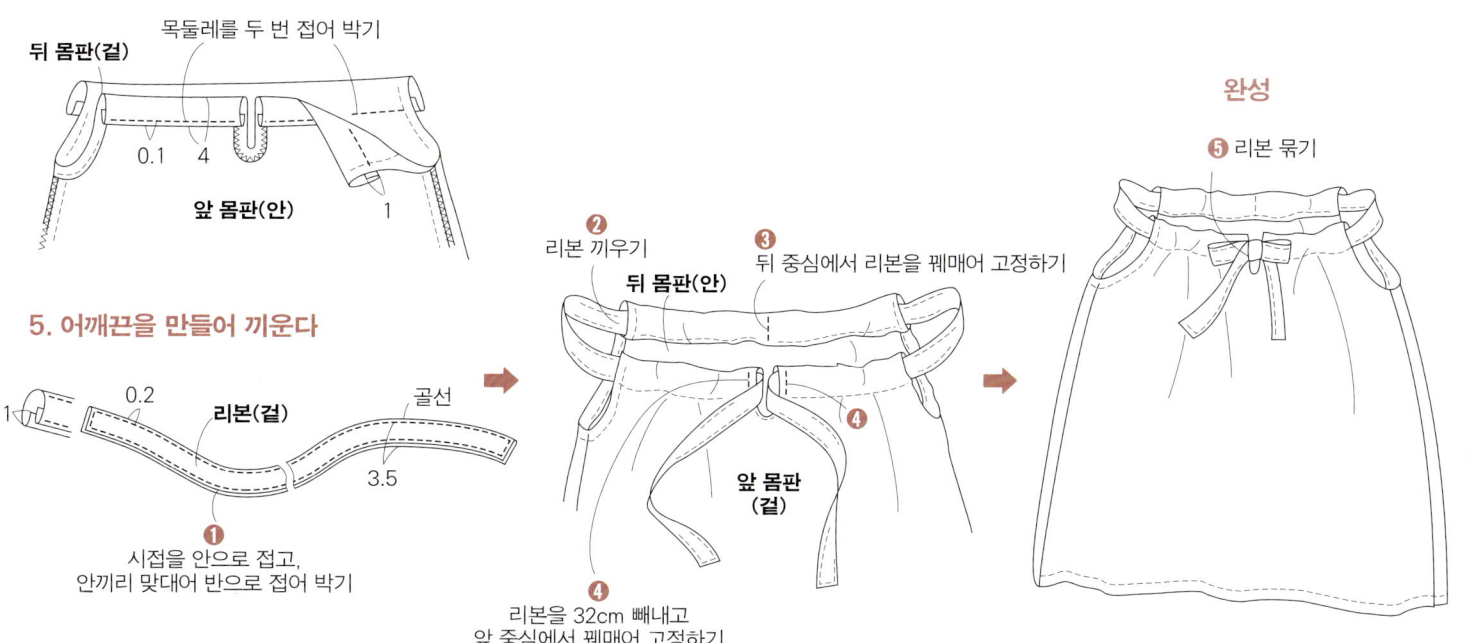

p.35

새 모티브 플랩 백

실물 크기 패턴 B면 [13]

완성 사이즈
• 40×40cm (손잡이 제외)

재료
• A천:
  새무늬 90×45cm
• B천:
  물방울무늬 130×85cm
• 기타:
  얇은 접착심 60×85cm,
  두꺼운 접착심 3×6cm,
  지름 1.2cm 자석 똑딱단추 1쌍,
  와펜 1개

Fabric
• Oriental Bird Bluegreen
• Big Spot Blue

※ ○ 안의 숫자는 시접 표시. 따로 표시하지 않은 부분은 시접 1cm
※ ▨ 은 접착심을 붙인다.
※ ∧∧∧∧ 시접은 지그재그박기 해 끝단 처리해두기

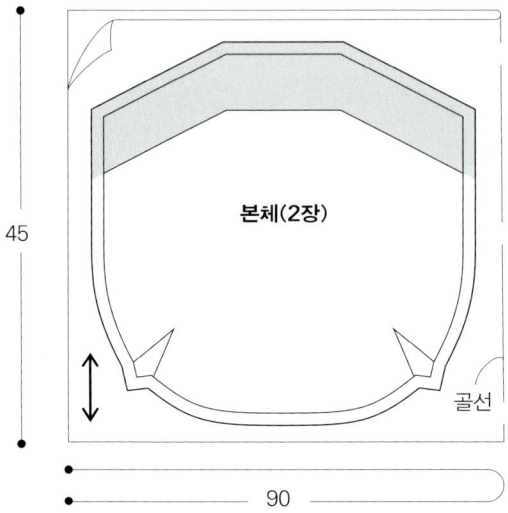

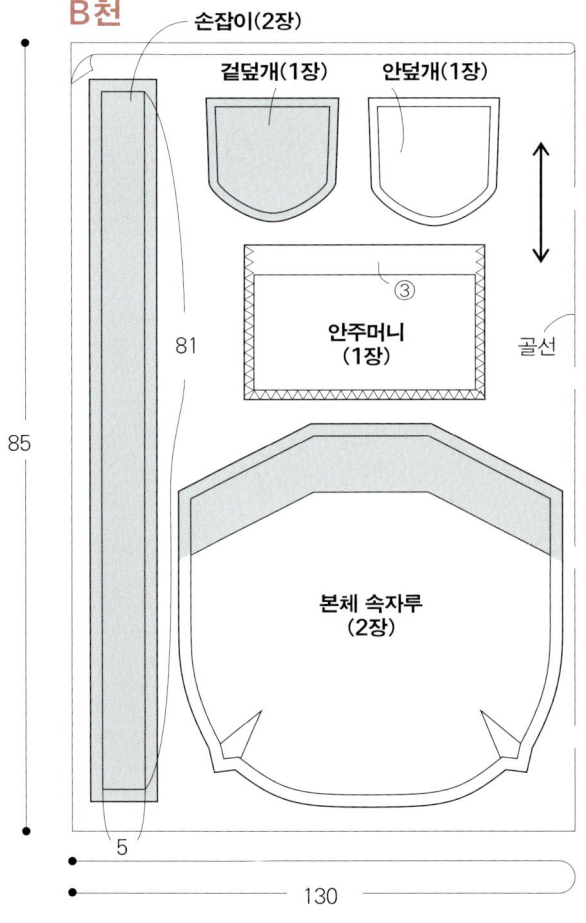

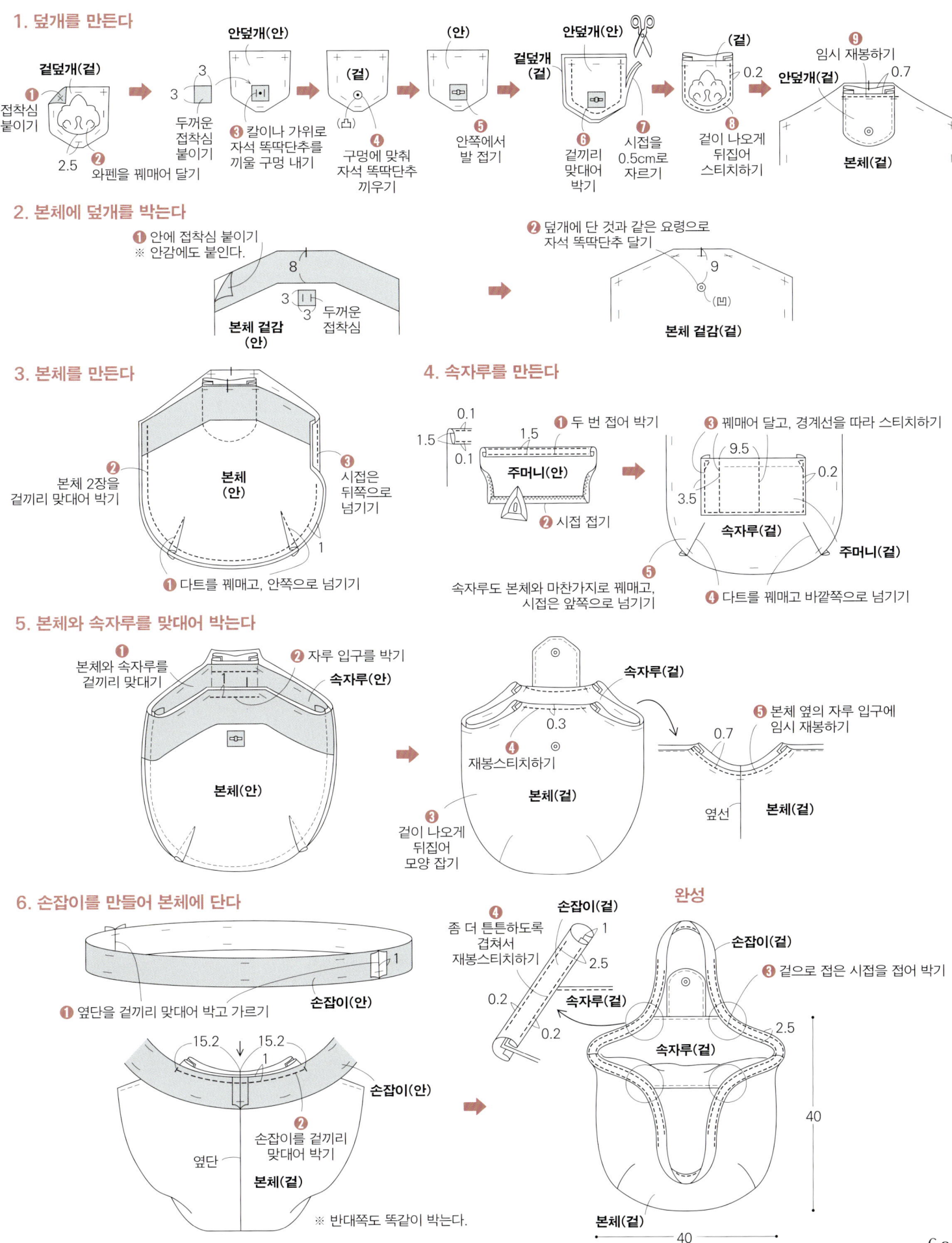

p.37

함박꽃무늬 & 롱 랩스커트

실물 크기 패턴 B면 (14)

완성 사이즈
- 쇼트스커트 59cm
- 롱스커트 84cm

재료
〈쇼트스커트〉
- 본체:
  꽃무늬 110×200cm
- 기타:
  스냅단추(소) 2쌍

〈롱스커트〉
- 본체:
  새무늬 110×270cm
- 기타:
  스냅단추(소) 2쌍

Fabric
- Peony White
- Folklore Bird Blue

※ ◯ 안의 숫자는 시접 표시. 따로 표시하지 않은 부분은 시접 1cm
※ ⋀⋁⋀⋁ 시접은 지그재그박기 해 끝단 처리해두기

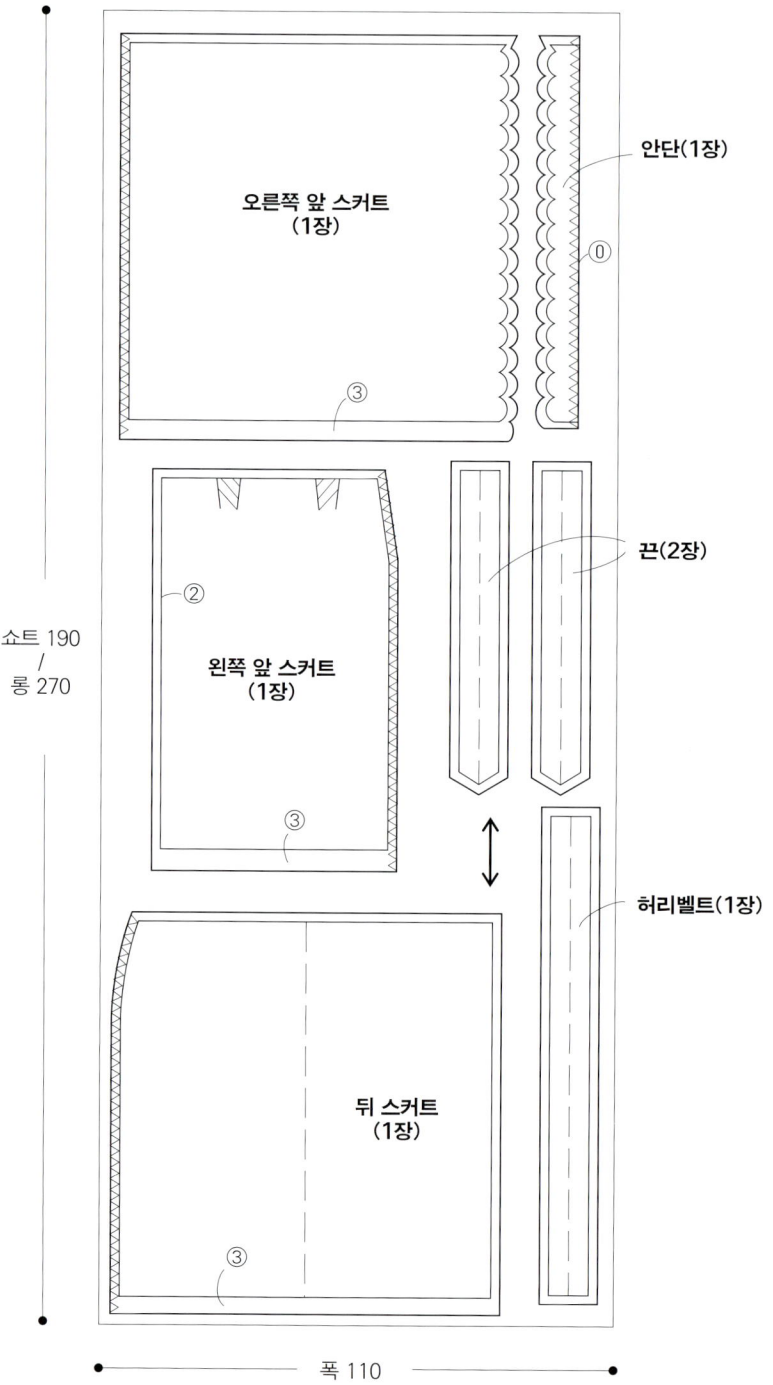

제도

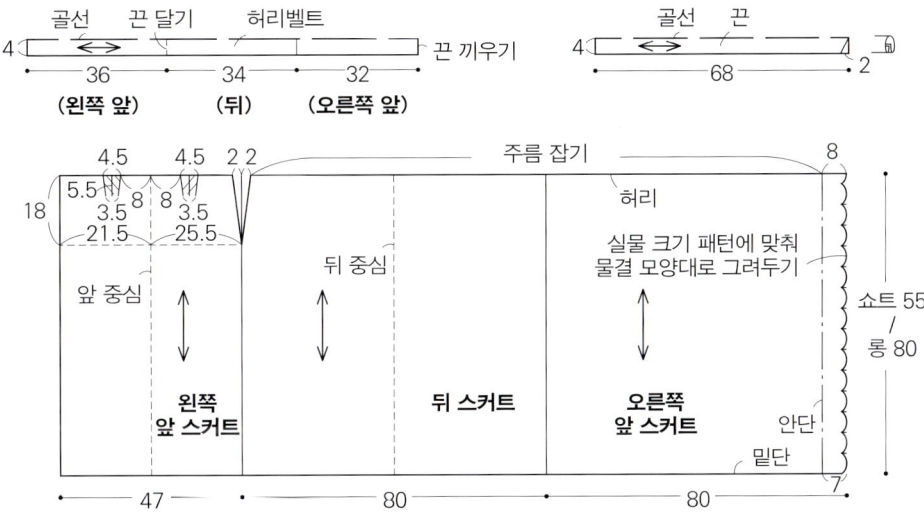

1. 스커트를 만든다

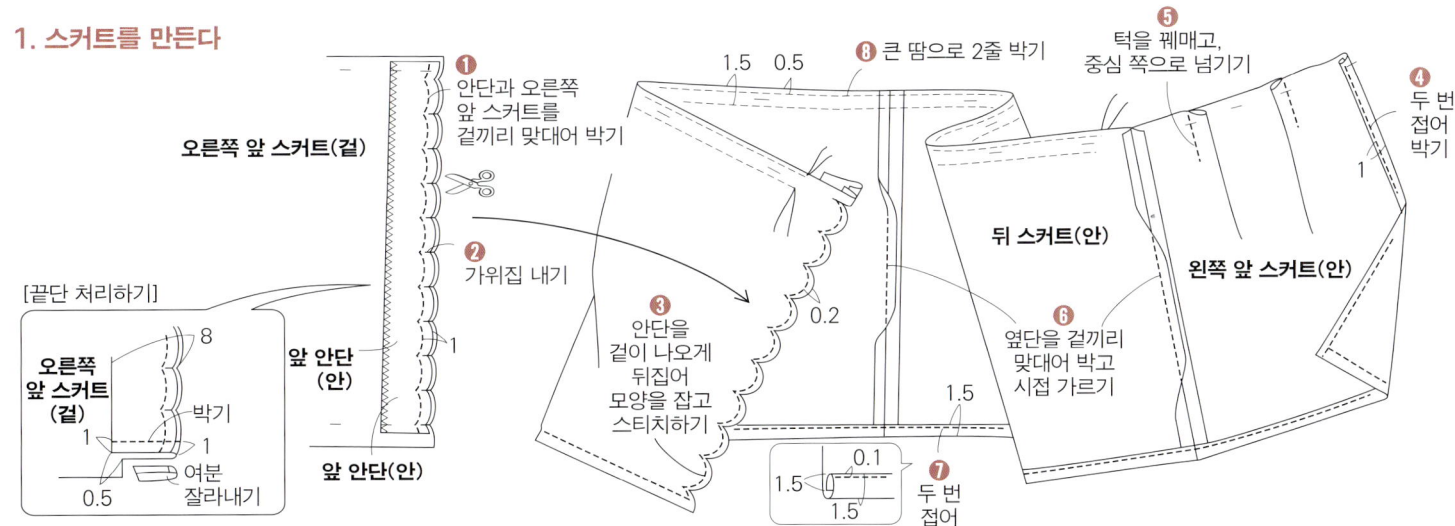

2. 스커트와 허리벨트를 맞대어 박는다

3. 끈을 만든다

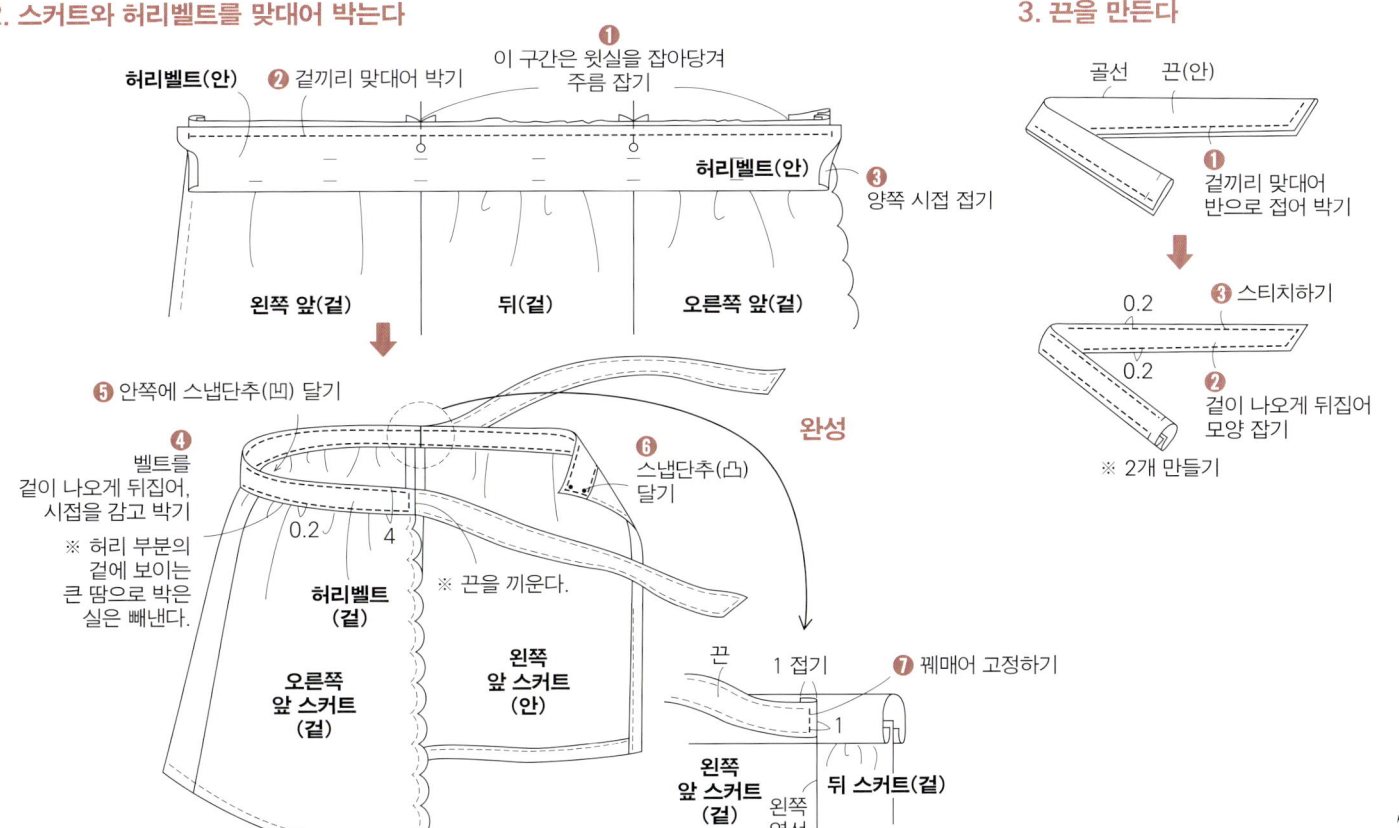

PART 3

Tilda's Sewing Time

틸다와 함께하는
홈 소잉 시간

화사하고 즐거운 틸다의 매력이 잔뜩 묻어나는 아틀리에는
손으로 무언가를 만드는 시간을 더욱 행복하게 해줄 실용적인 작품들로 가득합니다.

나비와 공 모양 핀쿠션

작지만 무늬와 색감을 잘 살려 생기발랄한 느낌이 가득한 핀쿠션. 꽃 모양의 나무 단추, 볼 리본 등을 잘 매치해 더욱 귀여운 느낌으로 완성했어요.

Design & make ·· Yoko Kubodera
How to make ·· p.88·89·90
실물 크기 패턴 B면 〔15〕

수납공간이 많은 월 포켓

용도에 맞춰 대·중·소로 수납할 수 있도록 디자인한 주머니와 클립, 실패 등을 걸 수 있게 달아둔 리본이 포인트예요. 부드러운 느낌의 천에 빨간 리본을 매치해 더욱 두드러져 보입니다.

Design & make ·· Yoko Kubodera
How to make ·· p.91
실물 크기 패턴 C면 (16)

작은 꽃무늬 수첩 커버 & 연필꽂이

까또나주 방식으로 만든 수첩 커버와 원통 모양 연필꽂이는 서로 색깔을 맞춘 꽃무늬×물방울무늬 천을 활용해 화려한 느낌으로 만들었어요. 1mm의 두꺼운 종이에 천을 붙인 다음 천의 이음매를 리본으로 가려 줍니다.

Design & make ·· Hitomi Inoue
How to make ·· p.94·96

라벨무늬 재봉틀 커버

앤티크식 라벨이 늘어서있는 파스텔톤 라벨무늬는 아틀리에 소품에 잘 어울립니다. 초록색의 물방울무늬 천을 잇대어 붙이고 양옆을 리본으로 묶어주면 심플한 재봉틀 커버가 완성됩니다.

Design&make ·· Tomoko Tanaka
How to make ·· p.98

2단식 바느질 상자

초록색 바탕에 핑크와 흰색 꽃이 여기저기 그려진 무늬 배열이 까또나주로 만들기 적당한 크기에요. 상단이 좌우로 펼쳐져 사용하기 편리한 반짇고리입니다.

Design & make ·· Hitomi Inoue
How to make ·· p.99

커다란 가위는 물론, 이것저것 마음껏 수납할 수 있는 2단식 상자.
뚜껑 안쪽에는 주머니도 달려있어 더욱 편리해요.

라운드형 트렁크박스

아틀리에에 놓아두기만 해도 멋진 인테리어 잡화가 되는 라운드형 박스. 기본 배색을 똑같이 하면, 무늬들을 서로 맞춰 더욱 멋지게 완성할 수 있어요.

Design & make … Hitomi Inoue
How to make … p.82
실물 크기 패턴 C면 (17)

p.81

라운드형 트렁크박스

실물 크기 패턴 C면 [17]
1 뚜껑
2 밑
3 뚜껑 측면

완성 사이즈
- 26×28×측면 10.5cm (손잡이 제외)

재료
- 두꺼운 종이·켄트지: 오른쪽 그림 참조
- 천:
  꽃무늬 35×25cm,
  물방울무늬 90×40cm,
  줄무늬 60×45cm
- 기타:
  손잡이 1개,
  버클 1개,
  코터핀 2개

Fabric
- Peony Teal
- Dottie Red
- Mini Stripe Red
- Starflower Teal
- Rose Stripe Bluegrass
- Mini Spot Light Blue

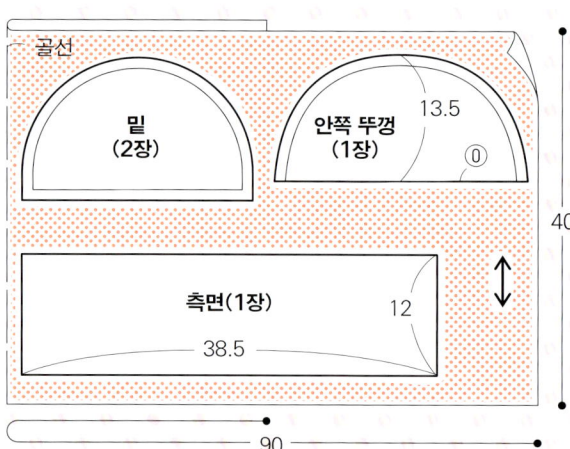

※ 모두 시접 없이 재단
※ ○ 안의 숫자는 풀칠하는 부분 표시.
   따로 표시하지 않은 부분은 1cm
※ ( )는 안쪽 파트의 치수

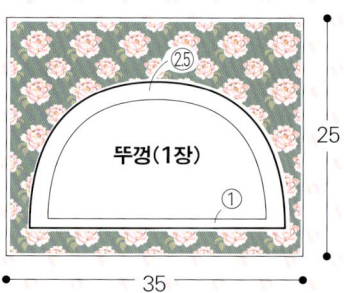

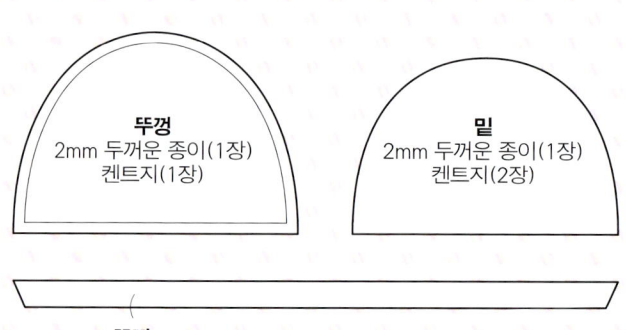

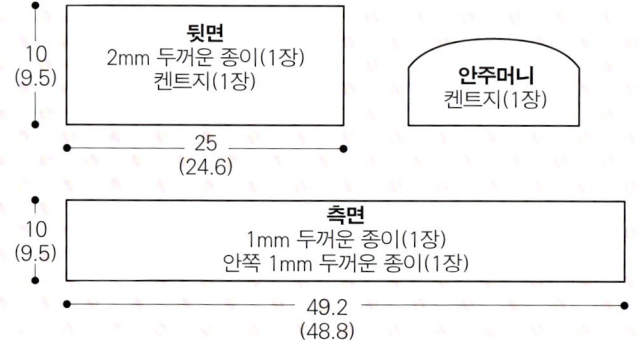

1 재료를 준비한다
※ 따로 표시하지 않은 경우는 모두 1장씩 ※ 사이즈는 재단 배치도를 참조

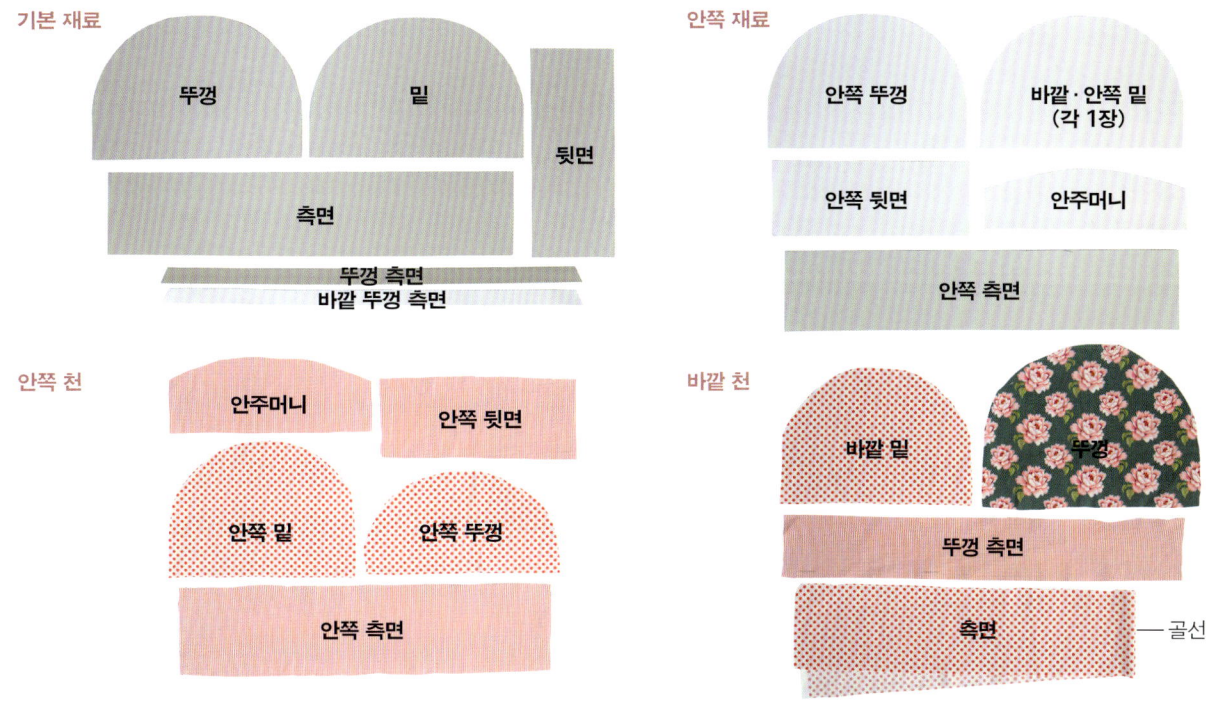

2 본체를 만든다

❶ 밑의 두툼한 단면에 본드를 발라 뒷면을 붙인다. 크라프트테이프를 잘라서 매끈매끈한 면 쪽에 본드를 바르고 붙인다. 안쪽도 같은 방법으로 붙인다.

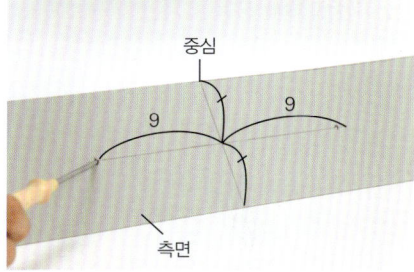

❷ 측면에 손잡이를 달 위치를 표시하고 송곳으로 구멍을 내둔다.

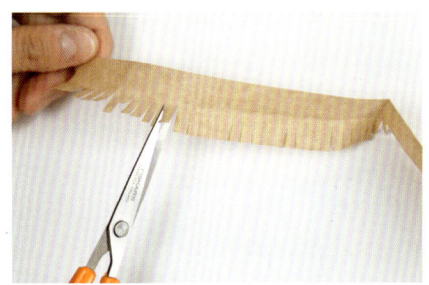

❸ 크라프트테이프를 측면 길이에 맞게 자르고, 반으로 접었다 편 다음 한쪽에만 자잘하게 가위집을 내둔다.

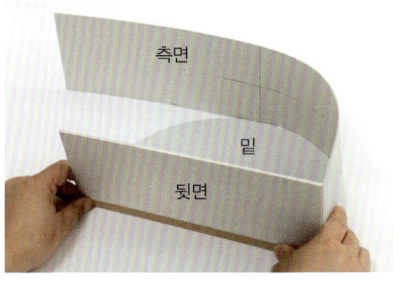

❹ 밑의 단면에 본드를 바르고 밑과 측면의 중심선을 맞춰서 붙인다. 붙인 부분의 바깥쪽에 ❸에서 준비해둔 크라프트테이프를 붙인다.

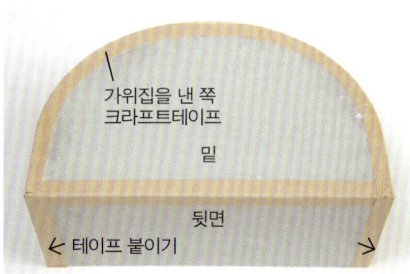

❺ 뒷면과 측면을 맞대어 붙인 부분에도 크라프트테이프를 붙인다. 안쪽도 같은 방법으로 붙인다.

83

3 본체에 천을 붙인다

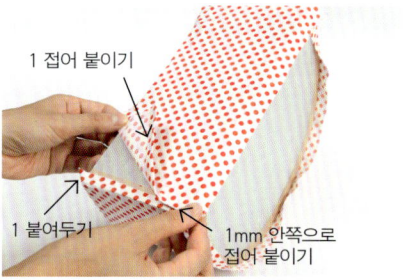

❶ 측면과 뒷면에 천을 붙인다. 시작할 때 풀칠하는 부분을 1cm 붙이고, 마지막에 풀칠하는 부분을 1cm 접은 다음 1mm 안쪽으로 접어서 붙인다.

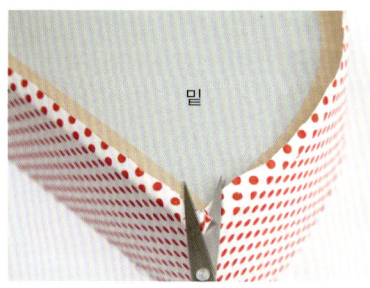

❷ 밑면을 위로 오게 뒤집어 두 모서리 부분의 남는 천을 잘라낸다.

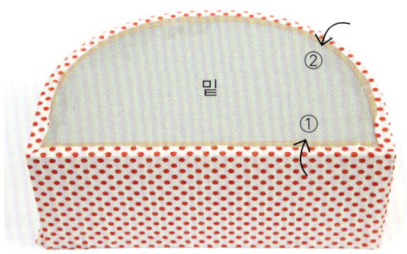

❸ 밑의 두꺼운 종이에 본드를 발라 밑쪽의 풀칠하는 부분을 ①→② 순으로 모두 붙인다.

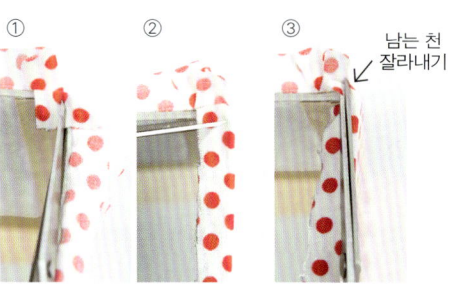

❹ 본체 윗부분의 풀칠하는 부분을 자른다. 측면의 두꺼운 종이 단면에 맞춰 가위집을 낸다. 나머지 한쪽 편의 천을 넘겨서 똑같이 가위집을 낸다. 겹치는 부분의 남는 천을 잘라낸다.

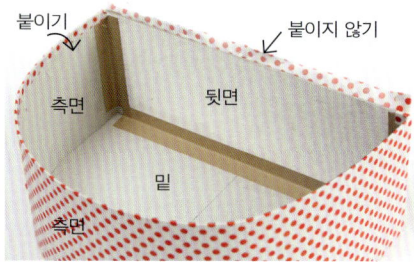

❺ 뒷면 쪽의 풀칠하는 부분은 남기고, 측면의 풀칠하는 부분을 붙인다.

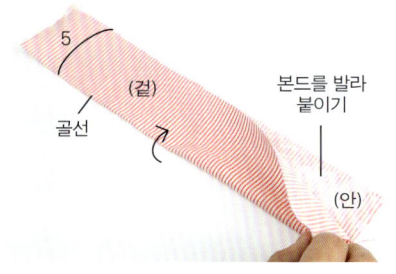

❻ 준비한 경첩 천을 안끼리 맞대어 반으로 접고 본드로 붙인다.

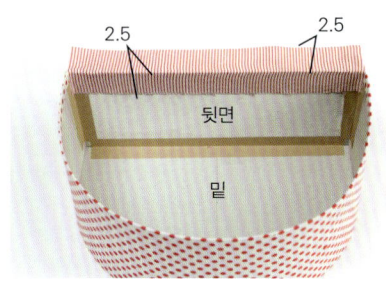

❼ 본체 뒷면에 경첩 천을 붙이고, 겉쪽의 풀칠하는 부분에도 본드를 발라 튼튼하게 붙인다.

4 뚜껑을 만든다

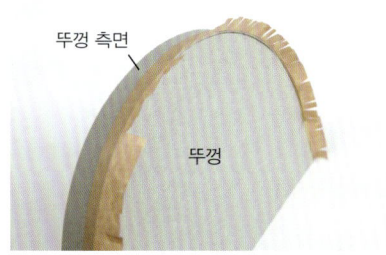

❶ 뚜껑 측면에 본체와 같은 방법으로 만들어둔 크라프트테이프의 가위집을 내지 않은 부분을 붙인다. 뚜껑 측면에 본드를 바르고 중심선을 맞춰서 뚜껑과 뚜껑 측면을 맞대어 붙인다.

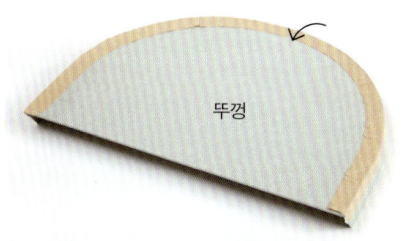

❷ 자잘하게 가위집을 낸 크라프트테이프를 뚜껑 쪽에 붙여, 뚜껑을 만든다.

5 뚜껑에 천을 붙인다

❶ 뚜껑의 두꺼운 종이에 본드를 발라 천을 붙인다.

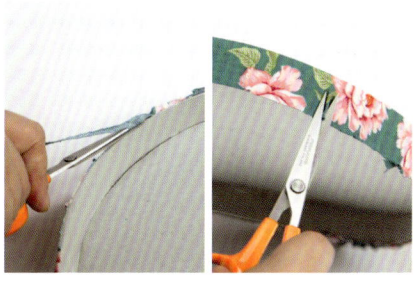

❷ 뚜껑 측면에 본드를 발라 천을 붙인다. 뚜껑에서 삐져나온 천은 잘라낸다. 측면에 잡힌 주름도 잘라서 정리한다.

❸ 뚜껑 측면의 천 끝은 두꺼운 종이에 맞춰 잘라낸다. 경첩 쪽 풀칠하는 부분은 뚜껑에 붙인다.

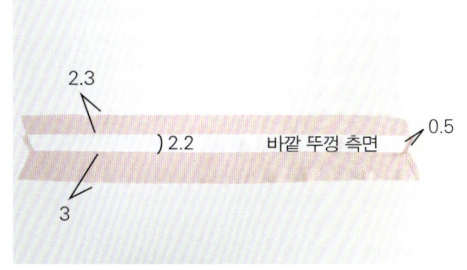

❹ 뚜껑 측면의 천에 바깥 뚜껑 측면을 붙이고, 양 끝의 풀칠하는 부분을 위 그림처럼 자른다.

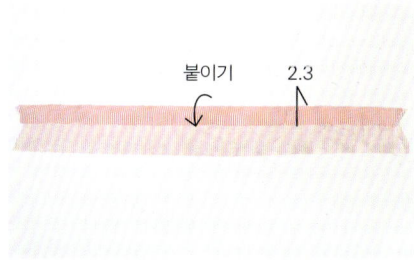

❺ 풀칠하는 부분을 2.3cm만 붙인다.

❻ 뚜껑 측면에 본드를 발라 끝에서부터 꼼꼼히 붙인다.

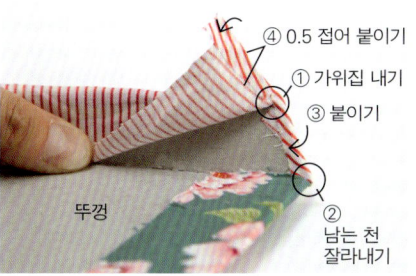

❼ 풀칠하는 부분 3cm는 뚜껑 안쪽에 붙인다. 풀칠하는 부분 끝을 안쪽으로 접어 넣어 붙인다.

❽ 반대쪽 끝도 마찬가지로 붙인다.

6 본체와 뚜껑을 맞대어 붙인다

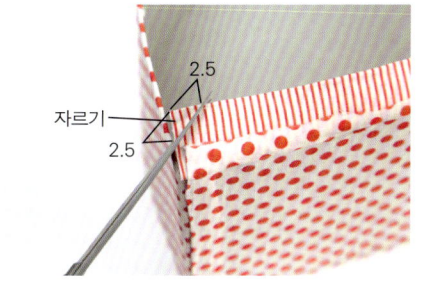

❶ 본체 쪽 경첩 천의 양 끝을 비스듬히 자른다.

❷ 경첩 천에 본드를 바르고 뚜껑을 그 위에 얹듯이 붙여준다. 안쪽에서도 잘 눌러준 다음 잠시 마르게 둔다.

7 바깥·안쪽 밑을 붙인다

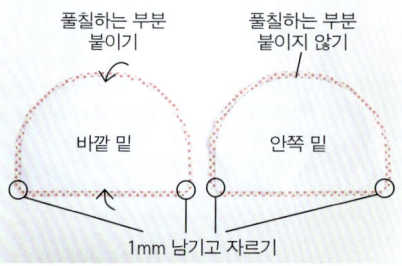

❶ 바깥·안쪽 밑 켄트지에 천을 붙인다. 각 두 모서리는 가장자리에서 1mm를 남기고 풀칠하는 부분을 삼각형 모양으로 잘라낸다. 바깥 밑의 풀칠하는 부분은 모두 켄트지에 붙인다.

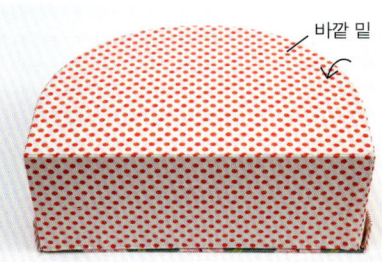

❷ 바깥 밑에 본드를 바르고 본체 밑에 맞대어 붙인다.

❸ 밑의 안쪽에 안쪽 밑을 붙인다. 밑의 풀칠하는 부분은 안쪽 측면에 세우듯이 붙인다.

8 안쪽 뚜껑을 만들어 붙인다

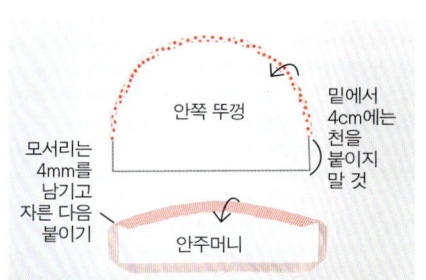

❶ 안쪽 뚜껑과 안주머니에 천을 붙인다. 안쪽 뚜껑의 뒤쪽에 풀칠하는 부분을 붙인다. 안주머니의 모서리 4군데를 4mm의 풀칠하는 부분을 남기고 잘라낸다. 안주머니 위쪽만 풀칠하는 부분을 붙인다.

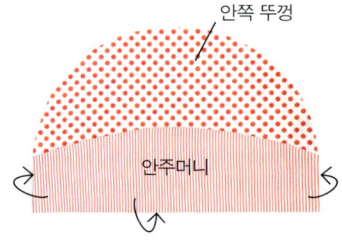

❷ 안쪽 뚜껑과 안주머니의 아래쪽 끝을 모아서 겹치고, 안주머니의 풀칠하는 부분은 안쪽 뚜껑을 감싸듯이 뒤쪽에 붙인다.

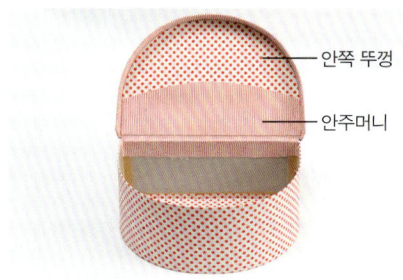

❸ 안쪽 뚜껑에 본드를 발라 뚜껑에 붙인다.

9 버클과 손잡이를 단다

❶ 뚜껑 측면 중심에 버클을 대고 표시를 한다. 송곳으로 구멍을 낸 다음 버클을 단다.

❷ 뚜껑을 닫고, 본체 측면에 구멍을 뚫을 부분을 표시한다.

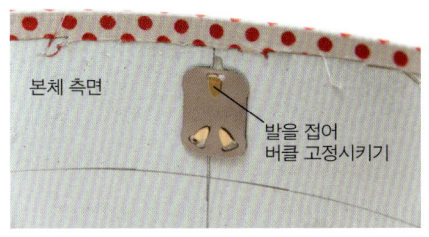

❸ 송곳으로 구멍을 뚫고 버클의 발을 넣어, 본체 측면에 버클을 고정시킨다.

❹ 손잡이 달 위치에도 똑같이 송곳으로 구멍을 뚫은 다음, 코터핀을 이용해 손잡이를 꽂아 고정시킨다.

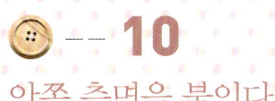

10 안쪽 측면을 붙인다

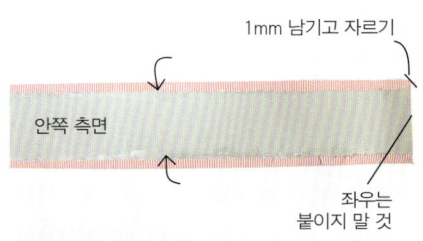

❶ 안쪽 측면의 두꺼운 종이에 천을 붙이고, 위 아래 풀칠하는 부분을 붙인다.

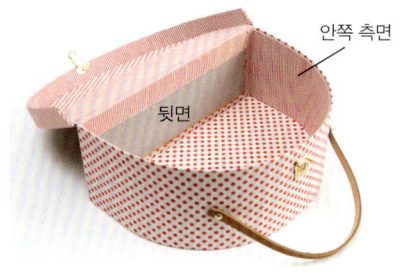

❷ 안쪽 측면을 본체 측면의 안쪽에 붙인다. 좌우 풀칠하는 부분은 뒷면 쪽에 붙인다.

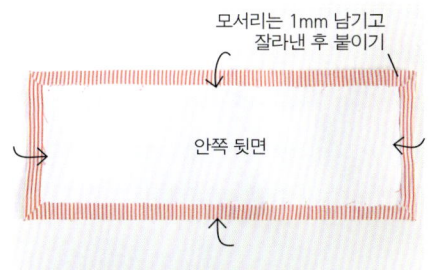

❸ 안쪽 뒷면 켄트지에 천을 붙인다. 풀칠하는 부분은 모두 뒤쪽에 붙인다.

❹ 안쪽 뒷면을 안쪽에 붙이면 완성!

p.76

나비 모양 핀쿠션

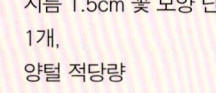

실물 크기 패턴 B면 〔15〕

완성 사이즈
• 9×7cm

재료
• 본체·안감:
  꽃무늬 코튼 30×15cm
• 기타:
  지름 1.5cm 꽃 모양 단추 1개,
  양털 적당량

Fabric
• Starflower Teal

※ ○ 안의 숫자는 시접 표시. 따로 표시하지 않은 부분은 시접 0.5cm

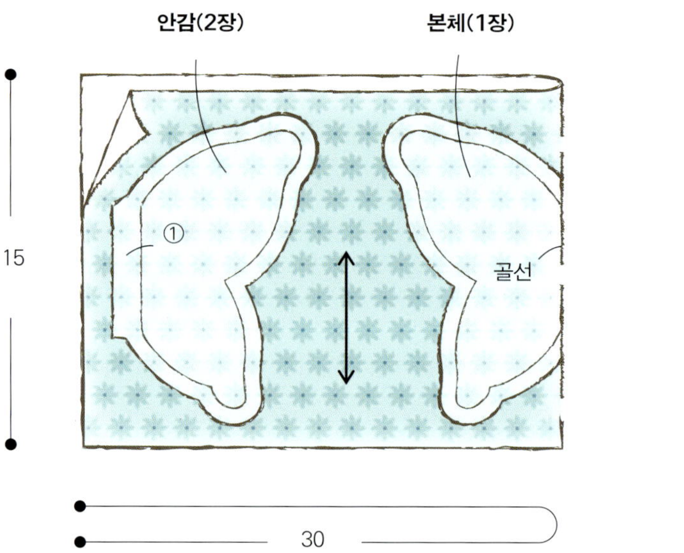

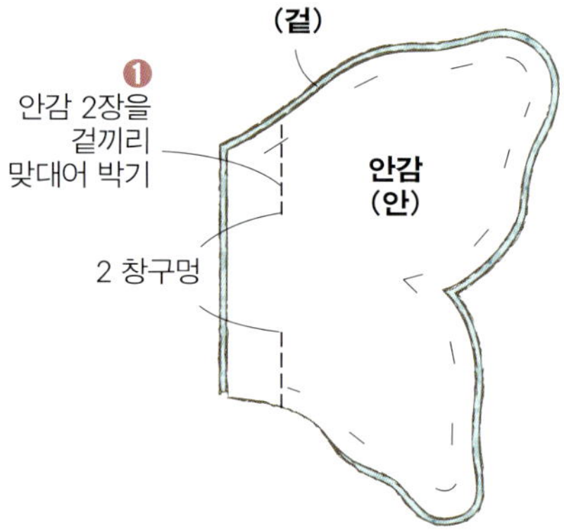

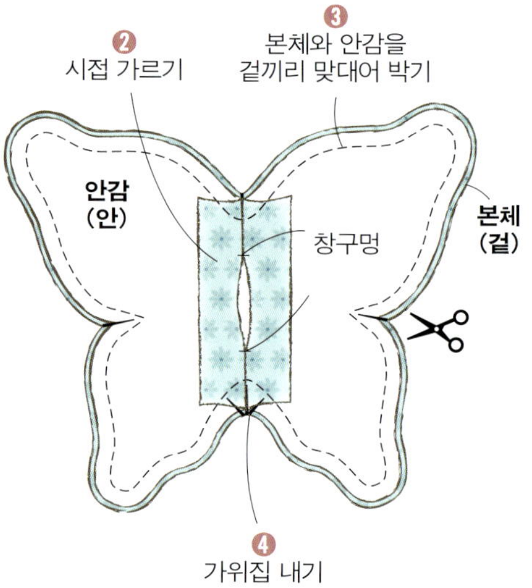

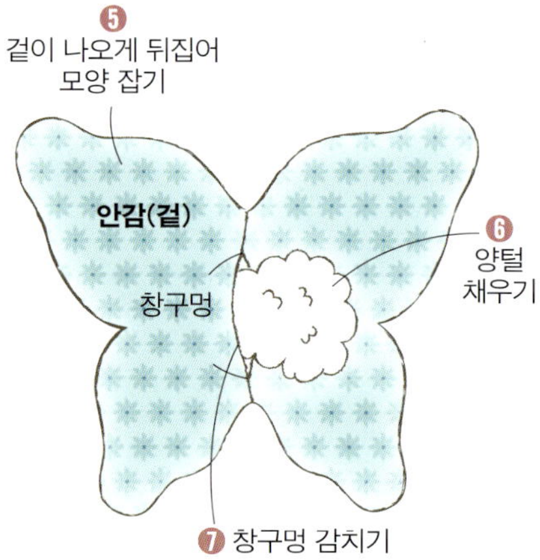

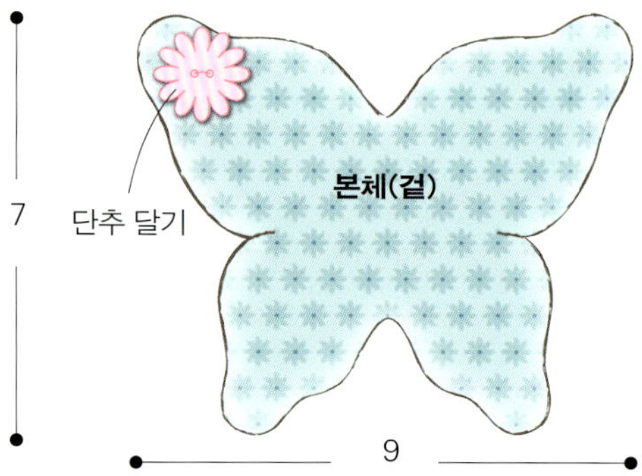

p.76

공 모양 주름 핀쿠션

완성 사이즈
- 7.5×7.5cm

재료
- 측면:
  꽃무늬 40×10cm
- 본체·밑감:
  물방울무늬 20×15cm
- 기타:
  지름 1.5cm 꽃 모양 단추·
  지름 2cm 꽃 모양 단추
  각 1개,
  양털 적당량

Fabric
- Grandma's Rose Blue
- Mini Spot Light Blue

※ 시접 1cm

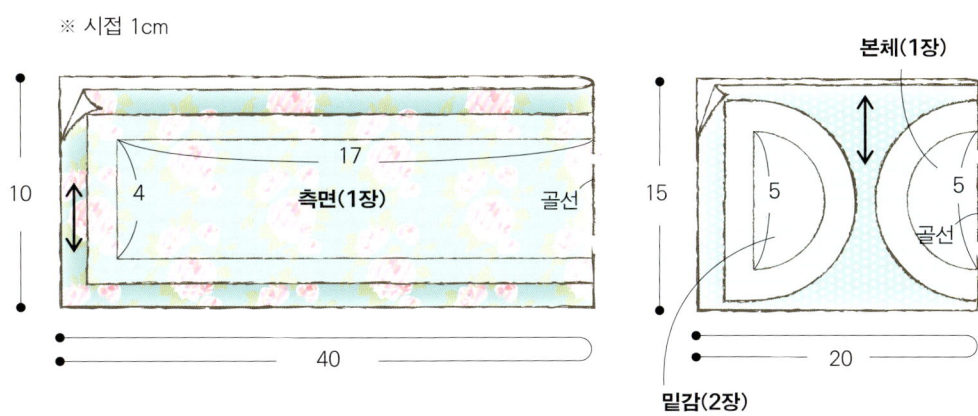

1. 본체를 만든다

2. 밑감과 맞대어 박는다

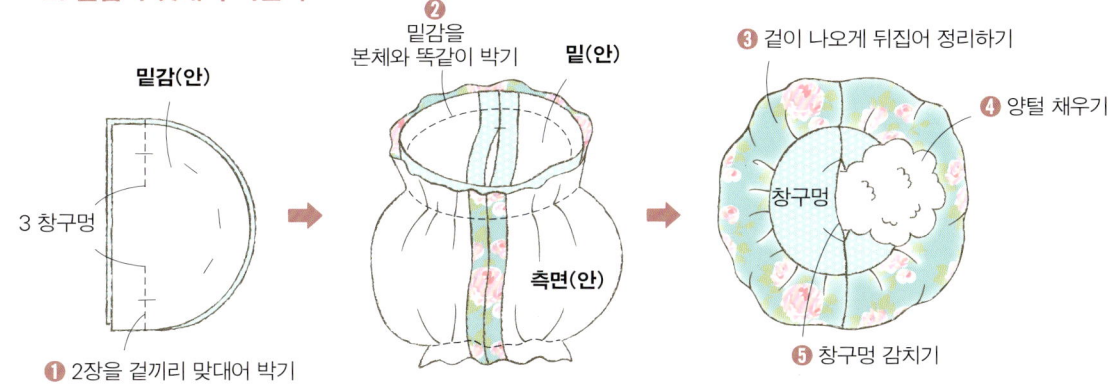

완성

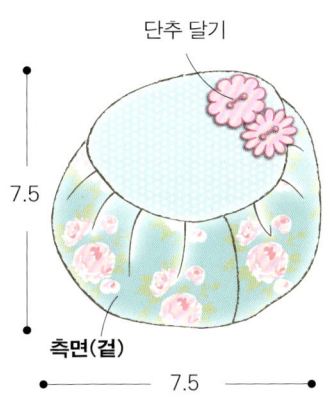

p.76

공 모양 핀쿠션

완성 사이즈
- 8×8cm

재료
- 본체·밑감: 꽃무늬 25×20cm
- 기타: 볼 리본 36cm, 두꺼운 종이 10×10cm, 양털 적당량

Fabric
- Rosebird Teal

※ 모두 시접 없이 재단

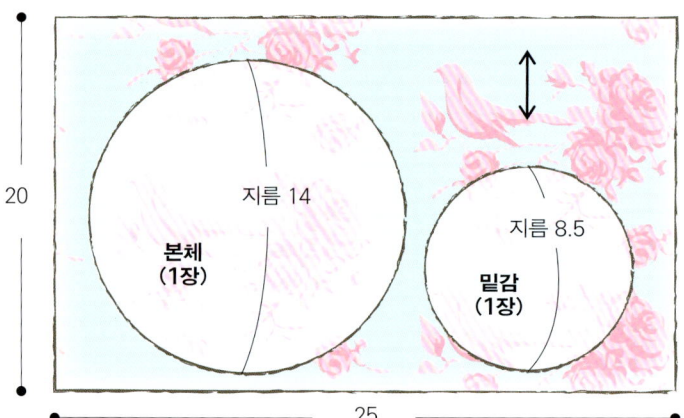

1. 밑감을 만든다

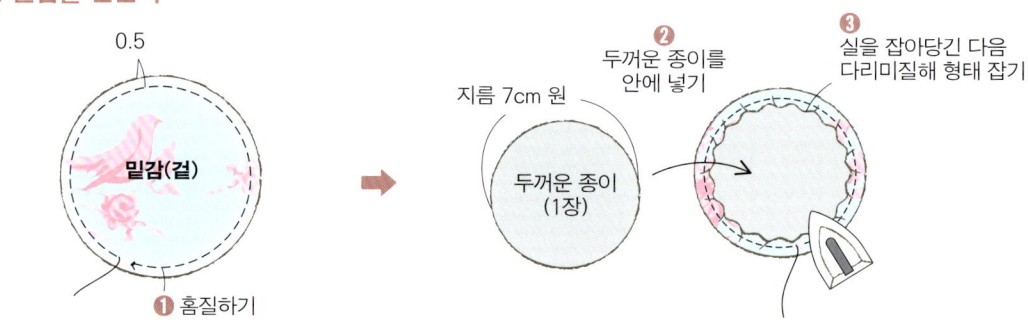

2. 본체를 만든다

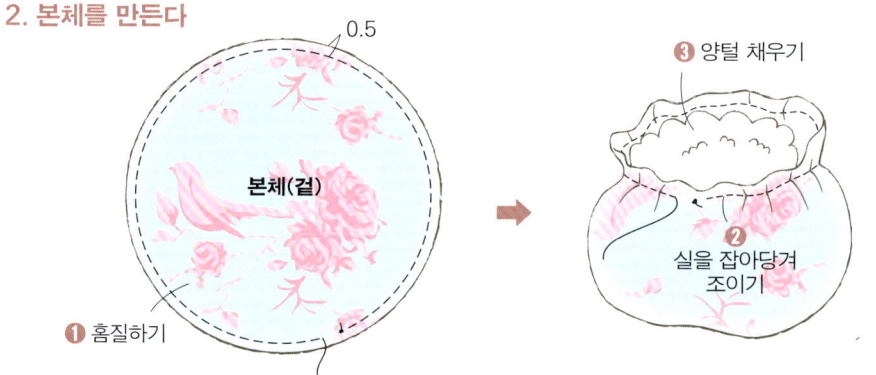

3. 볼 리본을 꿰매어 단다

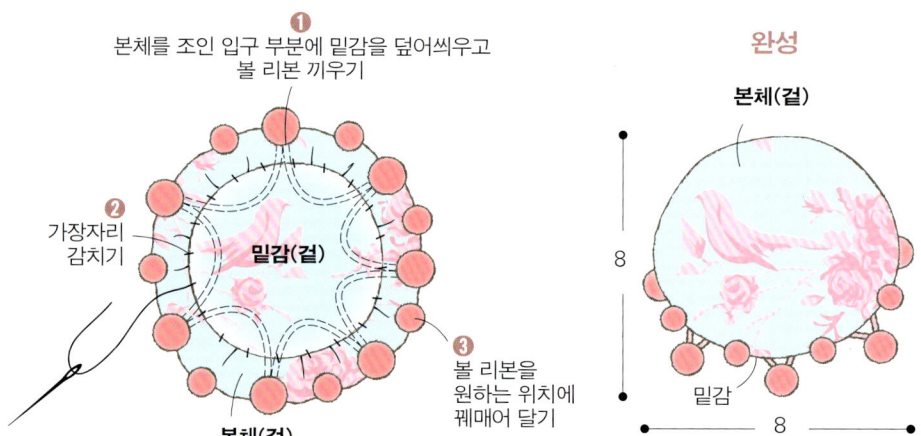

※ ○ 안의 숫자는 시접 표시. 따로 표시하지 않은 부분은 시접 1cm
※ 시접은 지그재그박기 해 끝단 처리해두기(휴지 주머니는 제외).

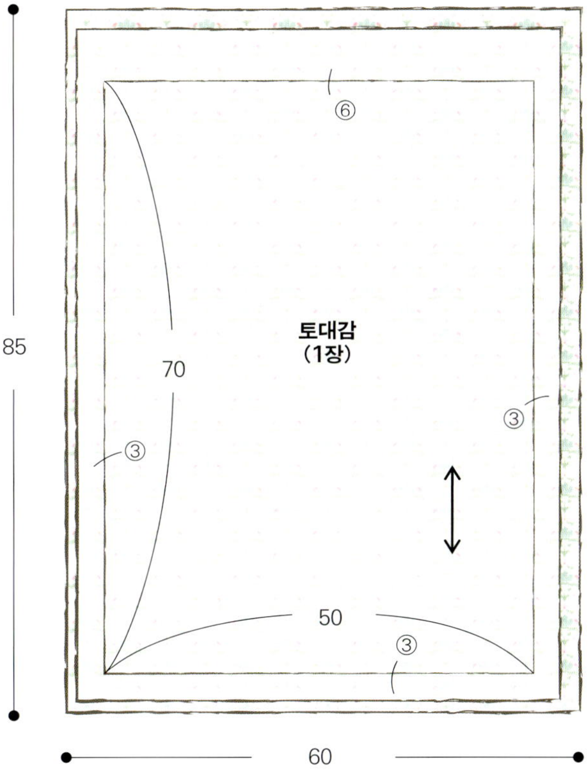

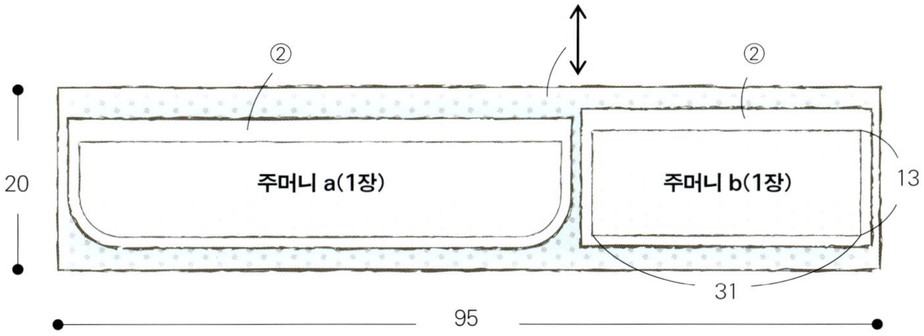

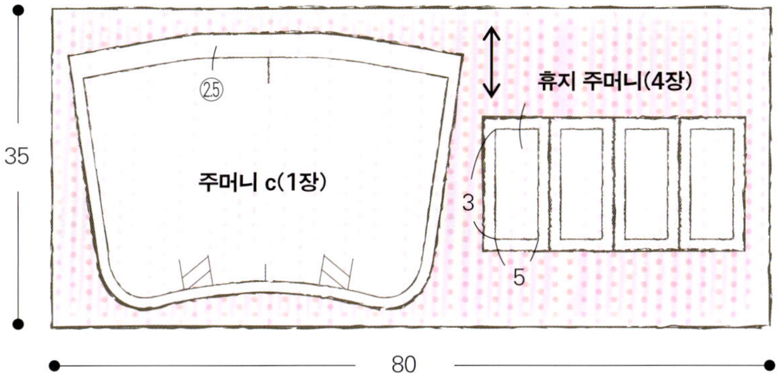

p.77

수납공간이 많은 월 포켓

실물 크기 패턴 C면 (16)

완성 사이즈
- 50×70cm

재료
- 토대감:
  흰색 꽃무늬 60×85cm
- 주머니 a·b:
  물방울무늬 95×20cm
- 주머니 c·휴지 주머니:
  핑크 물방울무늬
  80×35cm
- 기타:
  장미 와펜 1개,
  폭 1cm 리본 140cm,
  폭 1cm 고무테이프 30cm,
  스냅단추(소) 2쌍,
  지름 1.5cm 꽃 모양 단추·
  지름 2cm 꽃 모양 단추
  각 1개,
  더블단추 1쌍

Fabric
- Lining Pink
- Spot Teal
- Spot Pink

토대감 (1장) — 85 × 60, 70 × 50, ③⑥

주머니 a (1장), 주머니 b (1장) — 20 × 95, 13 × 31, ②

주머니 c (1장) — 35 × 80, ㉕

휴지 주머니 (4장) — 3, 5

1. 주머니 a를 만든다

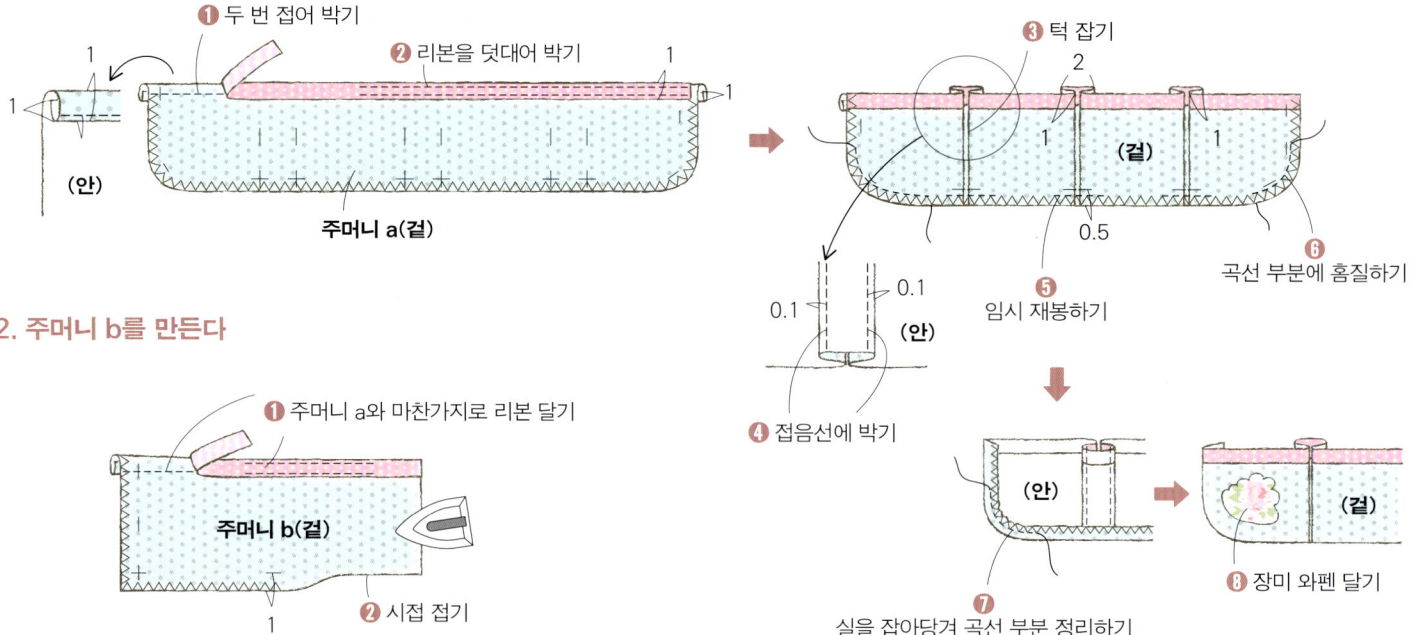

2. 주머니 b를 만든다

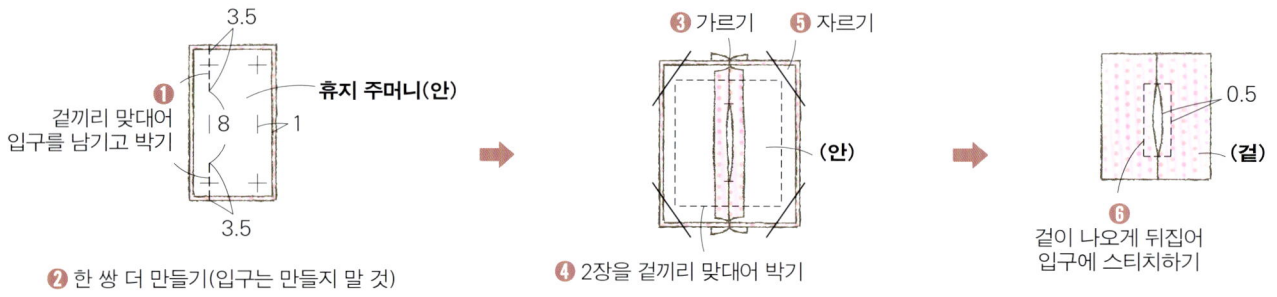

3. 휴지 주머니를 만든다

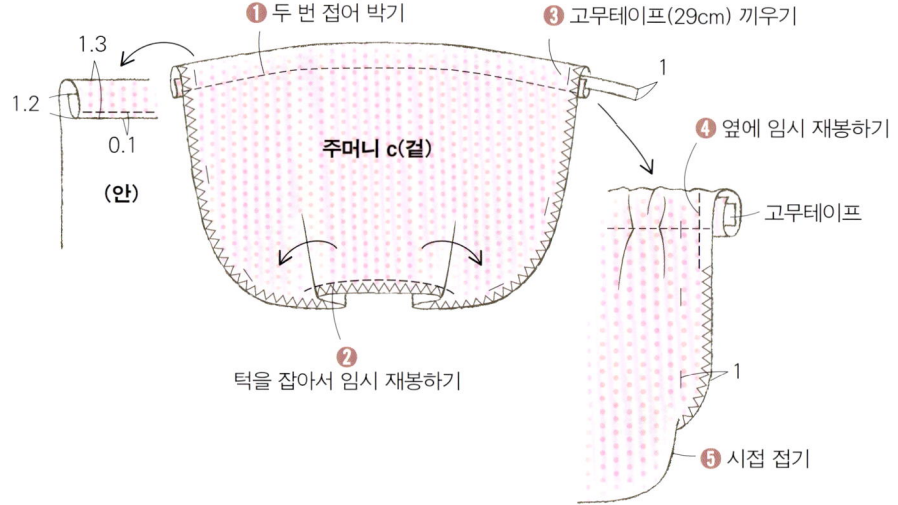

4. 주머니 c를 만든다

5. 토대감을 만든다

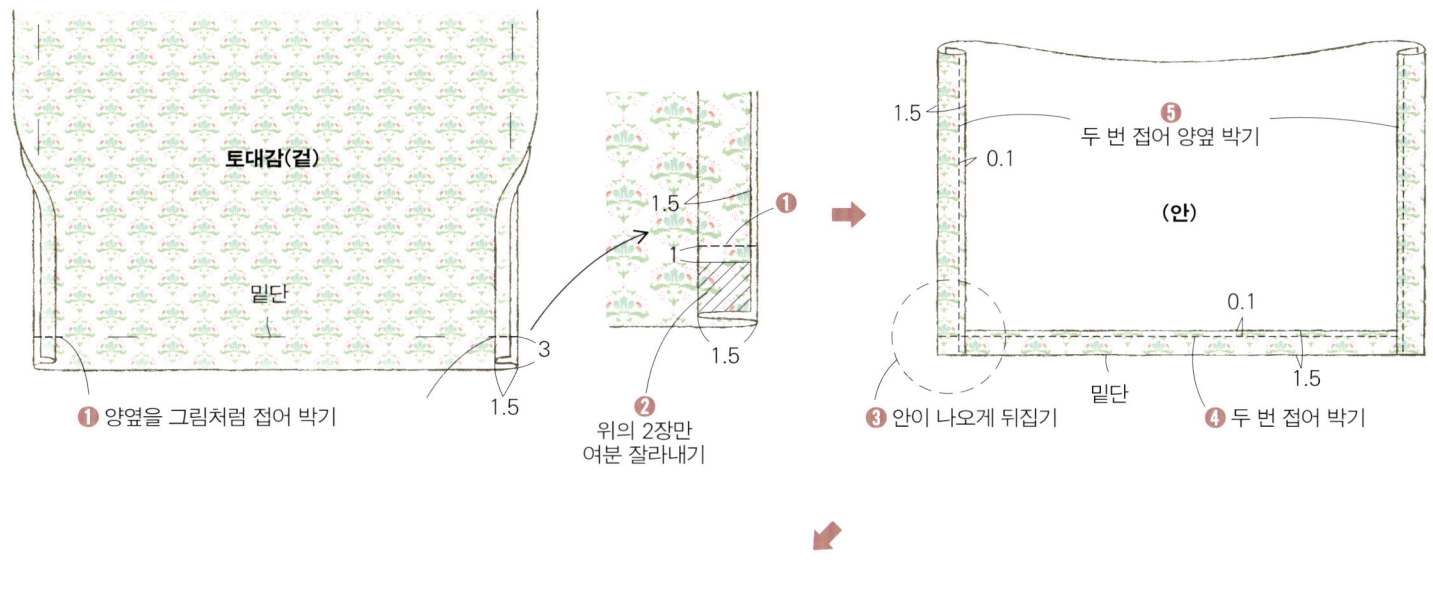

완성

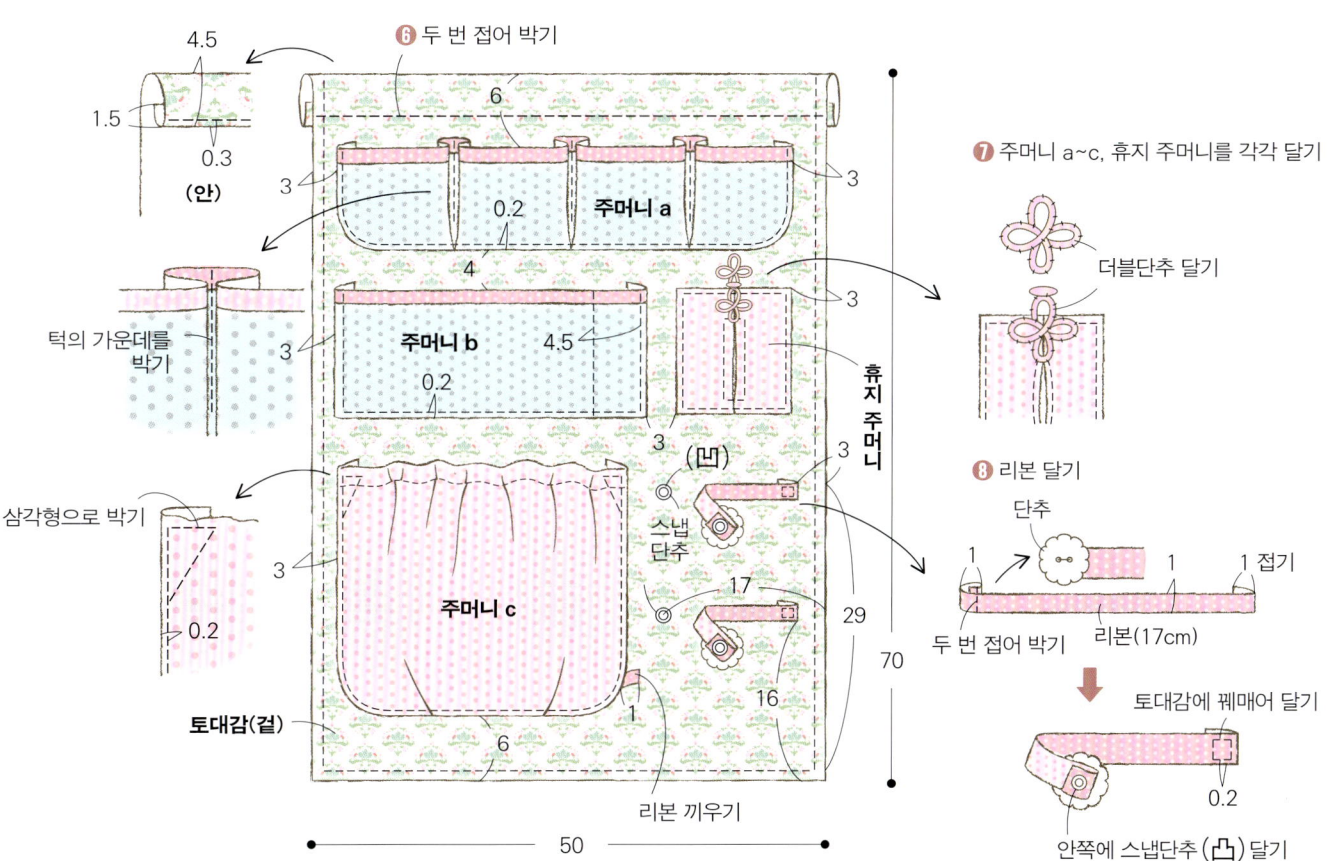

p.78

작은 꽃무늬 수첩 커버

완성 사이즈
• 14.5×19cm

재료
• 두꺼운 종이, 켄트지: 그림 참조
• 천: 물방울무늬
[본체] 32.9×6.5cm 1장
[중심 천] 7×18.7cm 1장
[측면] 8.5×20.7cm 2장
• 천: 꽃무늬
[본체] 32.9×15.5cm 1장
[주머니] 10×21.7cm 2장
[펜홀더] 5×4cm 2장
• 기타: 폭 1cm 리본 33cm · 28cm 각 1개 (리본 묶기용)

Fabric
• Mini Rose Red
• Mini Spot Red

※ 두꺼운 종이의 두께는 1mm
※ [ ] 안의 숫자는 안쪽의 켄트지 사이즈
※ ○ 안의 숫자는 풀칠하는 부분 표시. 따로 표시하지 않은 부분은 1.5cm

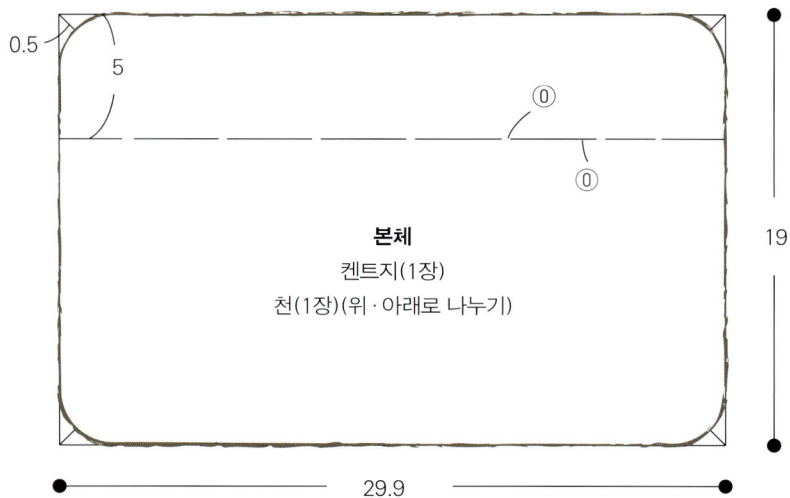

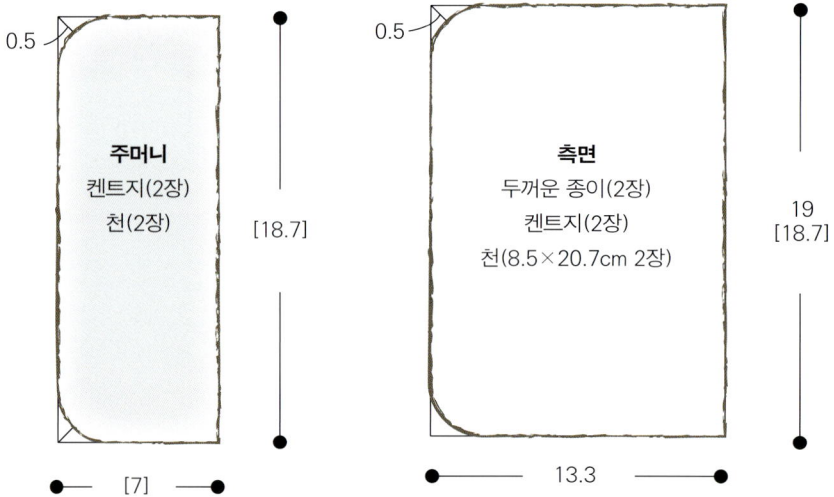

1. 본체를 만든다

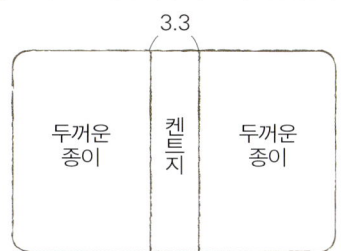

❶ 본체 켄트지의 좌우에 맞춰 측면 붙이기

2. 본체에 천을 붙인다

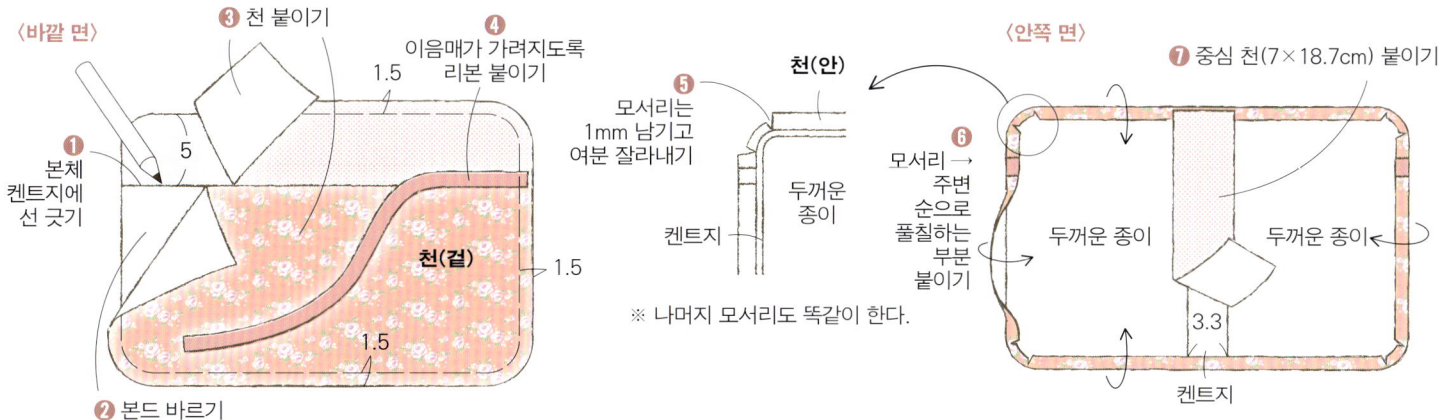

3. 측면과 주머니를 만든다

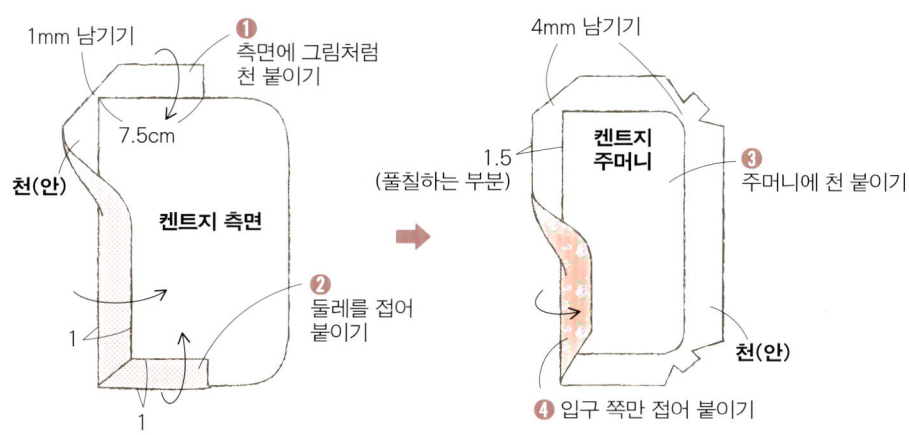

4. 주머니와 측면을 맞댄다

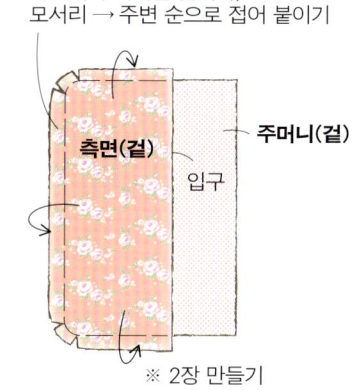

5. 펜홀더를 만들고, 전체를 맞댄다

p.78

작은 꽃무늬 연필꽂이

완성 사이즈
- 높이 10cm
- 바닥 지름 8cm

재료
- 두꺼운 종이, 켄트지: 그림 참조
- 천: 물방울무늬
  [측면] 27.3×3cm 1장
  [안쪽 밑] 8.9cm 원 1장
  [안쪽 면] 26.4×11.6cm 1장
- 천: 꽃무늬
  [측면] 27.3×9cm 1장
  [바깥 밑] 8.9cm 원 1장
- 기타: 폭 1cm 리본 5.3cm·28cm 각 1개 (리본 묶기용)

Fabric
- Mini Rose Red
- Mini Spot Red

※ 두꺼운 종이 두께는 바깥 면·안쪽 면이 1mm, 밑이 2mm
※ [ ] 안의 숫자는 안쪽의 두꺼운 종이·켄트지 사이즈 표시
※ ○ 안의 숫자는 풀칠하는 부분 표시. 따로 표시하지 않은 부분은 1cm

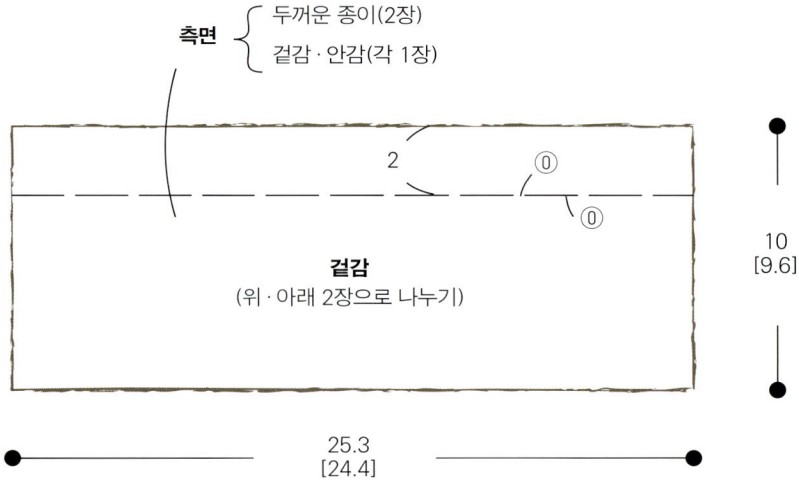

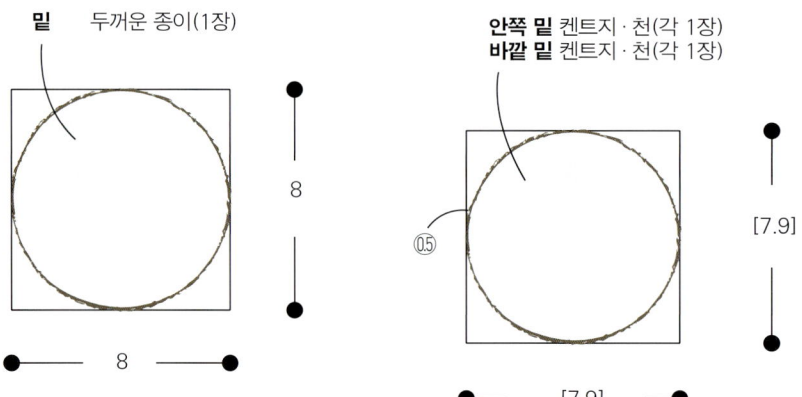

1. 본체를 조립한다

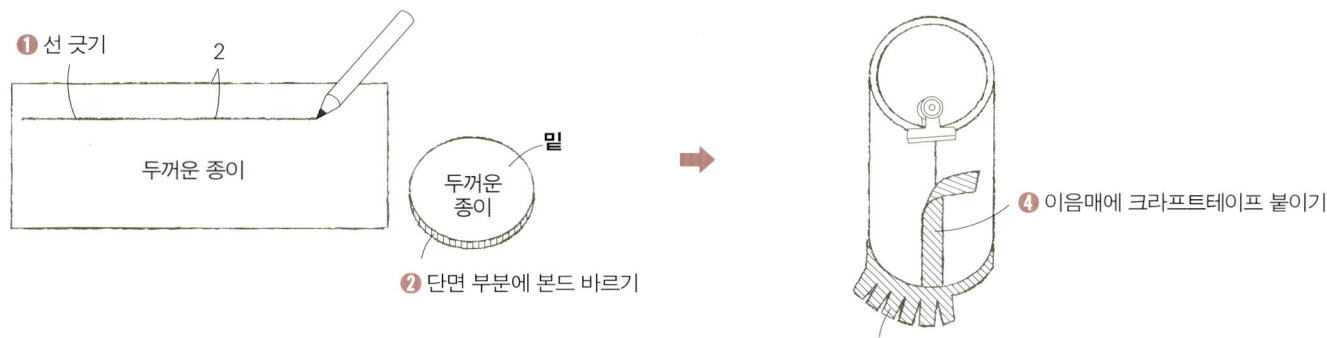

2. 측면에 천을 붙인다

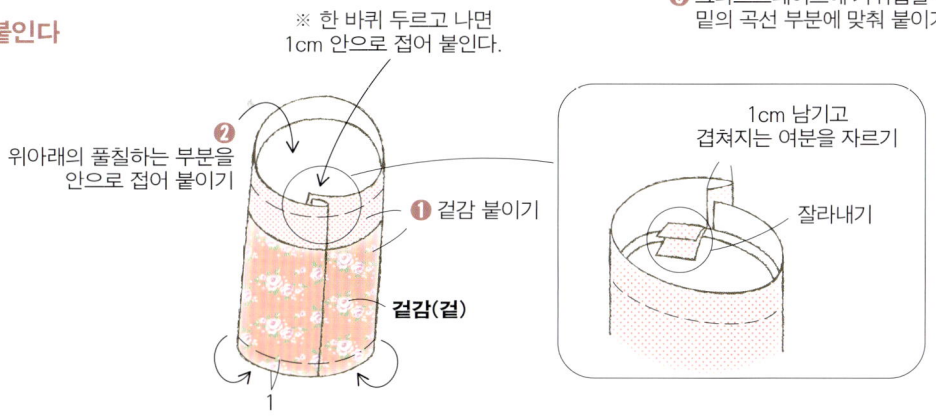

3. 안쪽 밑과 바깥 밑을 붙인다

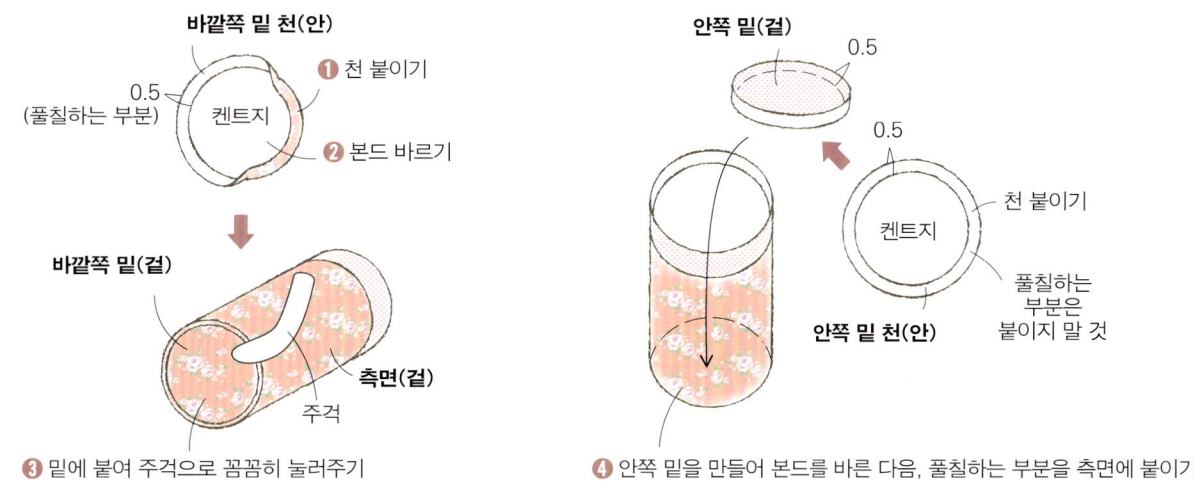

4. 안쪽 면을 만들어 붙인다

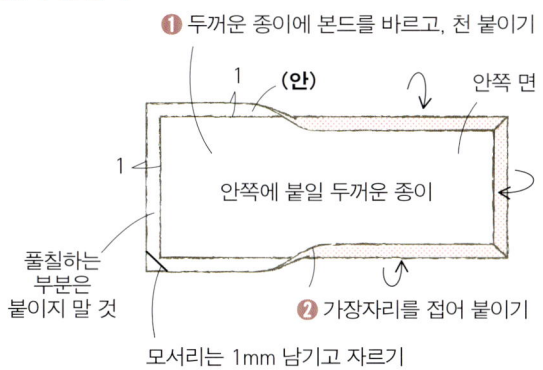

완성

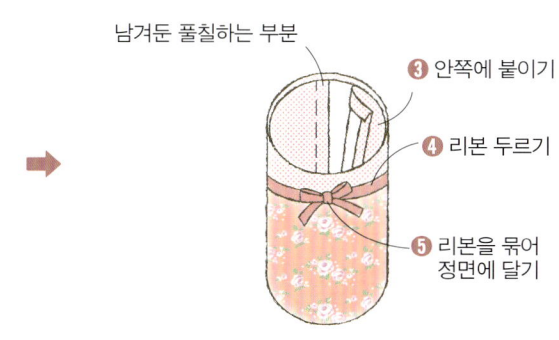

p.79
라벨무늬 재봉틀 커버

완성 사이즈
- 56×70cm

재료
- 본체 a · 장식 천: 라벨무늬 60×80cm
- 본체 b · 끈: 물방울무늬 60×80cm

Fabric
- Sewingbird labels
- Dottie Surf Green

※ ○ 안의 숫자는 시접 표시. 따로 표시하지 않은 부분은 시접 1cm
※ 장식 천은 원하는 취향대로 무늬 부분을 선택해 재단

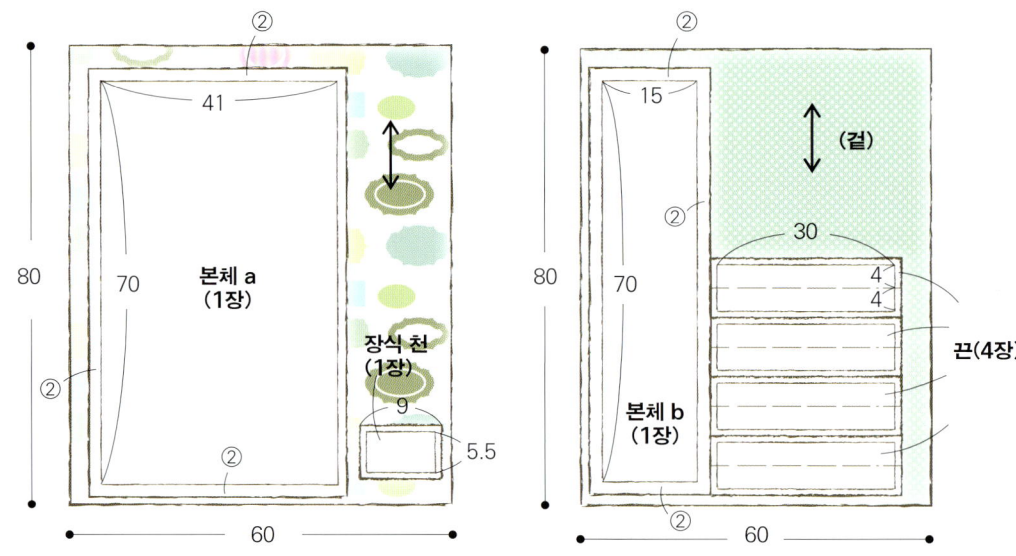

1. 끈을 만든다

❶ 겉끼리 맞댄 다음 반으로 접어 박기
❷ 모서리 여분 자르기
❸ 겉이 나오게 뒤집어 모양 잡기
❹ 스티치하기
※ 4개 만들기

2. 본체를 만든다

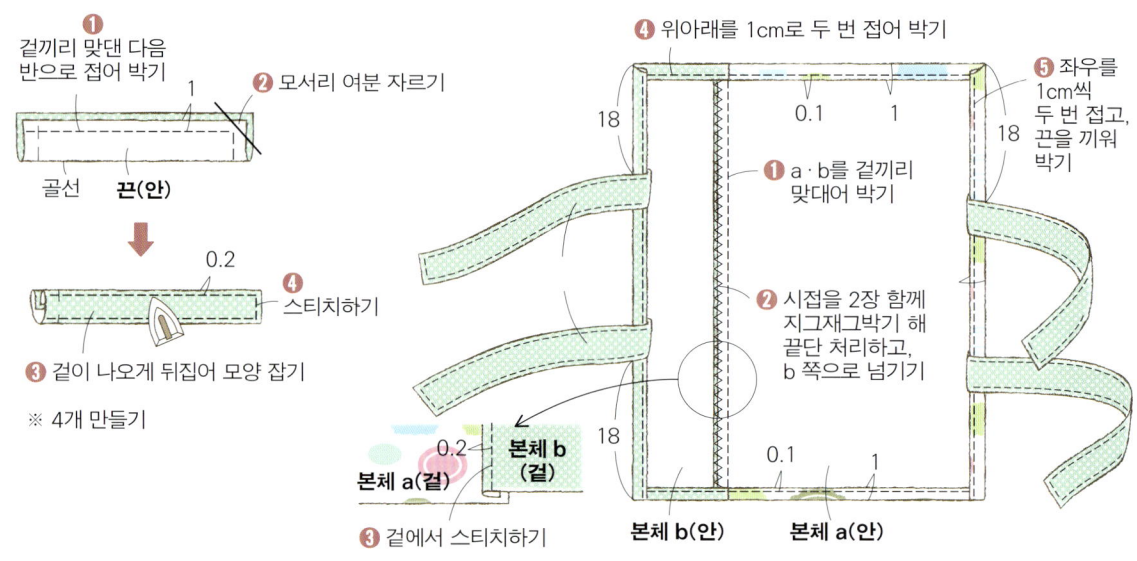

❶ a · b를 겉끼리 맞대어 박기
❷ 시접을 2장 함께 지그재그박기 해 끝단 처리하고, b 쪽으로 넘기기
❸ 겉에서 스티치하기
❹ 위아래를 1cm로 두 번 접어 박기
❺ 좌우를 1cm씩 두 번 접고, 끈을 끼워 박기

3. 장식 천을 붙인다

완성

장식 천의 시접을 안쪽으로 접어 박기

p.80

2단식 바느질 상자

완성 사이즈
• 32×16cm×높이(2단)12cm

재료
• 두꺼운 종이, 켄트지, 도화지: 그림 참조
• 천: 꽃무늬
  – 상단 상자(2개 분)
  [측면] 65.6×8.5cm 2장
  [뚜껑] 18.9×19.1cm 2장
  – 하단 상자
  [측면] 97.6×8.5cm 1장
  [바깥 밑] 33.7×17.7cm 1장
• 천: 핑크 줄무늬
  – 상단 상자(2개 분)
  [안쪽 면] 17.3×7.5cm 8장
  [안쪽 밑] 17.3×17.5cm 2장
  [안쪽 뚜껑] 11.8×17cm 2장
  – 하단 상자
  [안쪽 좌우 측면] 17.2×7.4cm 2장
  [안쪽 앞뒤 측면] 33.3×7.4cm 2장
  [안쪽 밑] 33.3×17.3cm 1장
  – 경첩 천 10×15.5cm 2장
• 천: 새장무늬
  [주머니] 18×9cm 2장
• 천: 핑크 무지
  [지지대] 3×10cm 8장
• 지지대용 두꺼운 종이: 2mm 두께의 폭 8cm 종이 8장
• 기타: 코터핀 16개, 솔트레지 2개

Fabric
• Pernille Mist Green
• Birdcage Toile Cadet Pink

※ 두꺼운 종이 두께는 상단 2mm, 하단 3mm
※ ○ 안의 숫자는 풀칠하는 부분 표시. 따로 표시하지 않은 부분은 1cm

〈상단 상자〉 ※ 2개 만들기

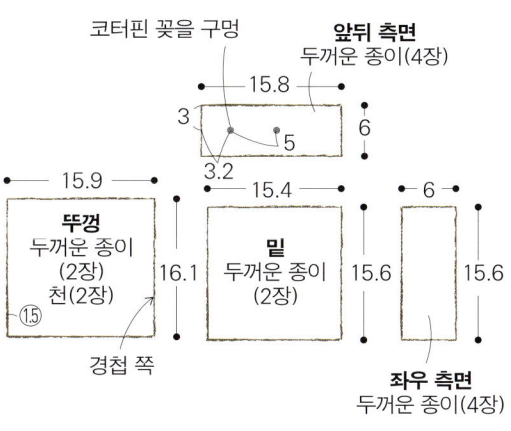

〈상단 내부〉

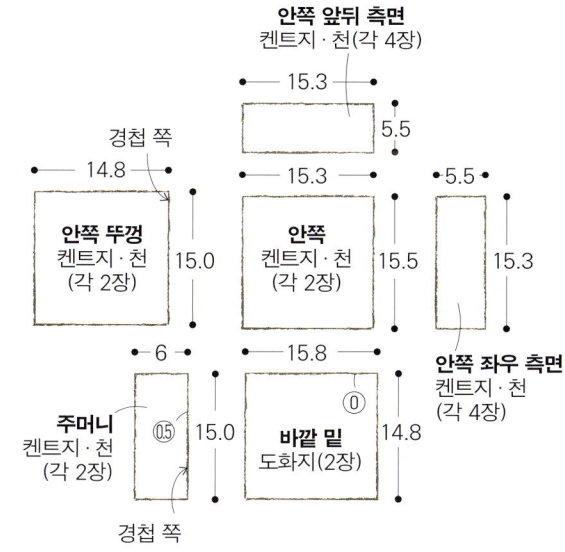

〈하단 상자〉

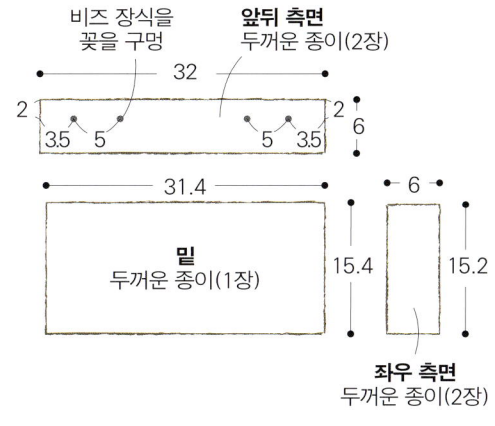

〈하단 내부〉

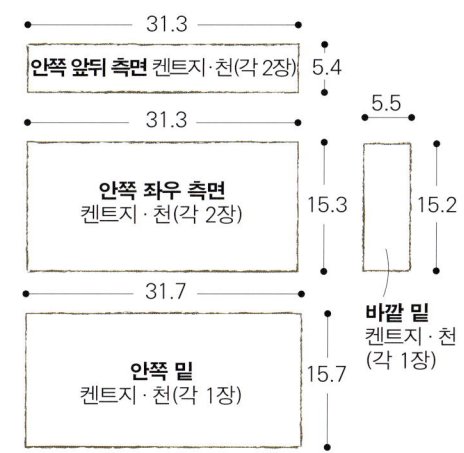

〈천〉

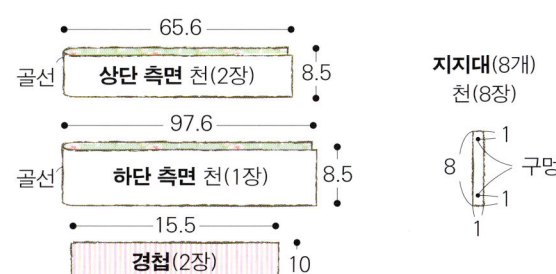

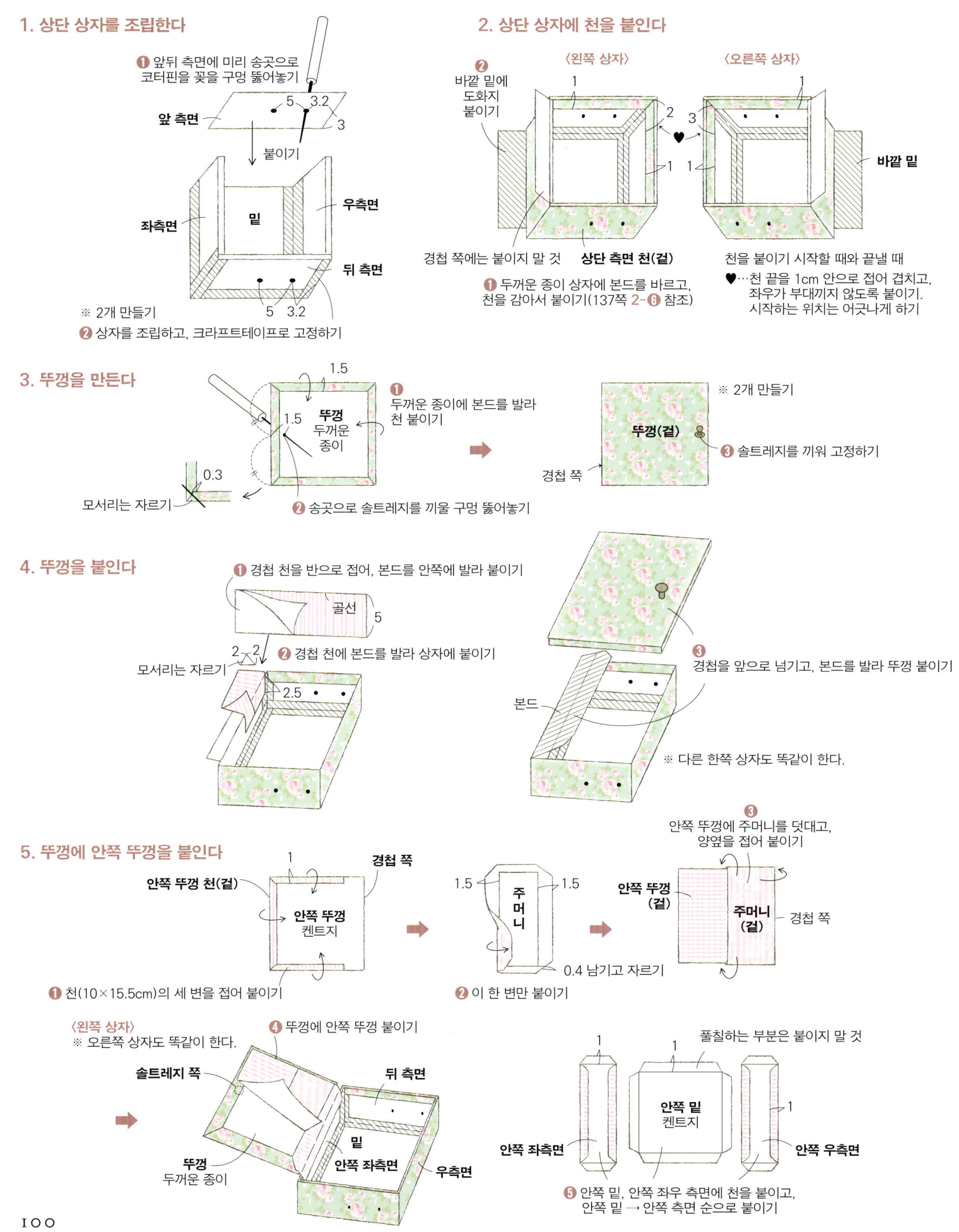

6. 하단 상자를 만든다

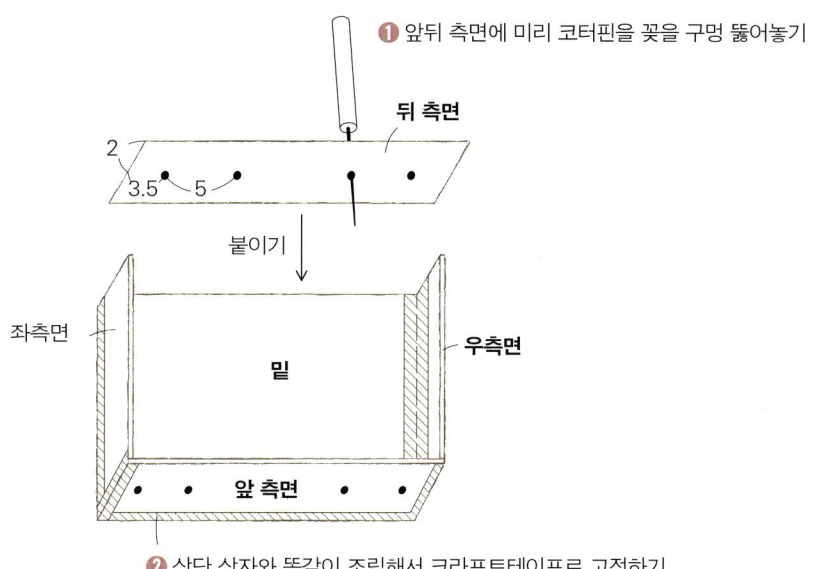

7. 하단 상자에 천을 붙인다

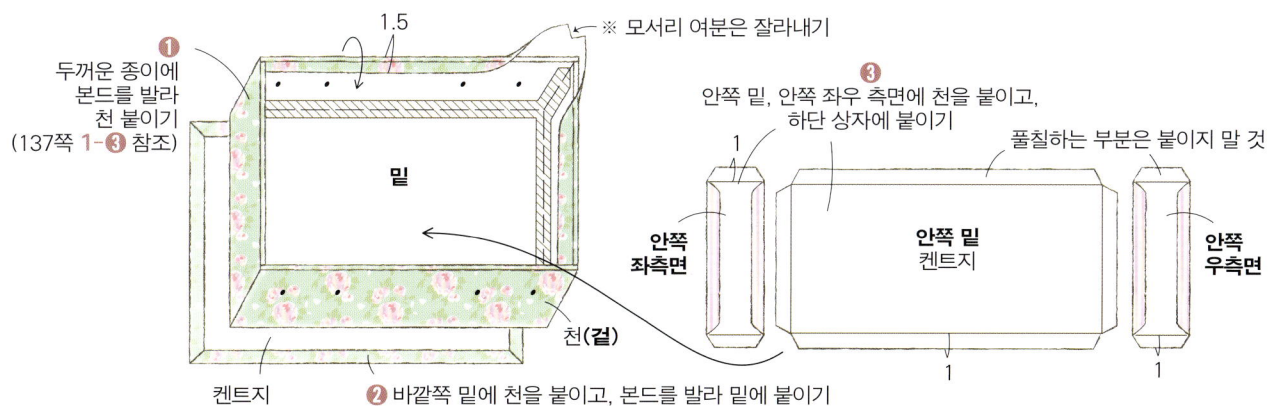

8. 지지대를 만들고, 나사로 고정한다

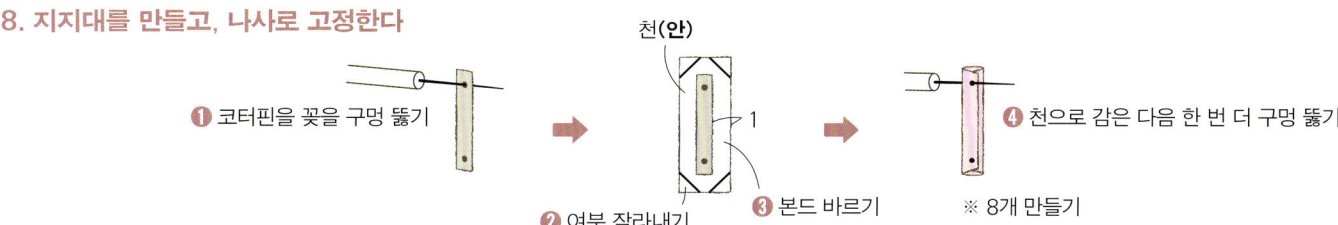

9. 안쪽 앞뒤 측면을 붙인다

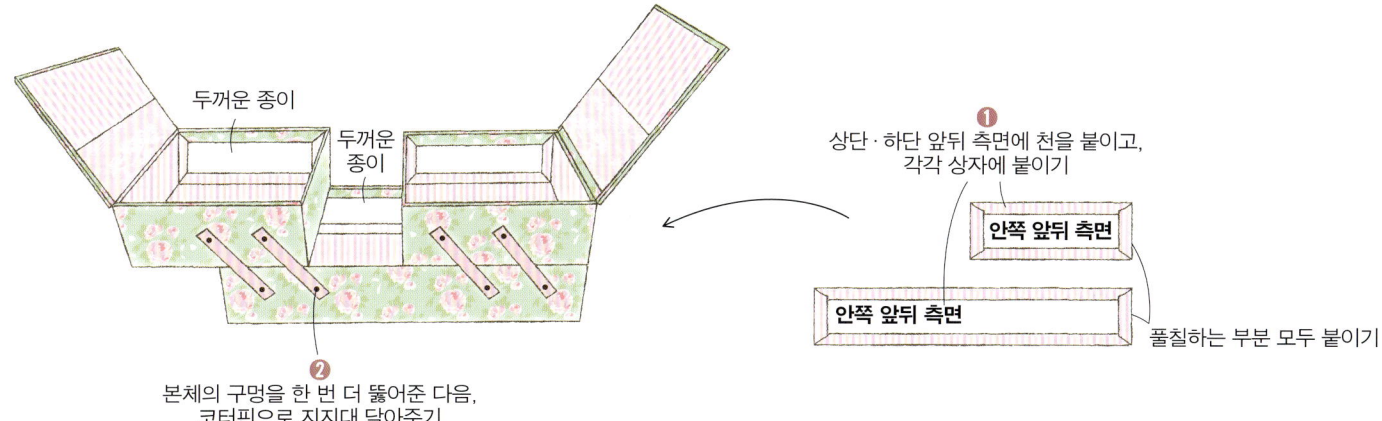

PART 4

I Love Flower Print Fabric

화려한 꽃무늬에 둘러싸인
아름다운 일상

마음에 쏙 드는 꽃무늬로 만든 천 소품을 더하기만 해도,
방에서 보내는 시간이 훨씬 쾌적해질 거예요.
새무늬나 물방울무늬도 활용해 로맨틱한 북유럽 스타일의 인테리어를 완성해보세요.

카슈쾨르 원피스

시크한 블루의 나뭇잎무늬가 시원시원한 원피스는 살짝 어른스러운 카슈쾨르 스타일로 만들었어요. 밸런스에 맞게 주름을 넣어 예쁜 실루엣을 연출한 스커트가 포인트입니다.

Design & make ·· Sanae Kouno
How to make ·· p.124
실물 크기 패턴 C면 (18)

로만셰이드 커튼

예쁜 빨강 바탕에 핑크와 파랑 꽃들이 군데군데 박힌 꽃무늬와 줄무늬 천을 잇대고, 고리와 줄을 연결하면 나만의 커튼이 간단하게 완성됩니다. 줄을 당겨 위아래로 여닫을 수 있는 커튼이에요.

Design & make ·· Tomoko Tanaka
How to make ·· p.127

코르사주를 단 쿠션

촘촘히 바느질한 끈 모양의 천을 둘둘 감아서 만든 코르사주와 장식 천이 포인트인 직사각형 쿠션. 색상이나 무늬 조합을 이리저리 즐기며 여러 개를 만들어 장식해도 세련된 인테리어 효과를 낼 수 있답니다.

Design & make ·· Tomoko Tanaka
How to make ·· p.128

패치워크 토트백

커다란 꽃무늬와 물방울무늬 천을 세로로 잇대어 만든 가방은, 광택이 있는 굵은 로프로 손잡이를 달아 어른스러운 느낌을 더했습니다. 가방 입구 부분은 초록 바탕에 점점이 박힌 물방울무늬 천으로 잡아주었어요.

Design & make ·· Chiharu Okuyama
How to make ·· p.130

같은 패턴을 이용해 기장만 좀 더 길게 만든 블라우스.
산뜻하게 하나만 입고 다닐 수 있도록 심플하고 무난한 디자인으로 만들었어요.

돌먼 슬리브 블라우스

엷은 핑크와 그린, 하늘색으로 그려진 식물무늬 천은 옷을 만들기에도 좋아요. 품이 넉넉한 돌먼 슬리브 블라우스는 기장을 짧게 디자인했습니다.

Design & make ·· Sanae Kouno
How to make ·· p.132
실물 크기 패턴 C면 (20)

패치워크 액자

사각형의 조각 천들을 이어서, 둘레를 따라 한 땀 한 땀 퀼트로 입체감을 준 액자입니다. 약간 화려한 꽃무늬나 줄무늬 천으로 포인트를 주거나 새 모양 나무 단추나 싸개단추 같은 아이템을 달아주세요.

Design & make ·· Chiharu Okuyama
How to make ·· p.134

DIY 옷걸이

생활용품 숍에서 산 나무 옷걸이를 좋아하는 천으로 감아서, 내 마음에 쏙 드는 옷걸이로 리메이크. 볼 리본이나 파이핑 코드를 달아주면 더욱 멋지게 보인답니다. 쇠 고리 부분에도 리본을 묶어 장식해주세요.

Design & make ‥ Hitomi Inoue
How to make ‥ p.135
실물 크기 패턴 C면 (21)

꽃무늬 그래니 백

생생한 색감의 장미와 수국이 인상적인 꽃무늬 천과 줄무늬 천을 잇대고, 꼼꼼하게 턱을 잡아 만든 그래니 백입니다. 바닥 면도 여유롭게 만들어 이것저것 많이 담을 수 있어요.

Design & make ·· Tomoko Tanaka
How to make ·· p.120
실물 크기 패턴 C면 (22)

새무늬 보석함

동양적인 분위기를 풍기는 보석함은 꽃과 새무늬의 천을 중심으로 물방울무늬 천을 이어 만든 까또나주 상자예요. 뚜껑에는 천과 같은 색상의 자수 실로 만든 태슬을 달았습니다.

Design＆make ‥ Hitomi Inoue
How to make ‥ p.136

까또나주 휴지통

쓰레기통도 까또나주로 만들면 어엿한 인테리어 소품으로 바뀐답니다. 줄무늬 위에 같은 새 모티브의 와펜을 달아서 포인트를 주었어요.

Design & make ·· Hitomi Inoue
How to make ·· p.138

리본 보드판

엽서나 메모를 붙여놓을 수 있도록 만든 보드입니다. 두꺼운 종이를 천과 솜으로 감고 리본을 걸어주면 간단히 완성. 밑바탕이 되는 천은 단색을 쓰고, 꾸며주는 리본이나 자투리 천 장식을 알록달록 무늬를 이용해 만들면 훨씬 매력적인 작품이 된답니다.

Design & make ·· Yoko Kaiki, Hitomi Inoue
How to make ·· p.142

심플한 고무줄 바지

깔끔하게 잘 떨어진 기본 디자인의 바지입니다. 남색 바탕에 심플한 파랑 식물무늬가 어떤 상의와도 잘 어울려 옷을 입기 편합니다. 허리는 끈을 끼워 앞에서 묶어주세요.

Design & make ·· Sanae Kouno
How to make ·· p.144
실물 크기 패턴 D면 (24)

꽃무늬 반바지

남색 바탕에 산뜻한 꽃무늬가 더욱 돋보이는 반바지는, 형태는 매우 심플하지만 그 자체로 존재감이 있는 멋진 바지입니다. 천은 가벼우면서도 속이 비치지 않아서 옷을 만들기에 아주 좋아요.

p.114

꽃무늬 그래니 백

실물 크기 패턴 C면 (22)
1 본체 겉감

완성 사이즈
• 50×30×바닥 12cm

재료
• 꽃무늬 코튼 110×45cm
• 줄무늬 코튼 110×65cm
• 폭 1cm 리본 200cm,
 접착심 100×40cm,
 손잡이용 나무 고리 1쌍

Fabric
• Flowerpatch Blue
• Mini Stripe Cadet Blue

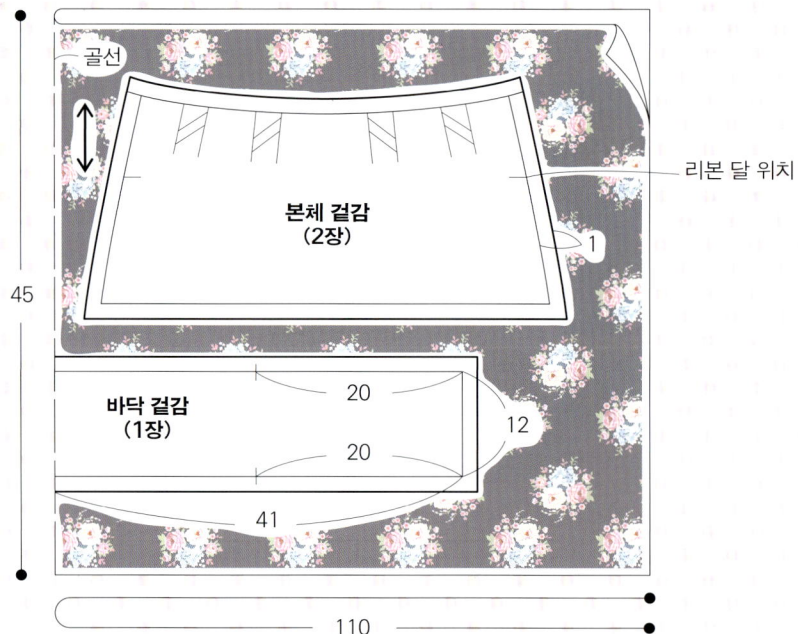

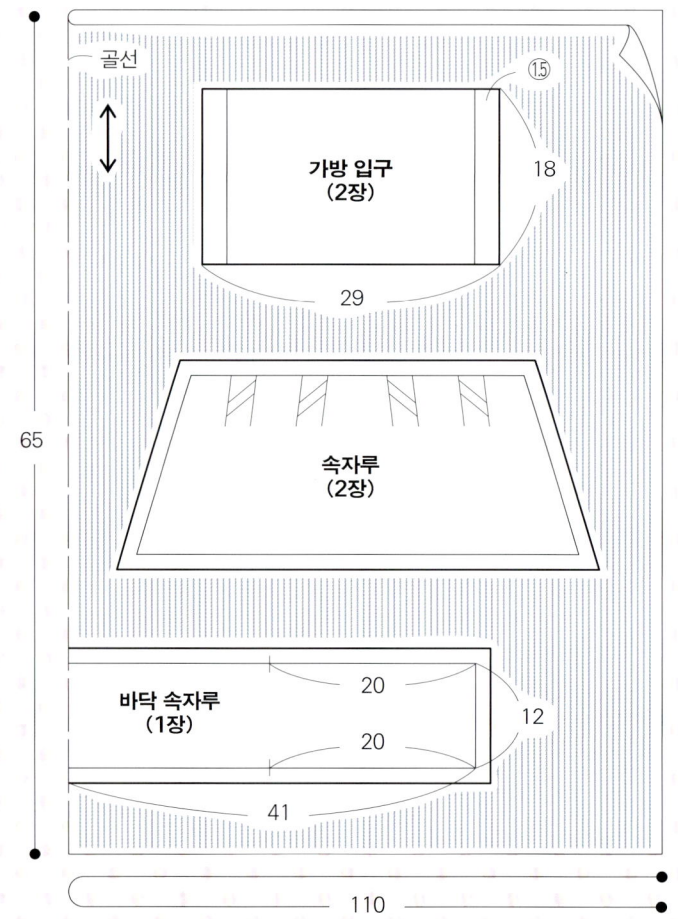

1
천을 준비한다

2
천을 자른다

※ 여기에서는 알아보기 쉽도록 눈에 띄는 색상 실로 꿰매어 설명한다.
※ ○ 안의 숫자는 시접 표시. 따로 표시하지 않은 부분은 시접 1cm

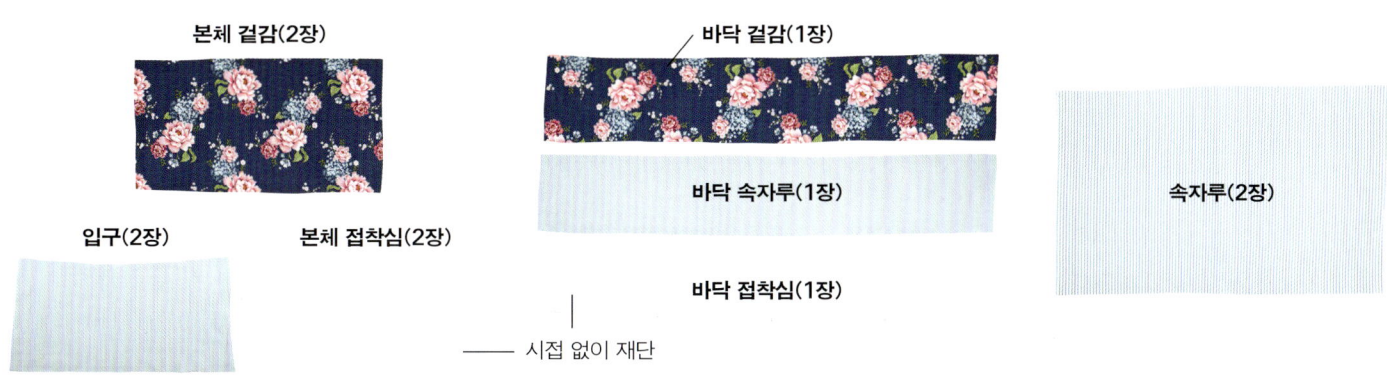

본체 겉감(2장)　**바닥 겉감(1장)**

입구(2장)　**본체 접착심(2장)**　**바닥 속자루(1장)**　**속자루(2장)**

바닥 접착심(1장)

―― 시접 없이 재단

Point

본체 겉감에 접착심을 붙일 때는 겉감을 조금 크게 잘라 두고서 접착심을 붙인 다음, 시접을 잡고 나머지를 잘라낸다. 이렇게 하면 접착심과 본체 겉감의 시접이 어긋나지 않는다.

3 본체를 만든다

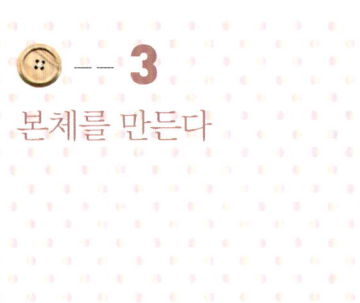

❶ 본체 겉감에 접착심을 붙인다.

❸ 네 군데를 똑같이 박는다. 나머지 한 장도 똑같이 만든다.

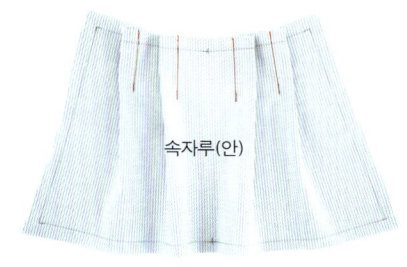

❹ 속자루 2장도 똑같이 턱을 박는다.

❷ 패턴의 턱 위치를 따라 표시하고 겉감에 턱을 잡은 다음, 시침핀으로 고정한다. 턱은 옆쪽으로 각각 넘겨둔다.

❻ 본체 겉감과 바닥 겉감을 겉끼리 맞대어, 시침핀으로 고정한다. ❺에서 가위집을 낸 자리가 가방 모서리에 오도록 잘 맞춘다.

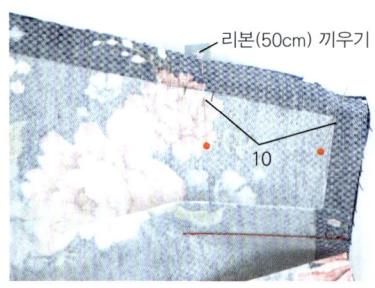

❼ 본체와 바닥 사이에 리본을 끼워둔다.

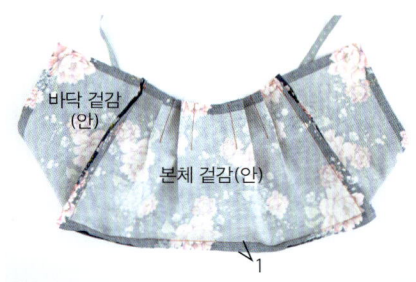

❺ 바닥에 접착심을 붙인다. 시접 네 군데(가방 밑의 모서리 위치)에 가위집을 내어 표시해둔다.

❾ 나머지 한쪽도 똑같이 박는다.

❿ 속자루도 똑같이 박는다.

❽ 모서리까지 다 꿰맸으면, 다른 천까지 같이 꿰매버리지 않도록 주의하면서 천을 90도 돌려 옆과 밑을 박는다.

4 입구 부분을 만든다

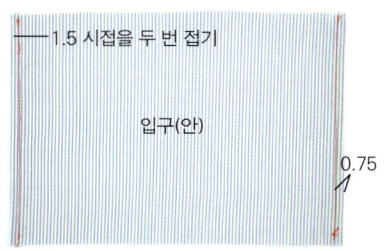

❶ 입구의 양옆 시접 1.5cm을 0.75cm씩 두 번 접어 박는다.

❷ 본체 겉감을 겉이 나오게 뒤집어서, 본체와 입구를 겉끼리 맞댄 다음 시침핀으로 고정한다.

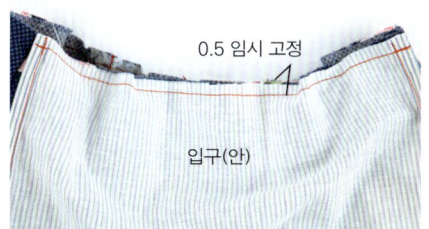

❸ 본체 겉감에 입구를 임시 고정해둔다.

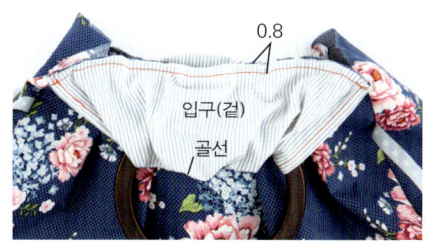

❹ 손잡이를 끼우고, 입구를 박아서 고정한다.

5 본체와 속자루를 이어 박는다

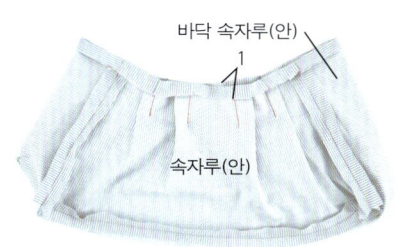

❶ 속자루 입구 부분의 시접을 접어서 다리미질한다.

❷ 본체 안감·자루 입구의 시접을 본체 쪽으로 넘긴다. 본체 안에 속자루를 겉이 밖으로 나오게 집어넣고, 자루 입구를 감침질한다.

❸ 자루 입구의 겉에서 재봉스티치한다.

6 완성

❶ 마지막으로 바닥에 끼운 리본을 묶어준다.

p.106

카슈쾨르 원피스

실물 크기 패턴 C면 (18)

완성 사이즈 (S/M/L)
- 기장 109cm
- 가슴둘레 84cm

재료
- 본체:
  식물무늬 폭 140cm×300cm
- 기타:
  접착심 90×70cm

Fabric
- Inca Blue

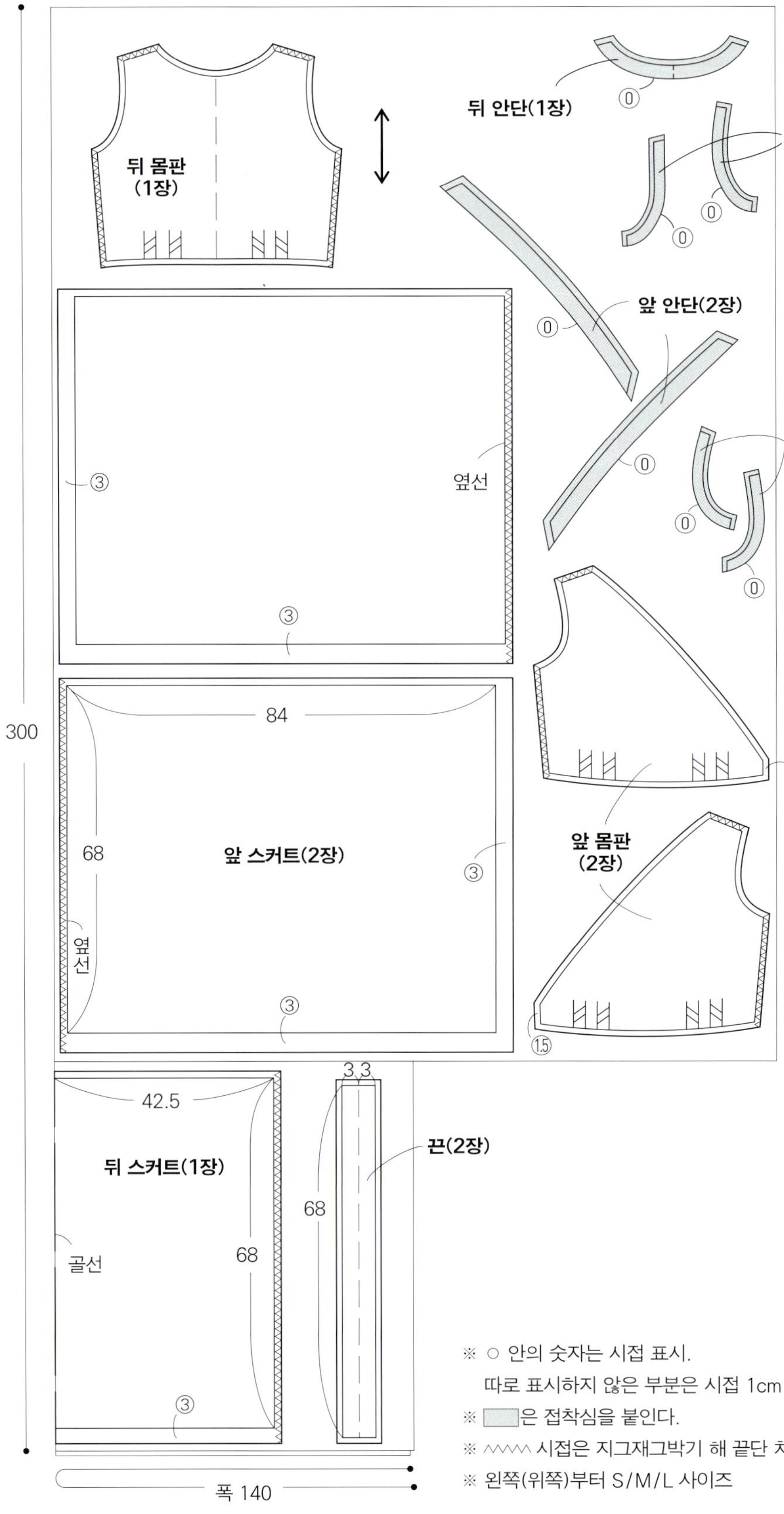

뒤 몸판(1장)

뒤 안단(1장)

뒤 소매둘레 안단(2장)

앞 안단(2장)

앞 소매둘레 안단(2장)

앞 스커트(2장) — 84, 68, ③

앞 몸판(2장)

뒤 스커트(1장) — 42.5, 68, 골선, ③

끈(2장) — 3.3, 68

300

폭 140

※ ○ 안의 숫자는 시접 표시.
따로 표시하지 않은 부분은 시접 1cm
※ ▨은 접착심을 붙인다.
※ ∧∧∧∧ 시접은 지그재그박기 해 끝단 처리해두기
※ 왼쪽(위쪽)부터 S/M/L 사이즈

1. 턱을 잡고, 어깨와 옆단을 박는다

2. 목둘레의 안단을 만들어 박는다

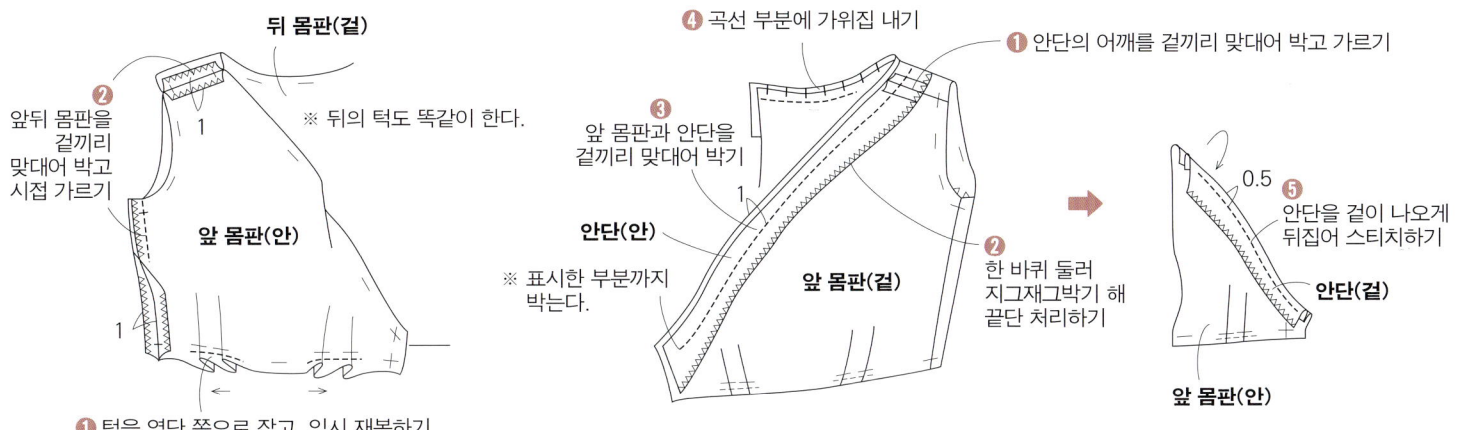

3. 소매둘레 안단을 만들어 단다

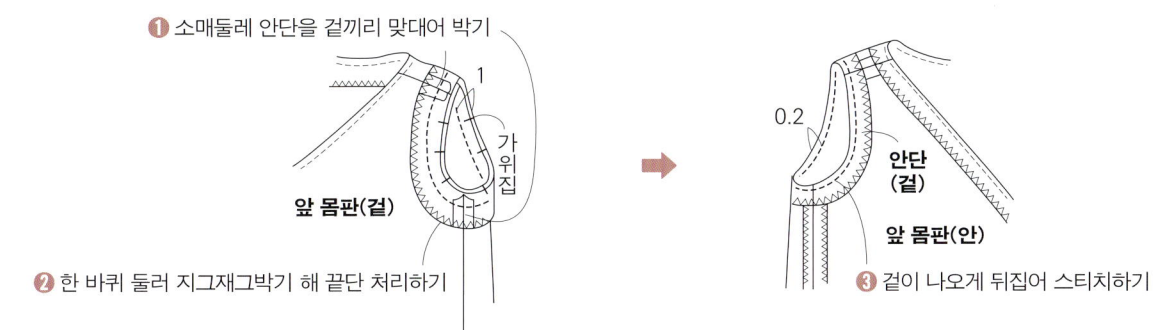

4. 스커트를 만들어, 몸판과 맞대어 박는다

완성

p.107

스캘럽 전등갓

실물 크기 패턴 C면 (19)

완성 사이즈
- 18.5cm

재료
- 플라스틱 시트: 패턴과 그림 참조
- 본체: 꽃무늬 70×40cm
- 기타: 폭 2.5cm 리본 60cm, 전등갓 스탠드 1개, 전구 1개

Fabric
- Pernille Lin Grey

본체 (플라스틱 시트·천 각 1개)

※ ○ 안의 숫자는 풀칠하는 부분 표시. 플라스틱 시트는 시접 없이 재단

❶ 본체에 천을 붙이고, 풀칠하는 부분을 접어 양면테이프로 붙이기
2mm 남기고 잘라내기
❷ 양면테이프를 감아두기
❸ 양면테이프와 접착제를 이용해 끝을 붙이기
❹ 아래쪽을 안으로 접어 양면테이프로 붙이기

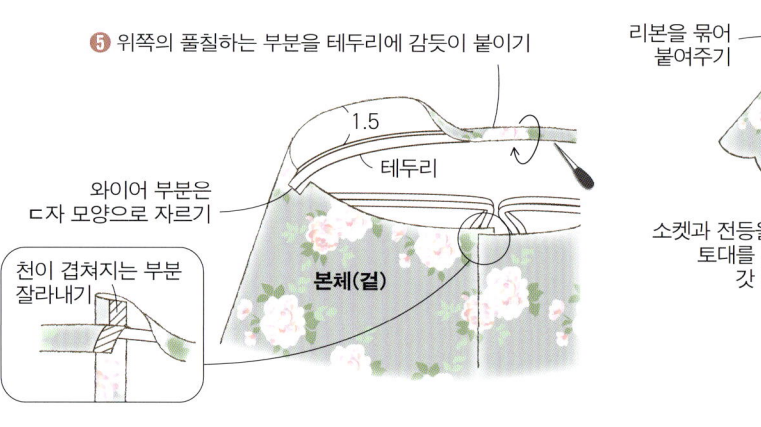

❺ 위쪽의 풀칠하는 부분을 테두리에 감듯이 붙이기
와이어 부분은 ㄷ자 모양으로 자르기
천이 겹쳐지는 부분 잘라내기

완성

리본을 묶어 붙여주기
소켓과 전등을 달아 토대를 만들고 갓 씌우기

p.108

로만셰이드 커튼

완성 사이즈
• 138.5×110cm

재료
• 본체:
 줄무늬 폭 110cm×140cm
• 밑감:
 꽃무늬 폭 110cm×30cm
• 기타:
 접착심 20×5cm,
 끈 720cm,
 볼 리본 120cm,
 고리 15개,
 지름 1.8cm 끈 스토퍼 2개

Fabric
• Emma Red
• Mini Stripe Pink

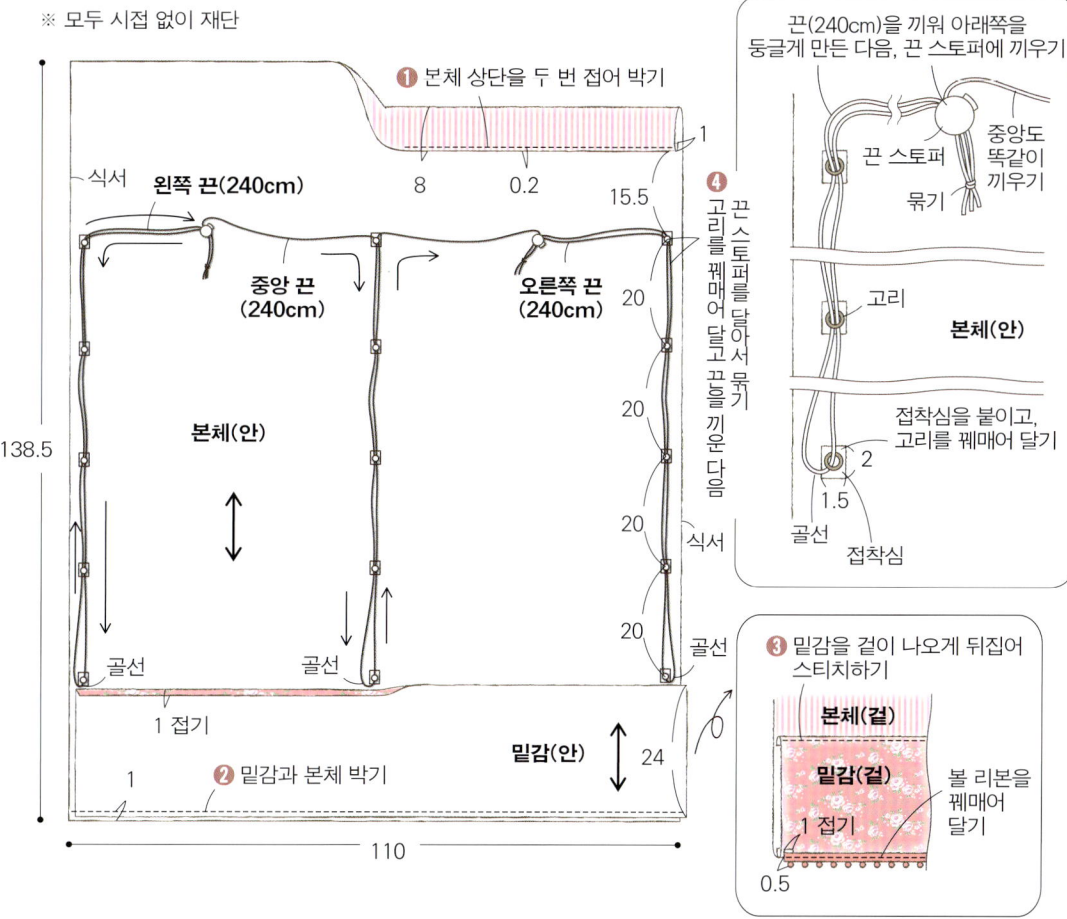

p.109
코르사주를 단 쿠션

완성 사이즈
- 30×50cm

재료
- 본체 a·c:
  새장무늬 60×40cm
- 본체 b·d:
  별무늬 80×40cm
- 장식 천:
  자잘한 꽃무늬 25×40cm
- 끈·꽃:
  꽃무늬 40×30cm
- 기타:
  쿠션 속통 30×50cm 1개

Fabric
- Birdcage Toile Cadet Pink & Blue
- Star Pink
- Buke Ornament Cadet Blue & Red
- Pernille Cadet Blue
- Emma Red

※ ○ 안의 숫자는 시접 표시. 따로 표시하지 않은 부분은 시접 1cm

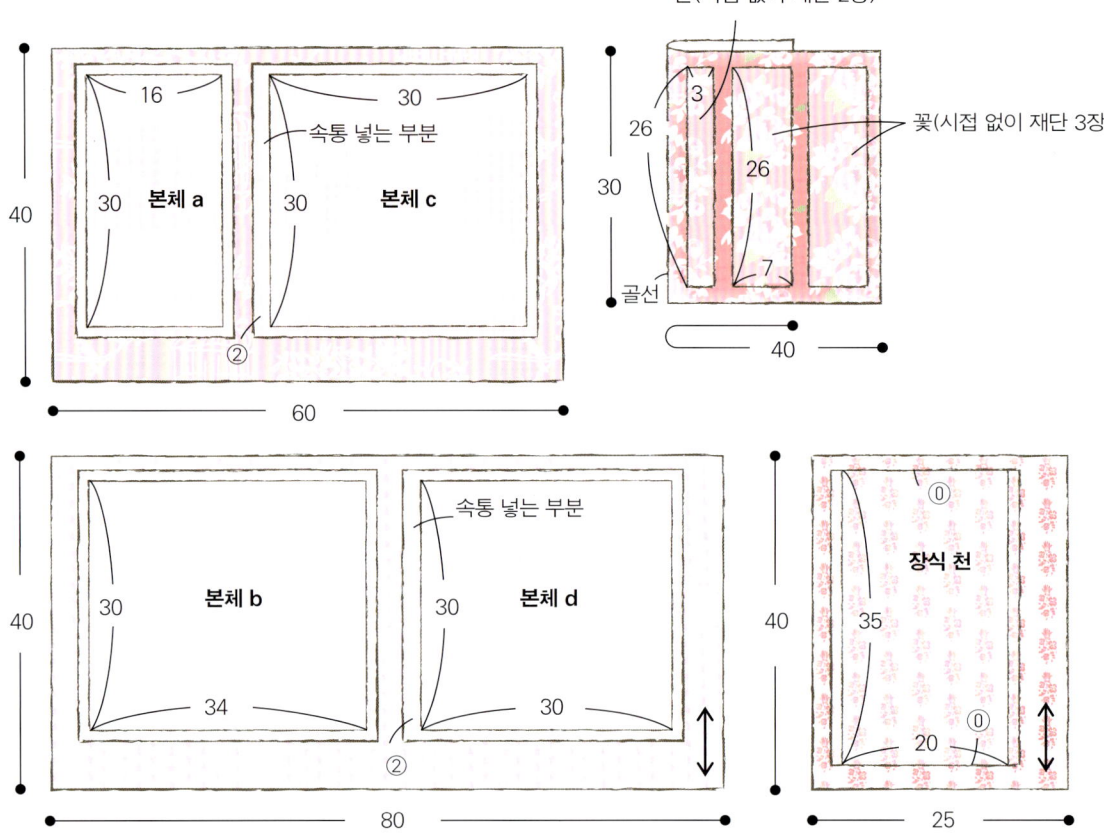

128

1. 꽃과 끈을 만든다

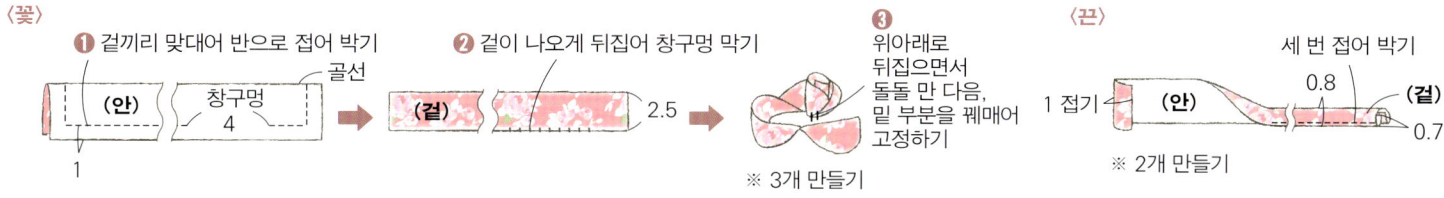

2. 본체 앞쪽을 만든다

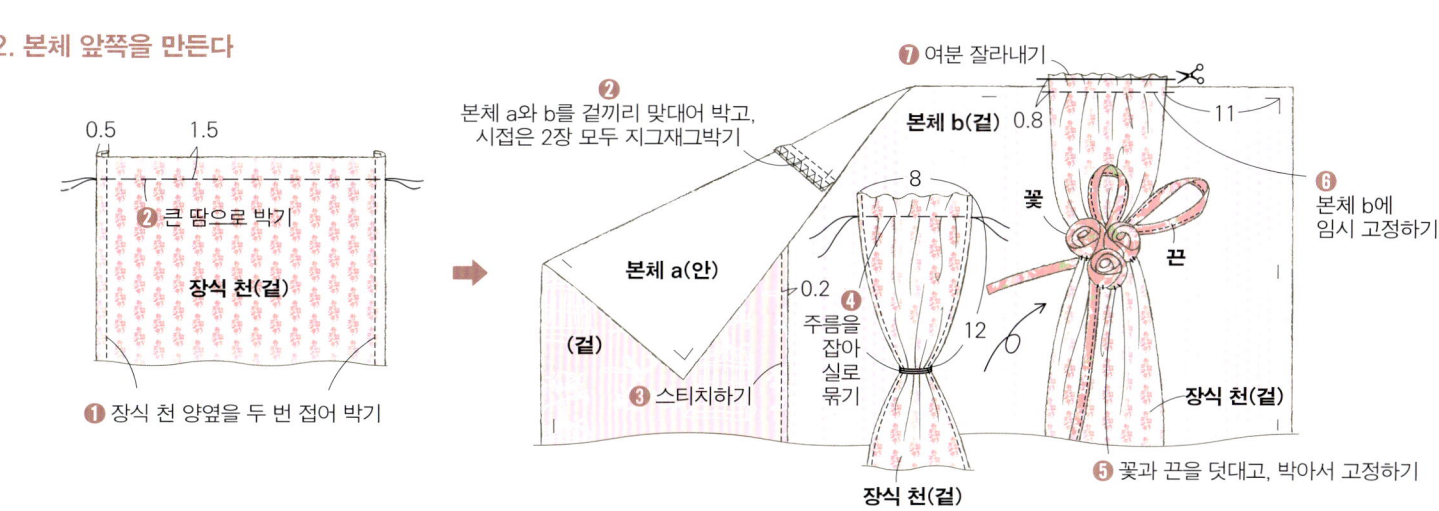

3. 본체를 맞대어 박는다

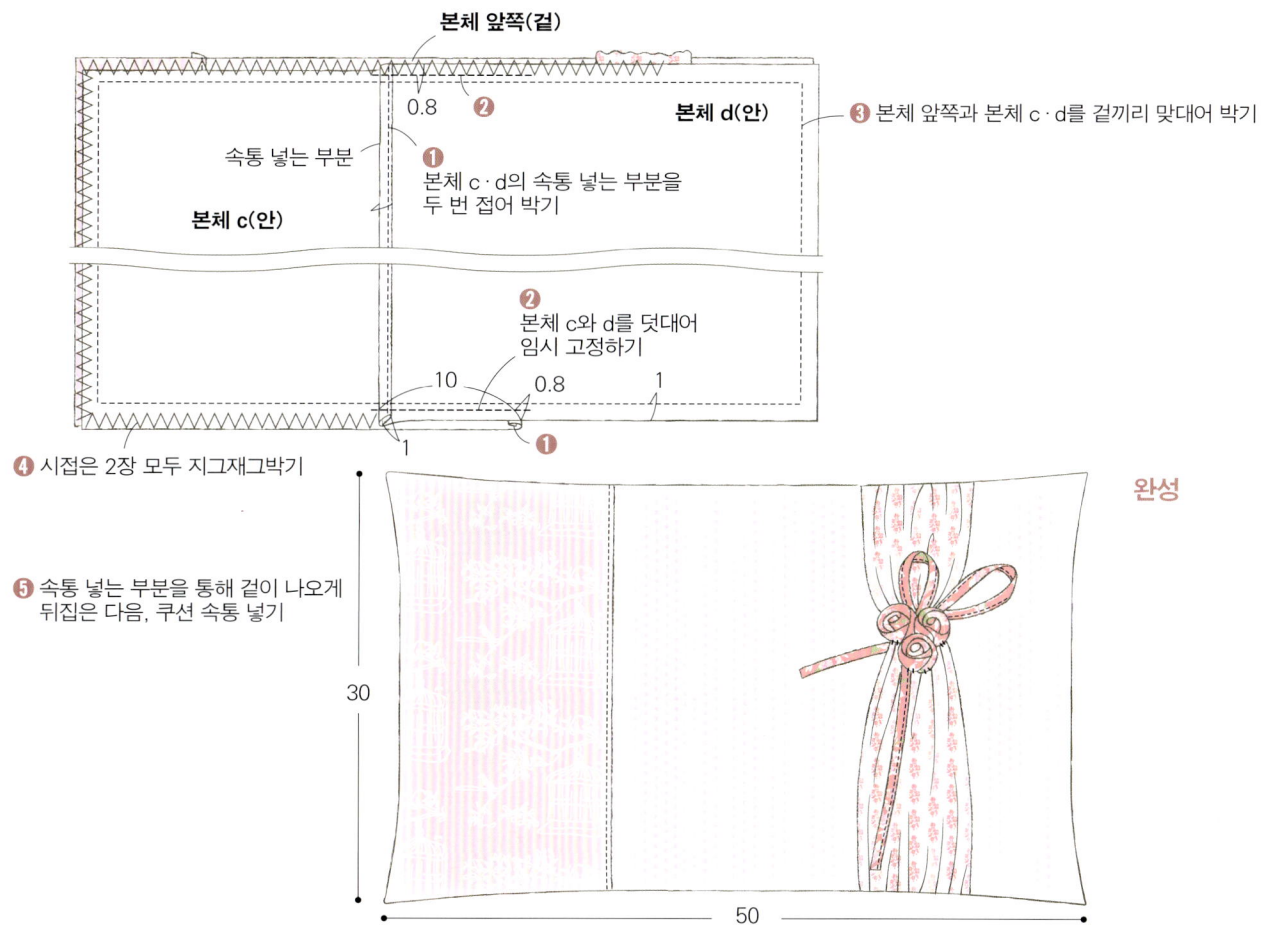

※ 파랑 쿠션도 핑크 쿠션과 똑같은 방법으로 만든다.

p.110

패치워크 토트백

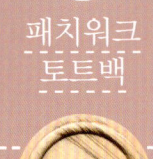

완성 사이즈
- 27×34×바닥 6cm

재료
- 겉감 a · 입구 안감 · 안주머니:
  초록 꽃무늬 90×35cm
- 겉감 b~d:
  3종류 꽃무늬 각 40×30cm
- 속자루 · 겉감 e:
  파랑 꽃무늬 70×30cm
- 입구 겉감:
  물방울무늬 80×15cm
- 기타:
  퀼트심 80×15cm,
  지름 1cm 로프 120cm,
  폭 1cm 리본 30cm,
  지름 1.8cm 아일렛 4쌍

Fabric
- Flowerpatch Blue
- Starflower Blue
- Lilac Green
- Dottie Green & Dottie Surf Green
- Inca Blue

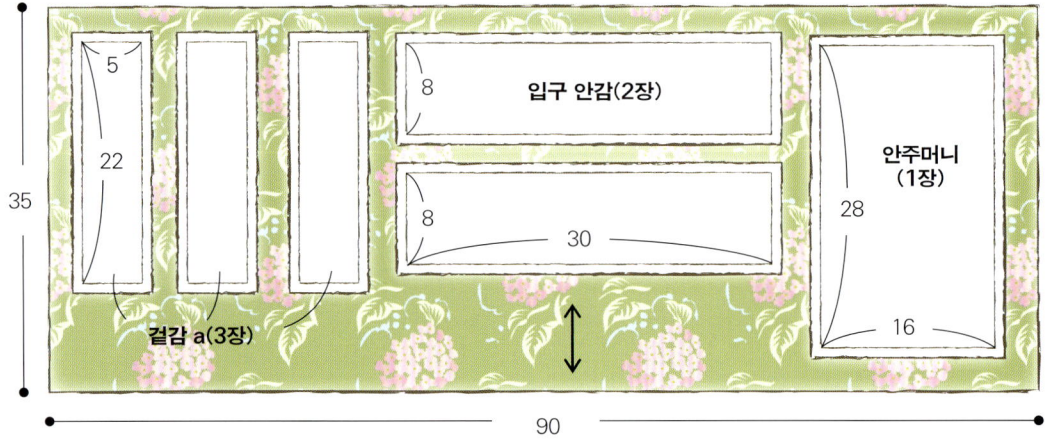

※ 시접 1cm

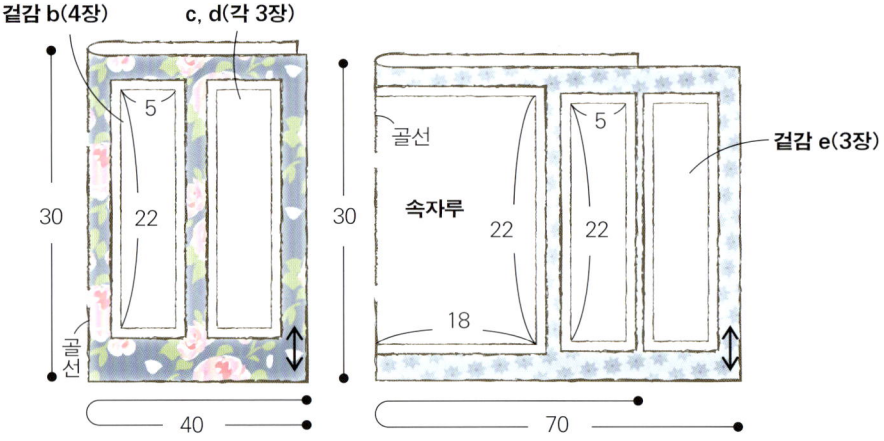

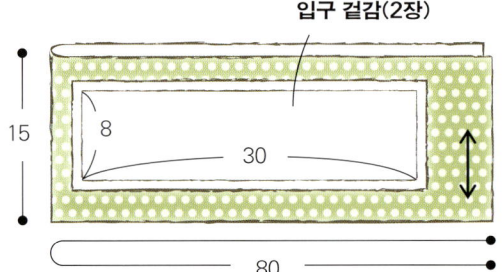

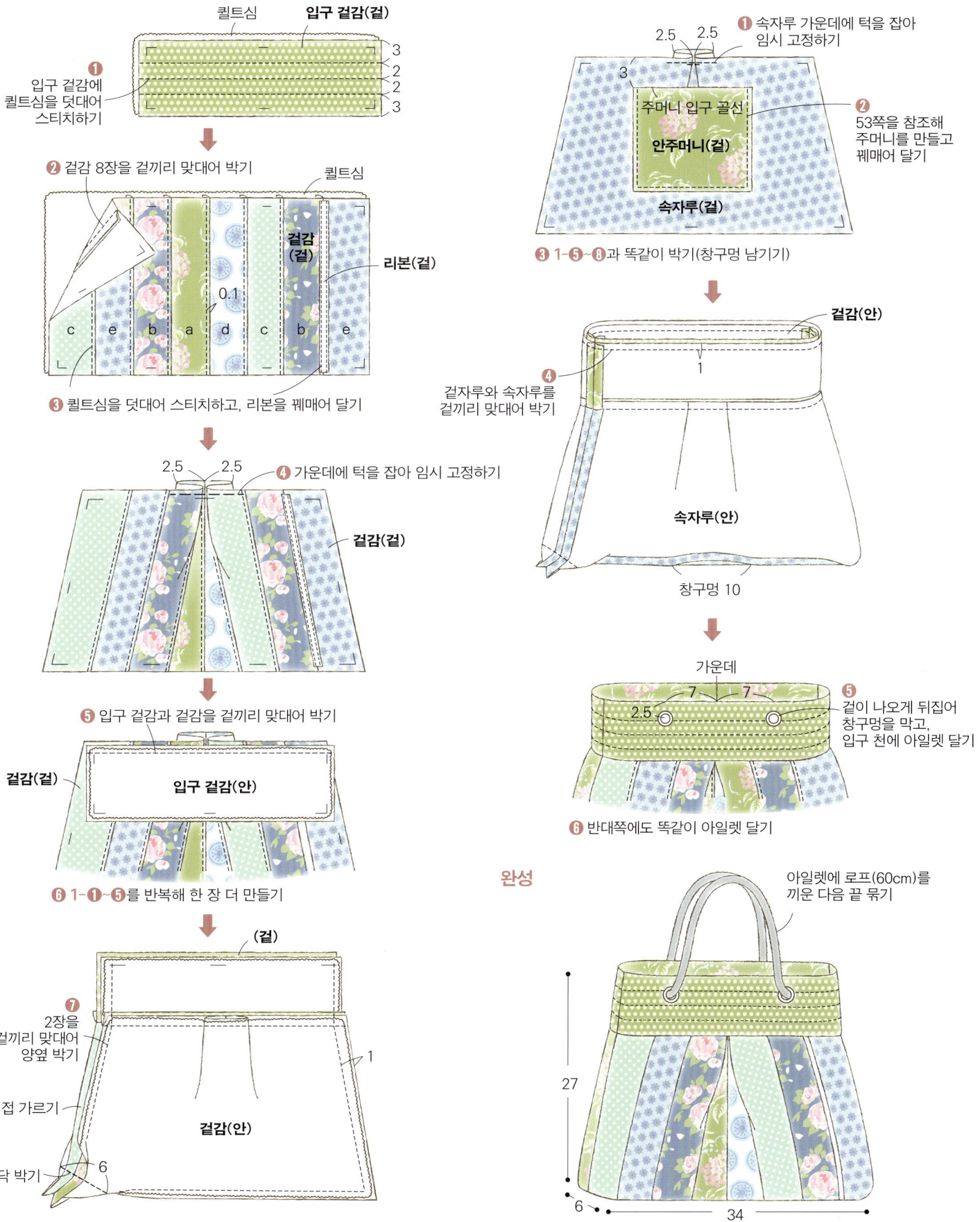

p.111

돌먼 슬리브 블라우스

실물 크기 패턴 C면 [20]

완성 사이즈
- 짧은 기장 56cm
- 긴 기장 61cm

재료(짧은 기장/긴 기장)
- 본체:
  꽃무늬
  폭 140cm × 200 / 230cm

Fabric
- Lining Pink
- Betsy Blue

※ ○ 안의 숫자는 시접 표시. 따로 표시하지 않은 부분은 시접 1cm

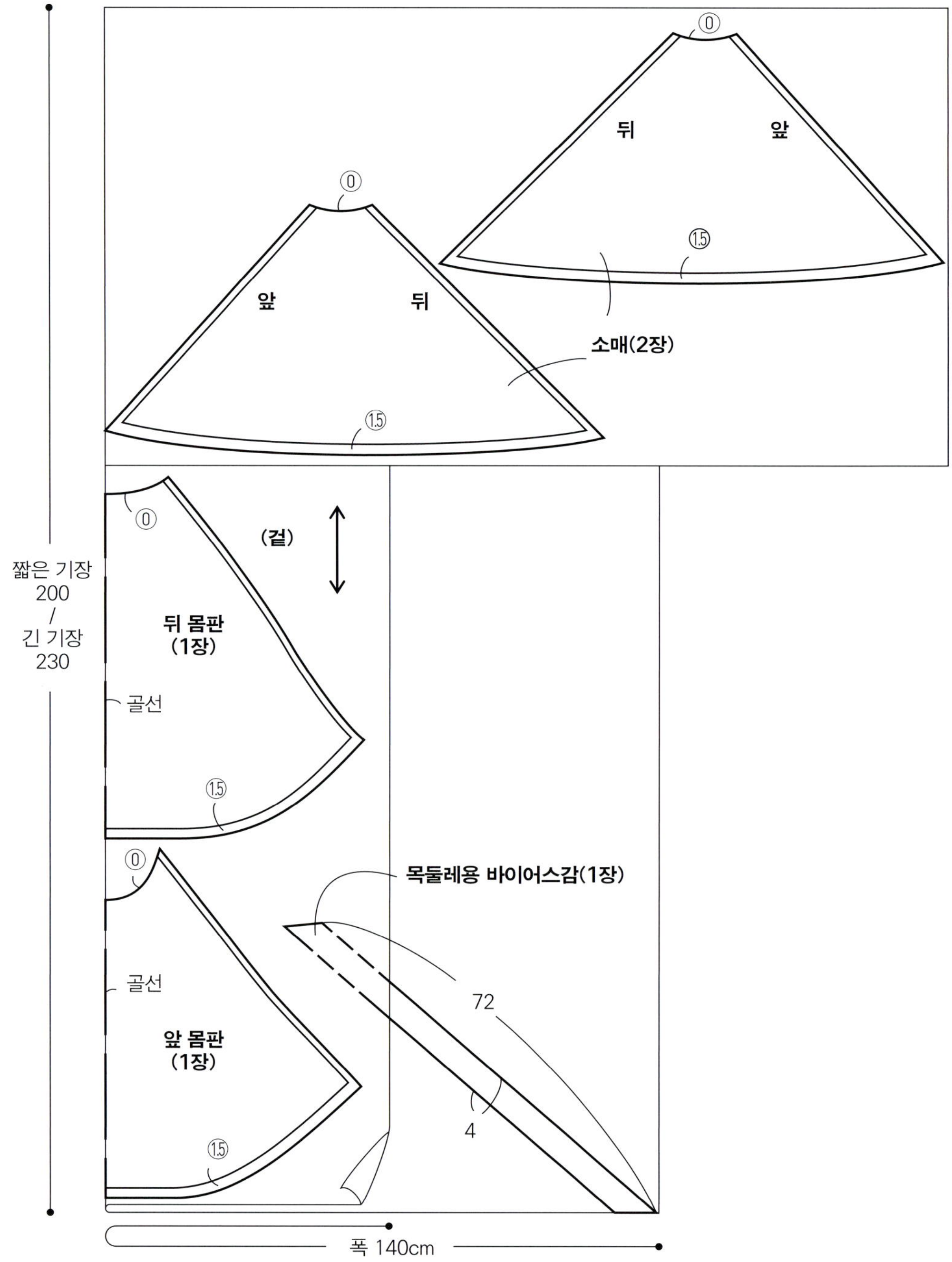

1. 몸판과 소매를 박는다

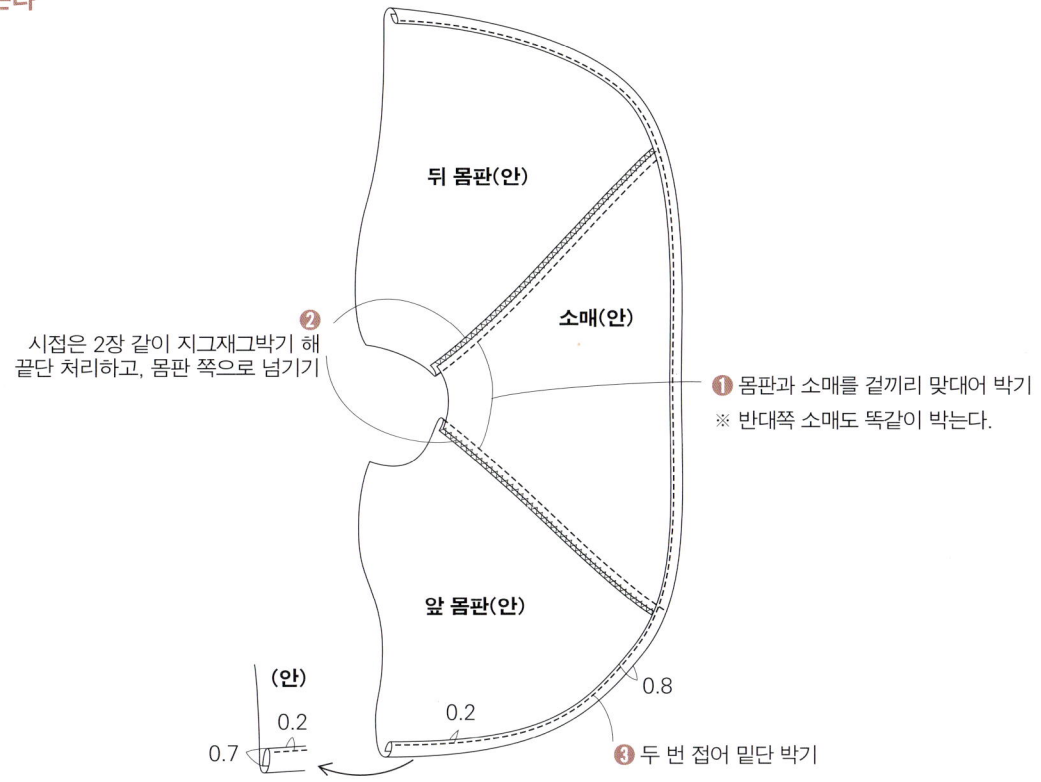

❷ 시접은 2장 같이 지그재그박기 해 끝단 처리하고, 몸판 쪽으로 넘기기
❶ 몸판과 소매를 겉끼리 맞대어 박기
※ 반대쪽 소매도 똑같이 박는다.
❸ 두 번 접어 밑단 박기

2. 목둘레용 바이어스감을 만든다

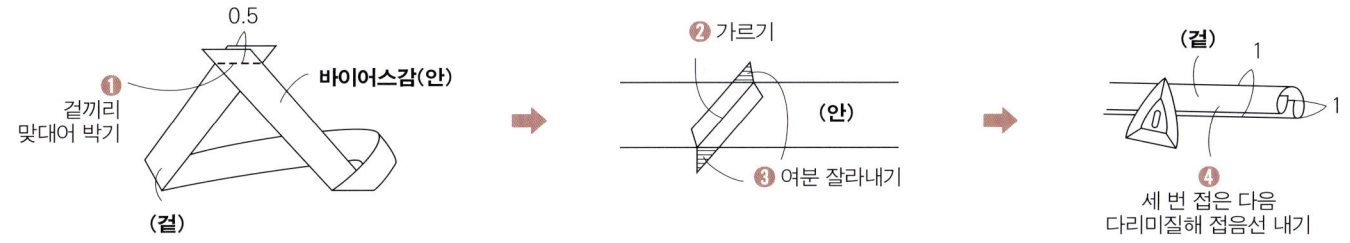

❶ 겉끼리 맞대어 박기
❷ 가르기
❸ 여분 잘라내기
❹ 세 번 접은 다음 다리미질해 접음선 내기

3. 목둘레를 박는다

❶ 겉끼리 맞대어 박기
뒤 몸판(겉)
바이어스감(안)
앞 몸판(겉)

❷ 시접을 0.5cm로 자르기
❸ 가위집 내기
❹ 겉이 나오게 뒤집고 시접을 감아서 박기

4. 소매밑을 박는다

완성

앞 몸판(겉)

앞뒤의 소매밑을 맞대어 스티치하기

p.112
패치워크 액자

완성 사이즈
- 36×30cm

재료(짧은 기장/긴 기장)
- 본체 조각 천:
  12종류 꽃무늬 천
  각 15×15cm
- 기타:
  바대 30×35cm,
  퀼트심 30×35cm,
  장식 4종,
  두꺼운 종이 23×30cm,
  테이프,
  안쪽 테두리 세로 30×가로 23cm의 액자 1개

Fabric
- Sewingbird Fabric Mix

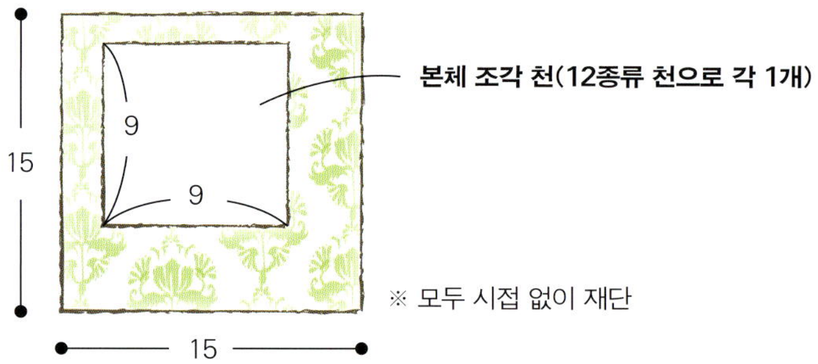

본체 조각 천(12종류 천으로 각 1개)
- 15 × 15
- 9 × 9

※ 모두 시접 없이 재단

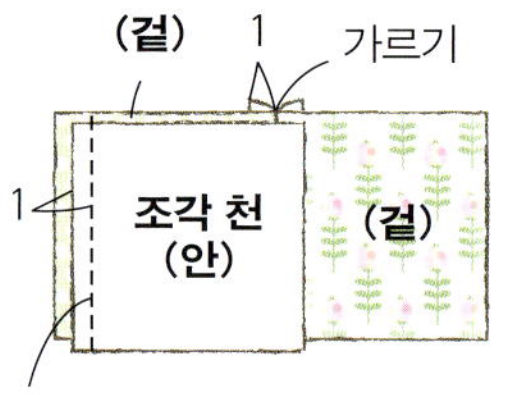

❶ 조각 천 3장을 겉끼리 맞대어 박기
❷ 같은 방법으로 4장 만들기

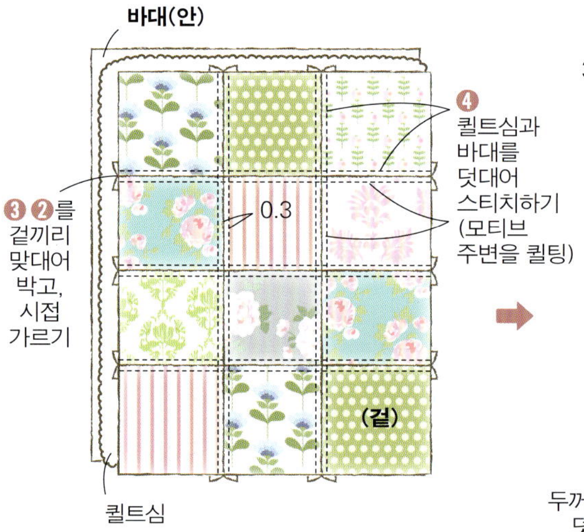

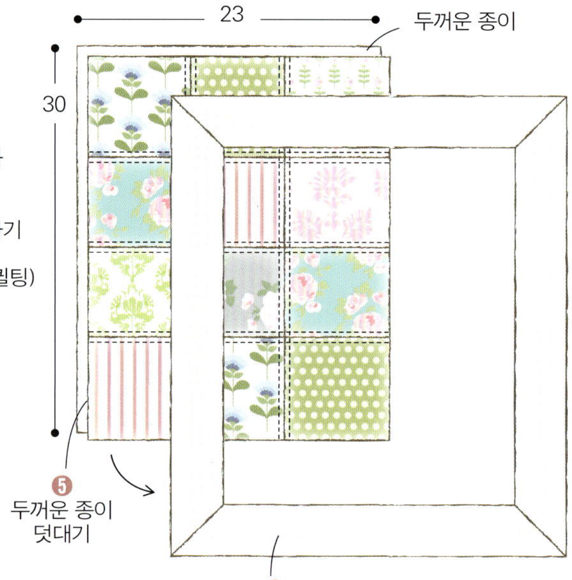

(겉) 1 가르기
1 조각 천 (안) (겉)

바대(안)
❸ ❷를 겉끼리 맞대어 박고, 시접 가르기
0.3
❹ 퀼트심과 바대를 덧대어 스티치하기 (모티브 주변을 퀼팅)
퀼트심
(겉)

23 × 30 두꺼운 종이
❺ 두꺼운 종이 덧대기
❻ 액자에 넣기

〈뒷면〉
두꺼운 종이
❼ 테이프를 붙여 고정하기

완성
장식을 원하는 위치에 꿰매어 달기
36 × 30

p.113

DIY 옷걸이

실물 크기 패턴 C면 (21)

완성 사이즈
• 4×42cm

재료

⟨A⟩
• 본체:
  꽃무늬 50×20cm
• 기타:
  폭 1cm 리본 40cm,
  시중에 파는 나무 옷걸이 1개

⟨B⟩
• 본체:
  자잘한 꽃무늬 50×20cm
• 기타:
  볼 리본 45cm,
  폭 1cm 리본 40cm,
  시중에 파는 나무 옷걸이 1개

⟨C⟩
• 본체:
  식물무늬 50×30cm
• 기타:
  파이핑 코드 60cm,
  폭 1cm 리본 40cm,
  시중에 파는 나무 옷걸이 1개

⟨공통⟩
• 폭 6cm 우레탄 고무
  50cm(두께 1cm),
  퀼트심 50×20cm,
  수예용 솜 약간(퀼트심으로 대체 가능)

Fabric
• Chinese Fan Cadet Blue
• Buke Ornament Red
• Lining Teal

⟨A·B⟩ 본체(1장) 20 × 50 골선

⟨C⟩ 본체(2장) 30 × 50 골선

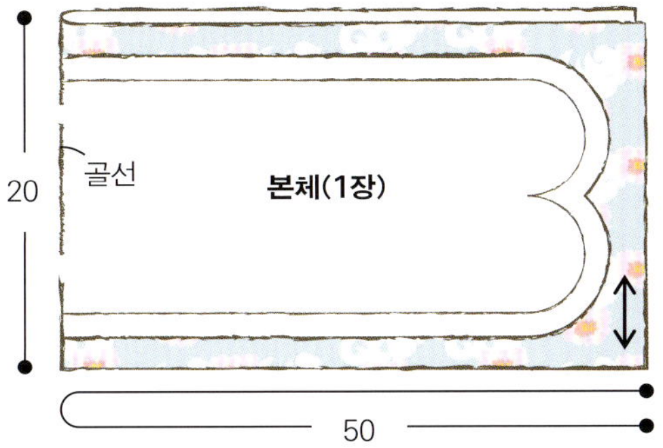

※ 시접은 1cm

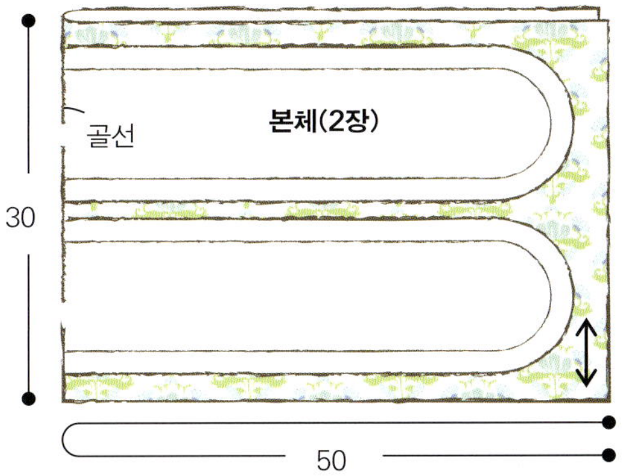

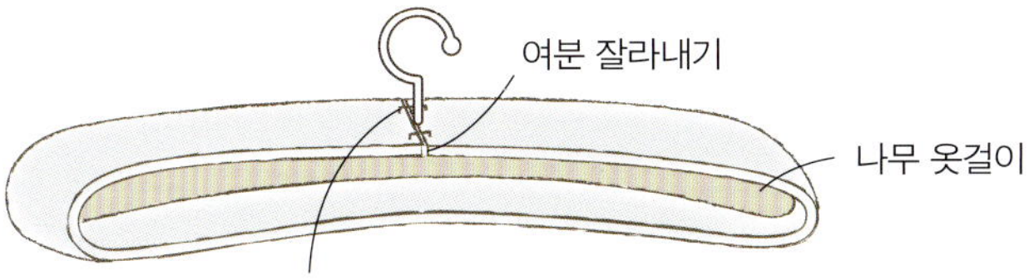

❶ 시중에 파는 옷걸이에 우레탄 고무(폭 6×길이 50cm)를 감아 스테이플러로 고정하기 — 여분 잘라내기, 나무 옷걸이

❷ 퀼트심(가로 20×세로 20cm)의 가운데에 가위집을 내고 ❶에 씌우기

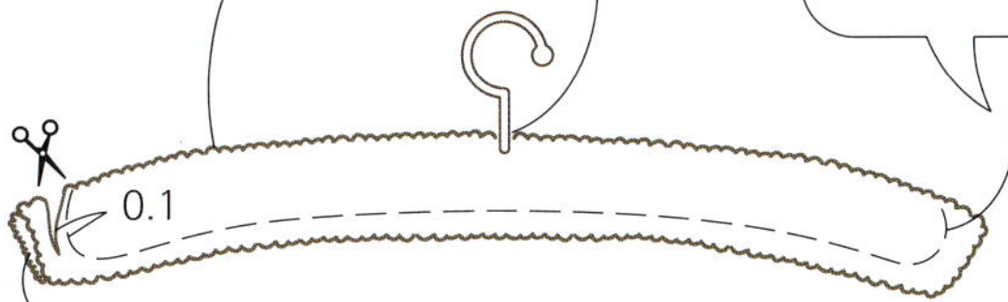

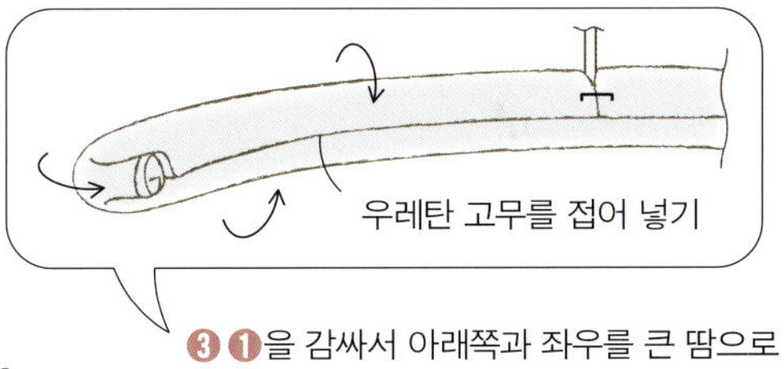

우레탄 고무를 접어 넣기

❸ ❶을 감싸서 아래쪽과 좌우를 큰 땀으로 박기

❹ 여분 잘라내기 (0.1)

⟨A·B⟩
❺ 본체를 겉끼리 맞대어 반으로 접은 다음 양옆 박기 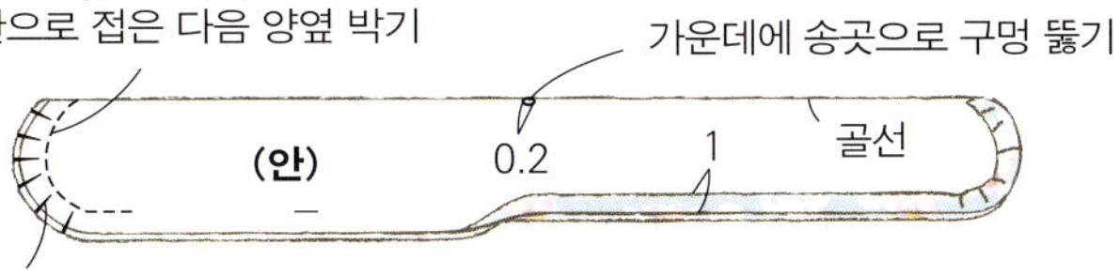
가운데에 송곳으로 구멍 뚫기
(안) 0.2 1 골선
❻ 가위집을 내고 시접 가르기

⟨C⟩
❺ 1장에 파이핑 코드를 임시 고정하기 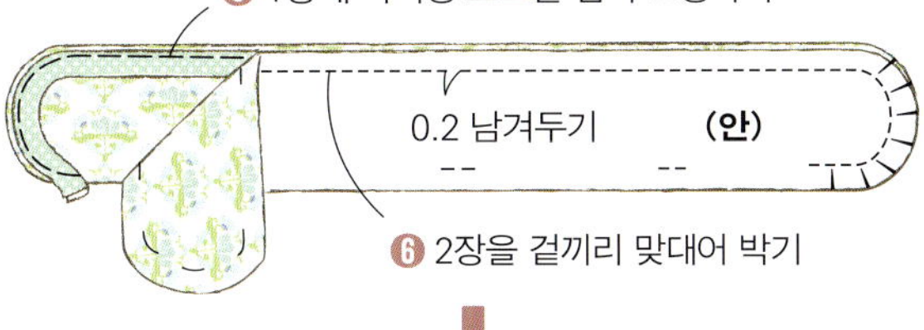
0.2 남겨두기 (안)
❻ 2장을 겉끼리 맞대어 박기

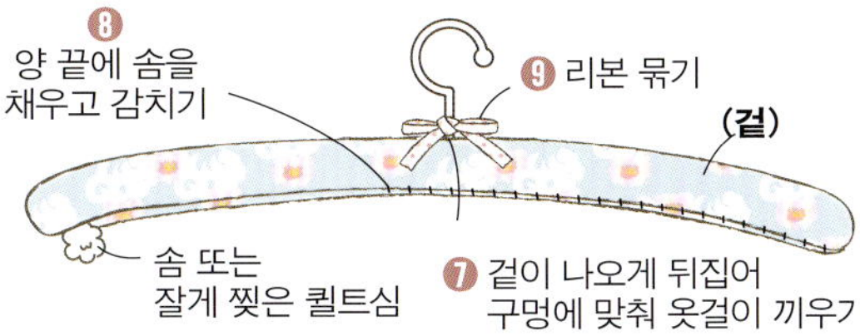

❼ 겉이 나오게 뒤집어 구멍에 맞춰 옷걸이 끼우기
❽ 양 끝에 솜을 채우고 감치기
솜 또는 잘게 찢은 퀼트심
❾ 리본 묶기
(겉)

※ ⟨B⟩는 볼 리본을 끼워서 감친다.

완성

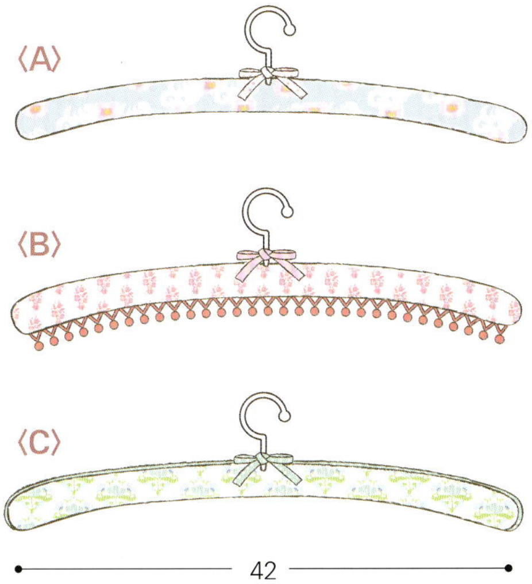

⟨A⟩

⟨B⟩

⟨C⟩ 42

p.115

새무늬 보석함

완성 사이즈
• 9.5×15.5×높이 5.5cm

재료
• 두꺼운 종이, 켄트지: 그림 참조
• 천:
새무늬
[바깥 뚜껑] 18.5×13cm
• 천:
물방울무늬
[안쪽 측면 A] 16.9×6.4cm
[안쪽 측면 B] 10.7×6.4cm
[안쪽 뚜껑] 17.3×11.3cm
[바깥 밑] 17.1×11.1cm
[안쪽 밑] 16.9×10.9cm
[측면] 52×7.5cm
[경첩] 14.9×10cm
• 기타:
퀼트심 15.5×10cm,
태슬 1개,
비즈 1개

Fabric
• Oriental Bird Bluegreen
• Spot Teal

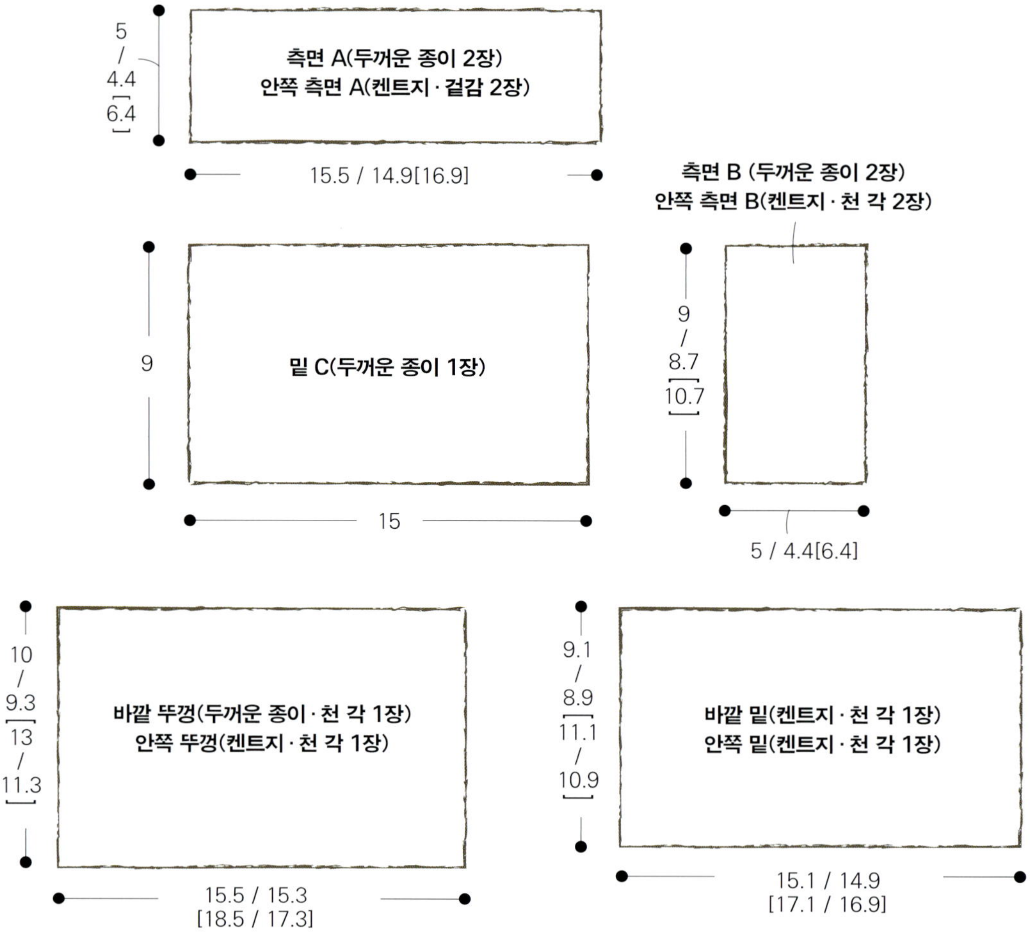

측면 A(두꺼운 종이 2장)
안쪽 측면 A(켄트지·겉감 2장)
5 / 4.4 [6.4]
15.5 / 14.9 [16.9]

측면 B (두꺼운 종이 2장)
안쪽 측면 B(켄트지·천 각 2장)
9 / 8.7 [10.7]
5 / 4.4 [6.4]

밑 C(두꺼운 종이 1장)
9
15

바깥 뚜껑(두꺼운 종이·천 각 1장)
안쪽 뚜껑(켄트지·천 각 1장)
10 / 9.3 [13 / 11.3]
15.5 / 15.3 [18.5 / 17.3]

바깥 밑(켄트지·천 각 1장)
안쪽 밑(켄트지·천 각 1장)
9.1 / 8.9 [11.1 / 10.9]
15.1 / 14.9 [17.1 / 16.9]

〈천〉

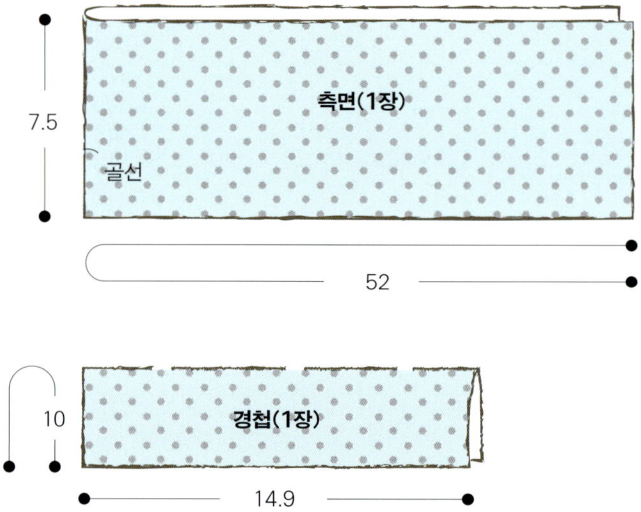

측면(1장)
7.5
골선
52

경첩(1장)
10
14.9

※ 왼쪽(위쪽)부터 바깥쪽/안쪽 치수
※ [ ] 안의 숫자는 천의 치수 표시
※ 두꺼운 종이의 두께는 2.5mm

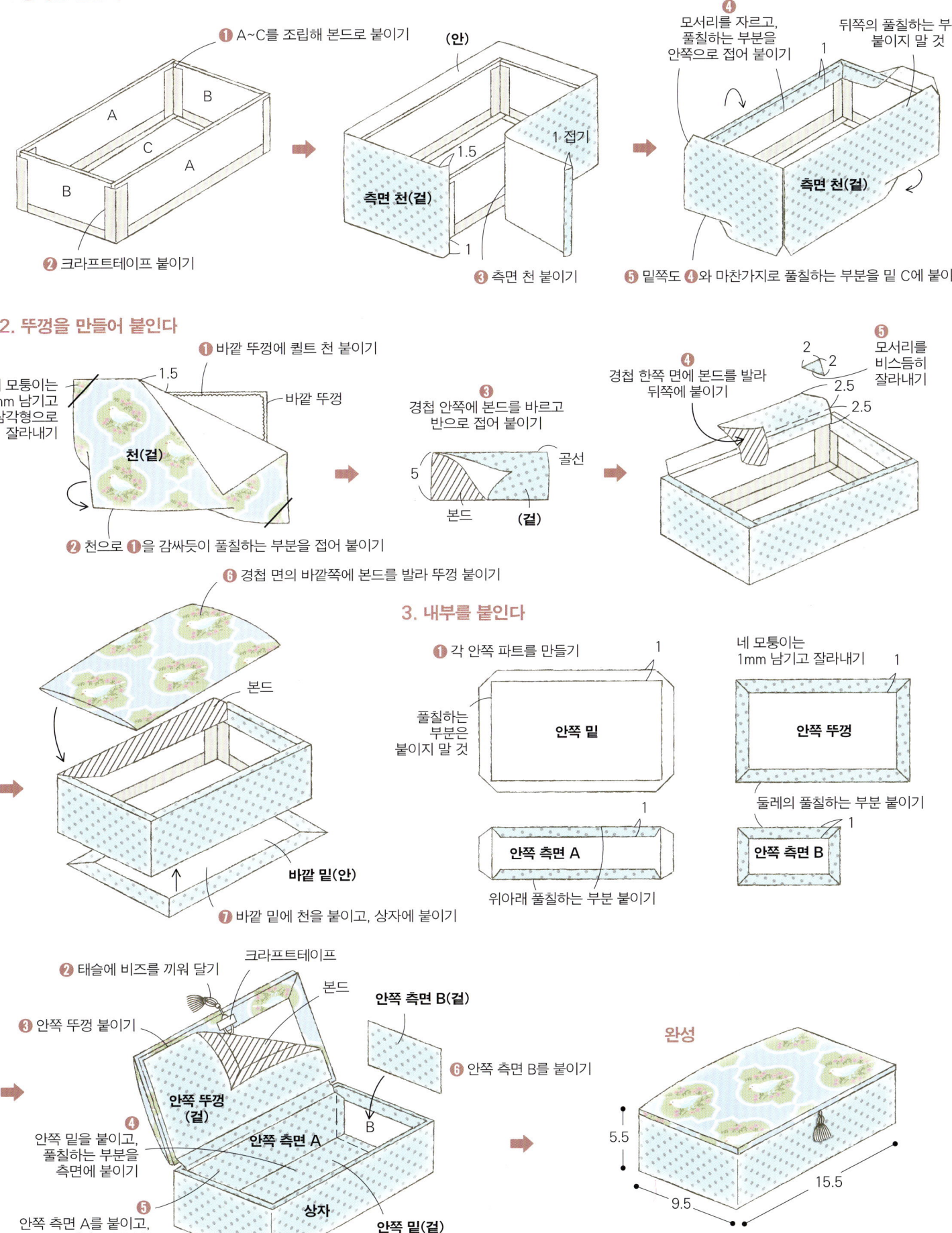

p.116

까또나주
휴지통

완성 사이즈
- 16.5×16.5×높이 30cm

재료
- 두꺼운 종이, 켄트지: 그림 참조
- 천: 새무늬
  [바깥 측면(앞·뒤)]
  23.5×34cm 2장
  [바깥 밑] 18.2×18.2cm 1장
  [입구 천] 1.5×56.5cm 1장
- 천: 줄무늬
  [바깥 측면(좌·우)]
  23.5×34cm 2장
- 천: 물방울무늬
  [안쪽 밑]
  17.9×17.9cm 1장
  [안쪽 측면]
  21.6×29.7cm 4장
  [바깥 뚜껑]
  22.6×22.6cm 1장
  [안쪽 뚜껑]
  20.8×20.8cm 1장
- 기타:
  와펜 2개, 쓰레기통 1개

Fabric
- Oriental Bird Red
- Classic Stripe Red
- Spot Pink

※ 두꺼운 종이의 두께는 2.5mm
※ 왼쪽(위쪽)부터 바깥쪽/안쪽 치수
※ ○ 안의 숫자는 풀칠하는 부분 표시. 따로 표시하지 않은 부분은 1cm

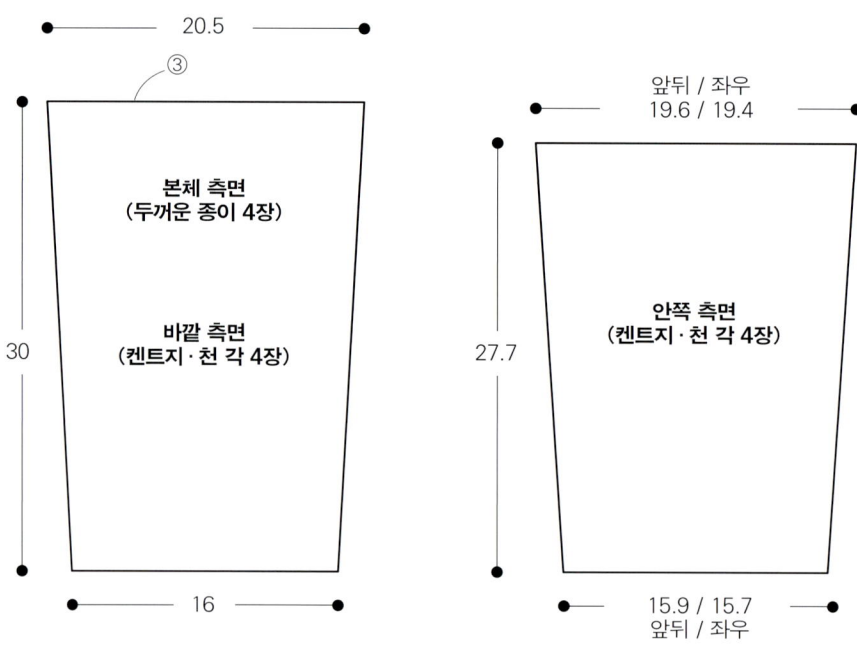

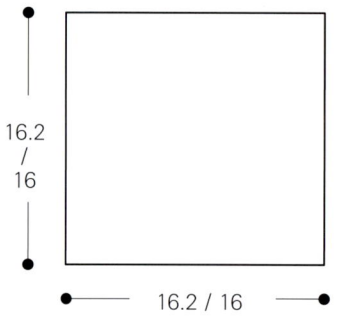

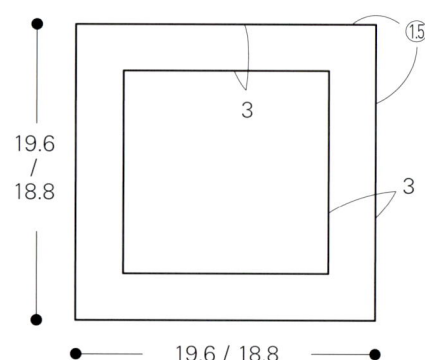

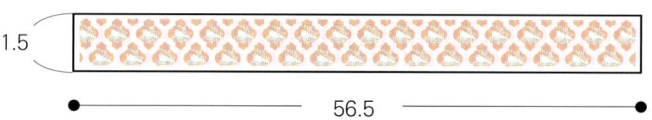

1. 상자를 만들고, 측면을 붙인다

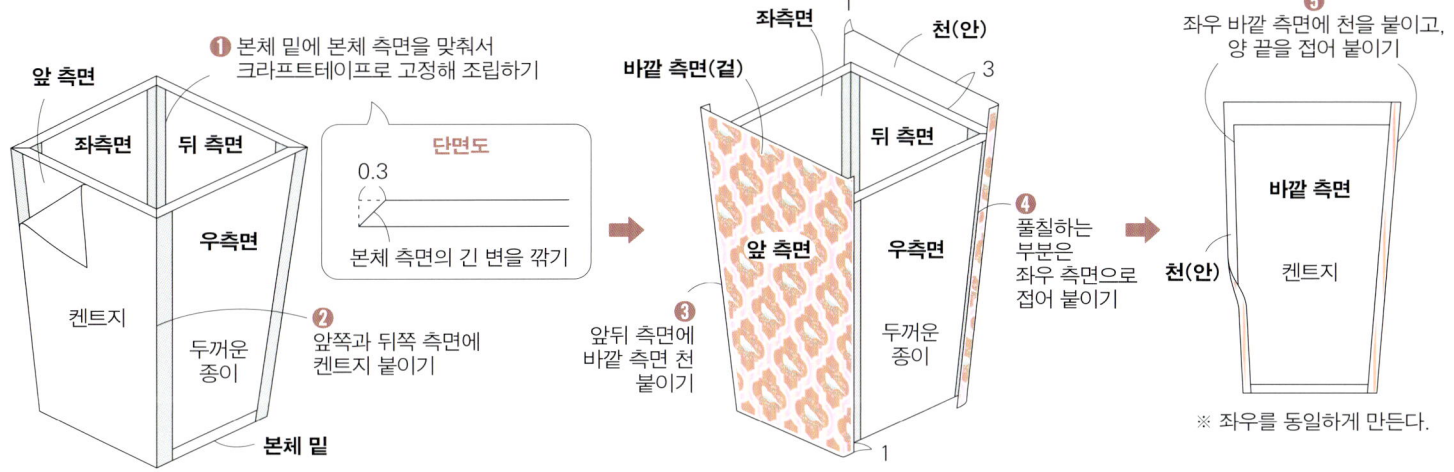

2. 내부를 붙인다 (136쪽 참조)

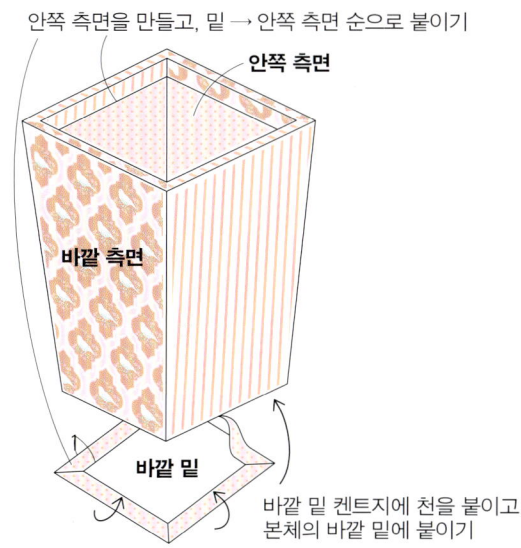

3. 뚜껑을 만든다

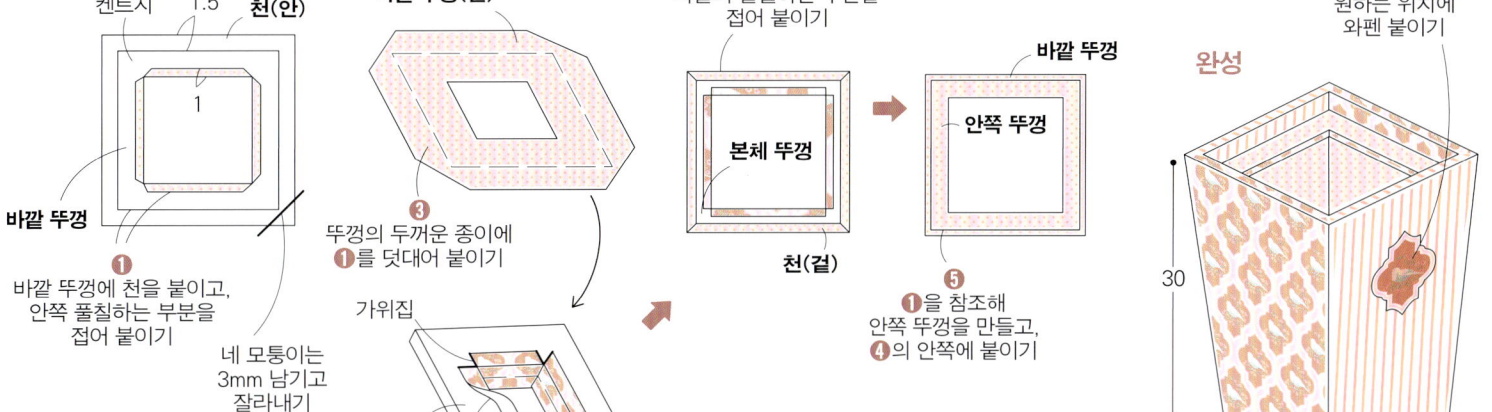

※ ○ 안의 숫자는 시접 표시. 따로 표시하지 않은 부분은 시접 1cm
※ 모두 각 1장씩

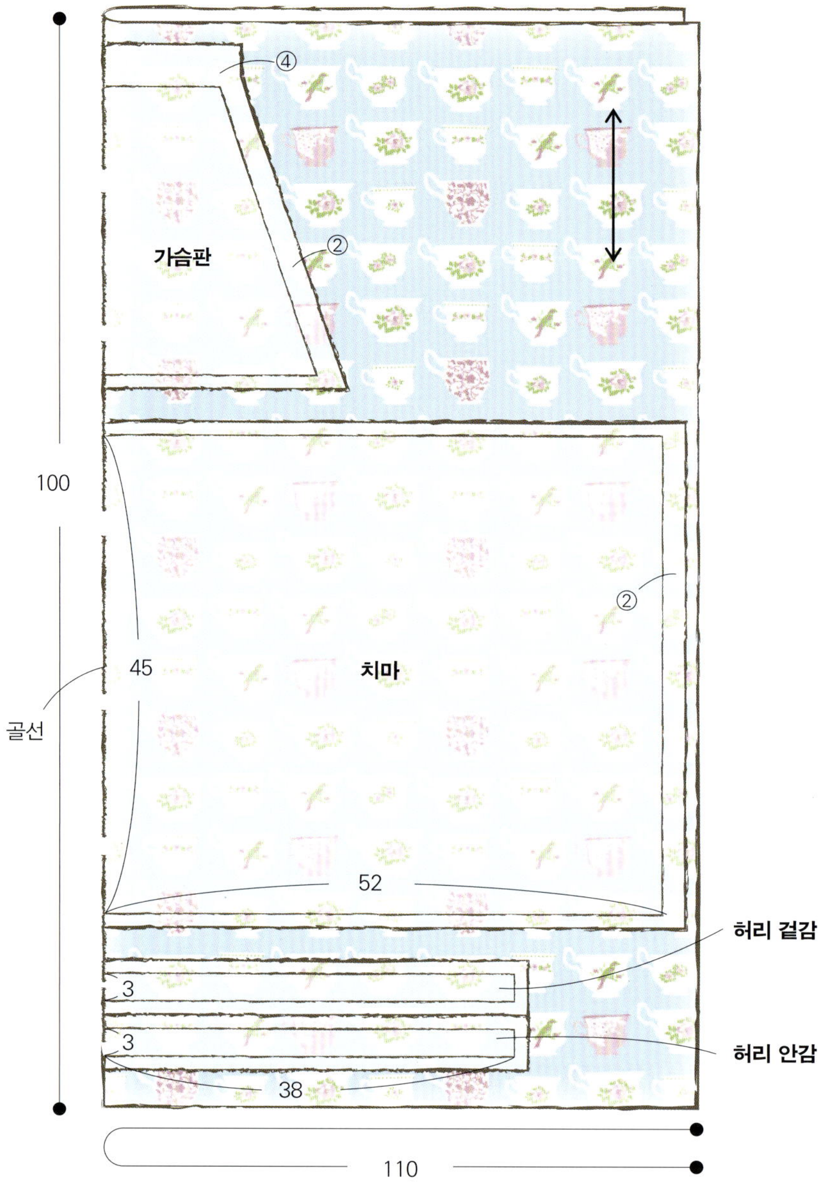

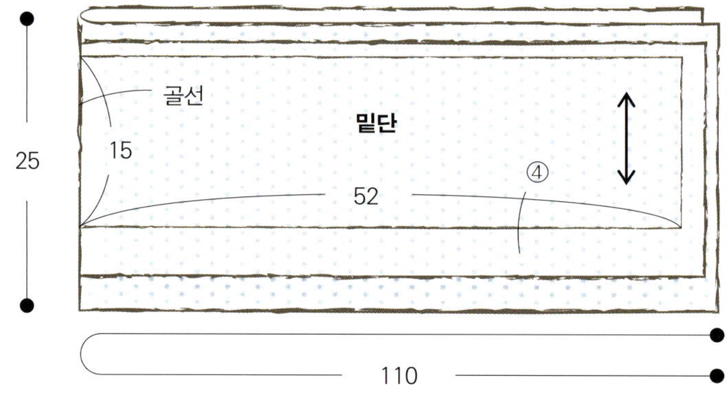

p.117 찻잔무늬 앞치마

실물 크기 패턴 C면 (23)

완성 사이즈
- 90×100cm

재료
- 가슴판·치마·허리 겉감·허리 안감: 찻잔무늬 110×100cm
- 밑단: 물방울무늬 110×25cm
- 기타: 폭 2.5cm 리본 250cm, 코르사주핀 1개

Fabric
- Porcelaine Cup Cadet Blue
- Mini Spot Cadet Blue

1. 가슴판을 만든다

① 양옆을 두 번 접어 박기
② 윗단을 두 번 접고, 리본을 끼워 박기
③ 리본을 접어 올려 윗단에 대고 스티치하기

리본(53cm)
가슴판(안)
가슴판(겉)

2. 치마를 만든다

① 치마와 밑단을 겉끼리 맞대어 박기
② 시접은 2장 같이 지그재그박기
③ 시접을 위쪽으로 넘겨 겉에서 스티치하기
④ 양옆을 두 번 접어 박기
⑤ 밑단을 두 번 접어 박기
⑥ 큰 땀으로 2줄 박기

치마(안)
밑단(안)
(겉)

3. 가슴판과 치마를 맞댄다

① 허리 겉감 치수에 맞춰 주름을 잡고, 겉끼리 맞대어 박기
② 허리 겉감을 겉이 나오게 뒤집고, 가슴판을 임시 고정하기
③ 허리 안감을 겉끼리 맞대어 박기
④ 겉이 나오게 뒤집어, 리본을 끼운 다음 둘레를 박기

허리 겉감(겉)
허리 안감(안)
가슴판(안)
치마(겉)
치마(안)
허리 안감(겉)
양옆 접기
리본(65cm)

완성

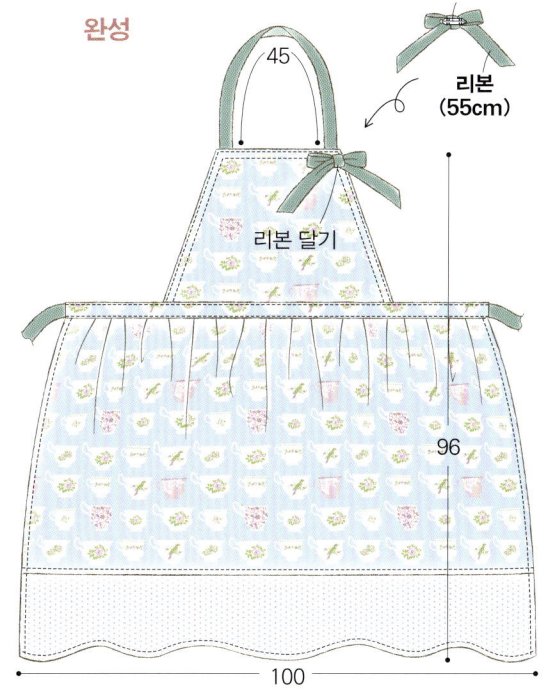

리본을 묶고 안쪽에 코르사주 핀을 꿰매어 달기
리본(55cm)
리본 달기
45
96
100

p.118

리본 보드판

〈직사각형〉
완성 사이즈 41×32×2cm
재료
- 겉감: 물방울무늬 50×60cm
- 장식 끈 a·b: 각 50×10cm
- 기타:
  [리본 a] 폭 2.5cm로 50cm
  [리본 b] 폭 1cm로 100cm
  [리본 c] 폭 2.5cm로 50cm
  태그 1개, 장식물 적당량,
  가로 32×세로 41 폭 2cm
  캔버스 1장

〈팔각형〉
완성 사이즈 43×24cm
재료
- 두꺼운 종이·퀼트천:
  그림 참조
- 겉감: 새장무늬 46×27cm
- 안감: 자잘한 꽃무늬
  46×27cm
- 기타:
  [리본 a] 폭 1cm로 170cm
  [리본 b] 폭 1cm로 150cm
  [리본 c] 폭 1cm로 110cm
  [리본 d] 폭 1cm로 110cm
  퀼트천 43×24cm,
  코터핀이 달린 지름 2.5cm
  싸개단추 5개

Fabric
- Birdcage Toile Cadet Pink
- Dottie Surf Green

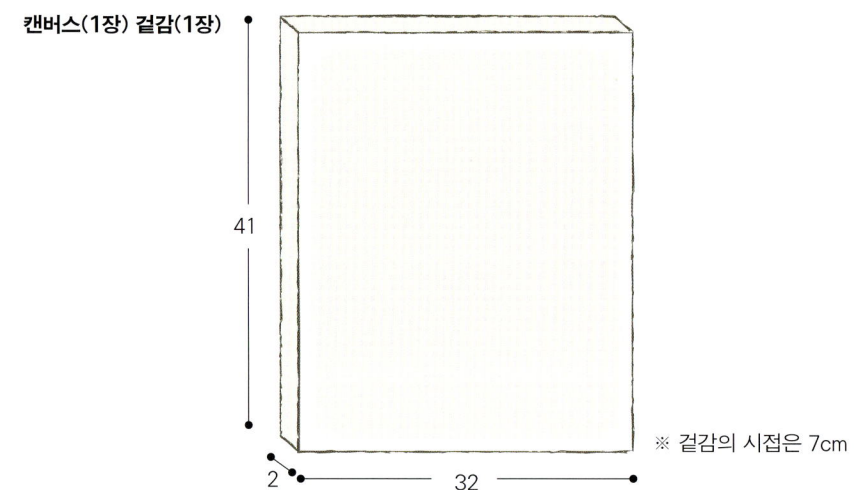

〈직사각형〉

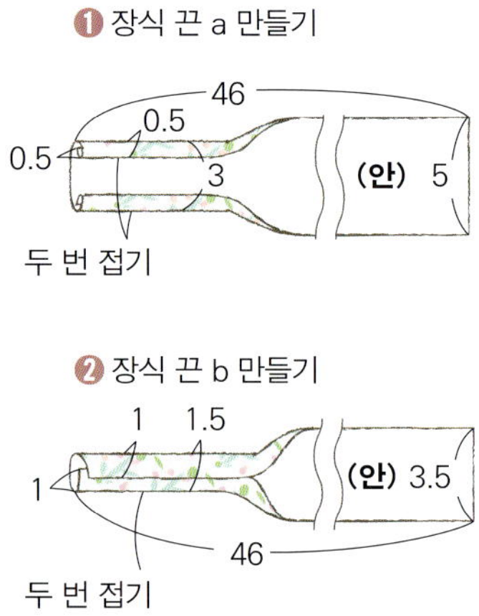

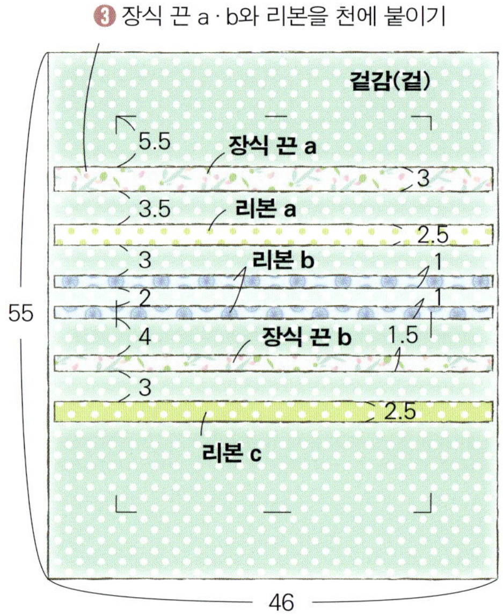

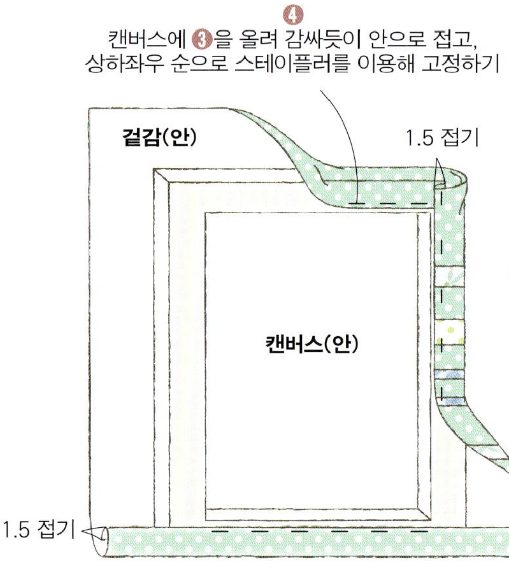

캔버스(1장) 겉감(1장)

41 / 2 / 32

※ 겉감의 시접은 7cm

❶ 장식 끈 a 만들기
두 번 접기

❷ 장식 끈 b 만들기
두 번 접기

❸ 장식 끈 a·b와 리본을 천에 붙이기
겉감(겉)
장식 끈 a / 리본 a / 리본 b / 장식 끈 b / 리본 c

❹ 캔버스에 ❸을 올려 감싸듯이 안으로 접고,
상하좌우 순으로 스테이플러를 이용해 고정하기
겉감(안) / 1.5 접기 / 캔버스(안) / 1.5 접기

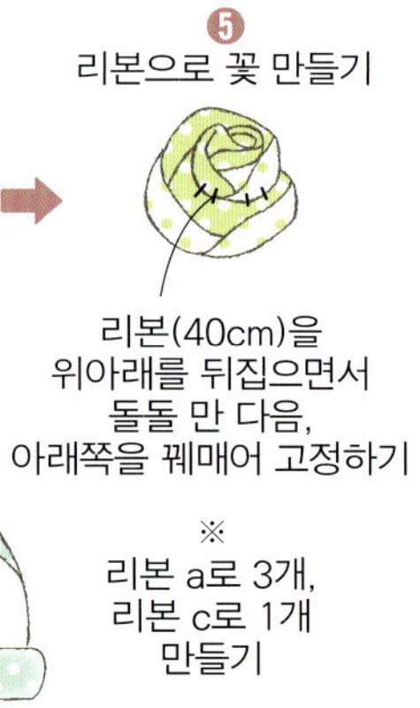

❺ 리본으로 꽃 만들기
리본(40cm)을 위아래를 뒤집으면서 돌돌 만 다음, 아래쪽을 꿰매어 고정하기
※ 리본 a로 3개, 리본 c로 1개 만들기

완성
원하는 위치에 장식 달기
태그
41 / 2 / 32

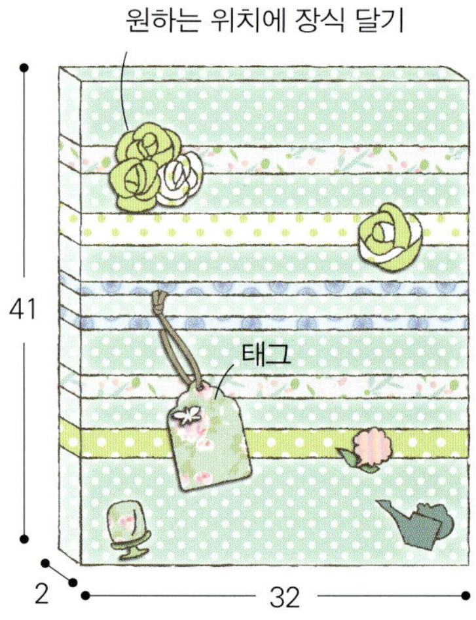

〈팔각형〉

두꺼운 종이(2장)·퀼트천(1장)-겉감·안감(각 1장)

24
4
7.2
43

※ 천의 시접은 1.5cm
※ 두꺼운 종이의 두께는 2.5mm

퀼트천은 모서리를 살짝 잘라놓기

겉감(안)

❶ 두꺼운 종이에 퀼트천과 겉감을 덧대어 본드를 발라 붙이기

두꺼운 종이

A B

❷ 모서리의 풀칠하는 부분을 잘라내고, 안으로 접어 A·B 순으로 본드를 발라 붙이기

리본 a 2 리본 b

❸ 겉감에 리본 덧대기

겉감(겉)

리본 b   리본 c
리본 d
리본 a

❹ 리본을 안으로 접어 본드로 붙이기

두꺼운 종이(안)

❺ 리본끼리 교차하는 지점에 송곳으로 구멍을 뚫고, 코터핀이 달린 싸개단추로 고정하기

리본 a(54cm)   리본 a(54cm)

겉감(겉)   2

❻ 안감을 겉감과 똑같이 만들기 (퀼트천과 코터핀은 필요 없음)

리본 d
리본 c
리본 b
리본 c
리본 d

안감(겉)

❼ 겉감과 안감을 겉끼리 맞대어, 리본을 끼우고 본드로 붙이기

완성

묶기

24
43

※ 제대로 붙도록 하룻밤 동안 무거운 물건으로 눌러 두면 좋다.

143

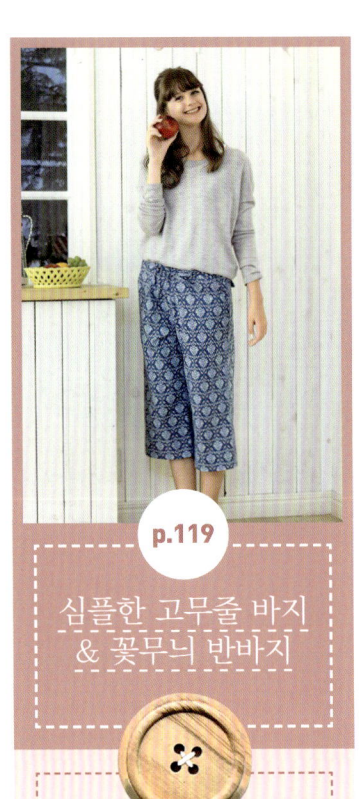

p.119

심플한 고무줄 바지 & 꽃무늬 반바지

실물 크기 패턴 D면 (24)

완성 사이즈(S/M/L)

- 반바지 57/58/59cm
- 긴 바지 73/74/75cm

재료(반바지/긴 바지)

- 본체:
  꽃무늬
  폭 140cm×170/180cm
- 기타:
  폭 1.5cm 고무줄 60cm,
  접착심 약간

Fabric

- Ruby Blue
- Flowerpatch Blue

※ ○ 안의 숫자는 시접 표시. 따로 표시하지 않은 부분은 시접 1cm

※ ▭은 접착심을 붙인다.

※ ∧∧∧∧∧ 시접은 지그재그박기 해 끝단 처리해두기

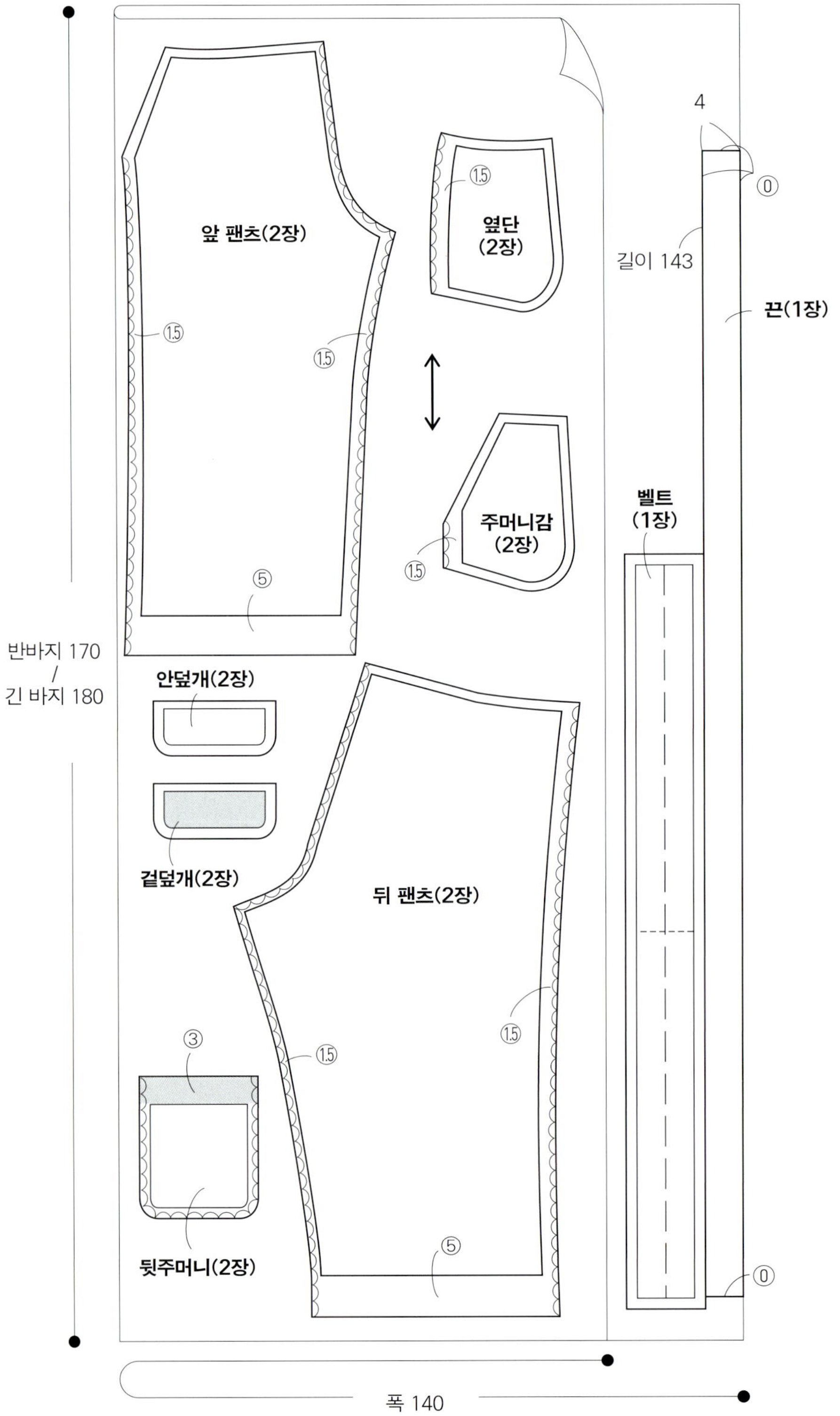

앞 팬츠(2장)
1.5
1.5
5
옆단
(2장)
1.5
주머니감
(2장)
1.5
4
0
길이 143
끈(1장)
벨트
(1장)
반바지 170
/
긴 바지 180
안덮개(2장)
겉덮개(2장)
뒤 팬츠(2장)
1.5
1.5
3
5
뒷주머니(2장)
0
폭 140

1. 뒷주머니를 만든다

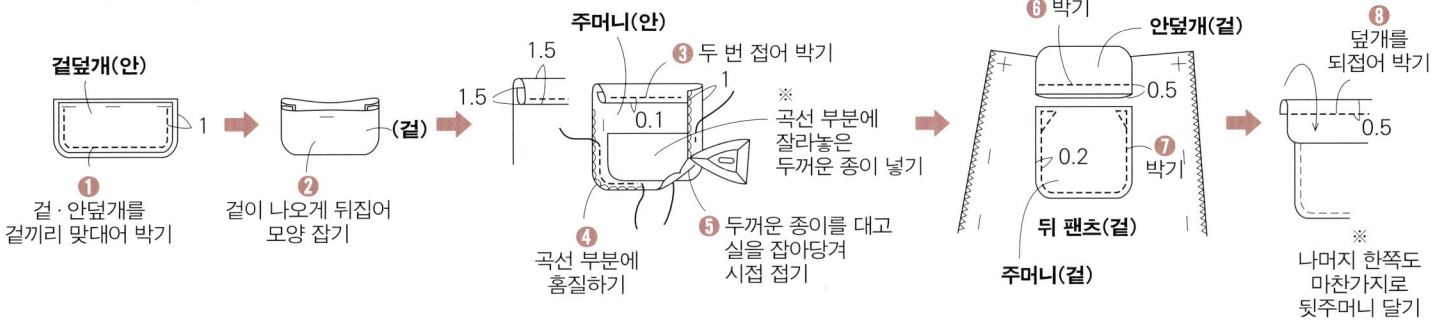

2. 옆주머니를 만든다

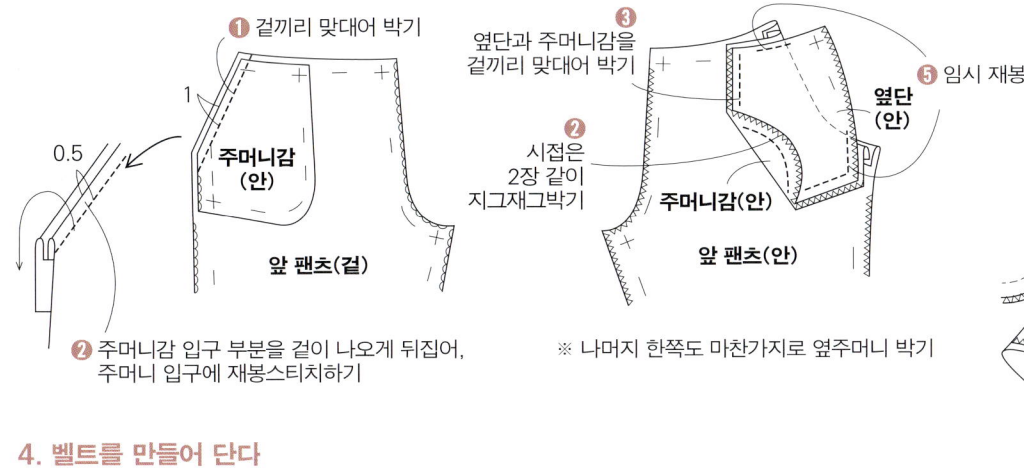

3. 팬츠를 박는다

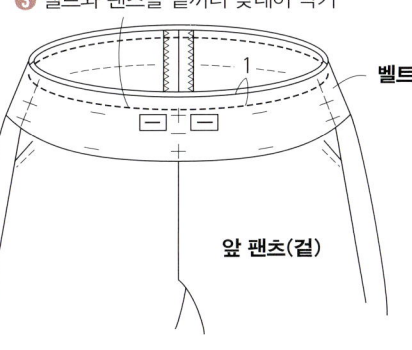

4. 벨트를 만들어 단다

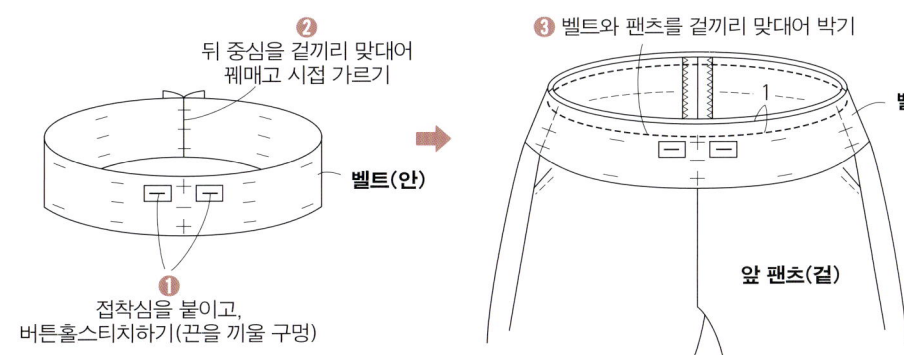

5. 끈을 만들고 팬츠에 끼운다

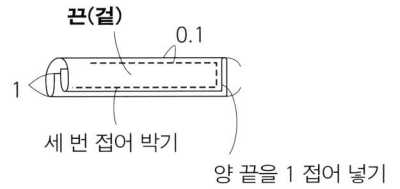

완성

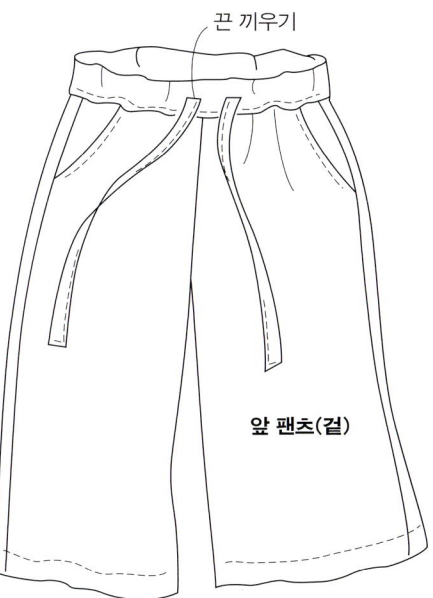

PART
5

해피 크리스마스!

크리스마스에 어울리는 빨강과 초록 색상에, 사랑스러운 꽃무늬와 물방울무늬는 어떤가요?
내 손으로 직접 만든 크리스마스 소품들로 해피해피한 크리스마스를 맞아보세요.

크리스마스 오너먼트

트리, 구슬, 선물상자 모양을 본떠 만든 까또나주 오너먼트. 창가에 늘어놓기만 해도 크리스마스 느낌이 물씬 난답니다. 초록 색상 계열로도 같이 만들어서 더욱 멋진 크리스마스 분위기를 연출해보세요.
Design & make ·· Maki Saeki
How to make ·· p.154
실물 크기 패턴 C면 (25)

포인트로 곁들인 리본의 영어 문구, 줄무늬, 나뭇잎무늬가 전체를 더욱 돋보이게 합니다. 리본을 풀면 납작한 평면이 되는 만큼, 시즌이 끝난 후 보관하기도 용이한 장식들이에요.

선물 바구니

같은 색상 계열로, 센스 있게 무늬를 맞출 수 있는 것도 틸다만의 장점입니다. 선물을 담아 건네준 다음에도 어엿한 인테리어 소품으로 장식해두기에 좋아요.

Design & make ·· **Maki Saeki**
How to make ·· **p.158**
실물 크기 패턴 D면 (27)

p.150

크리스마스 오너먼트

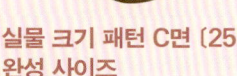

실물 크기 패턴 C면 [25]
완성 사이즈
- 〈트리〉 13.5×12×바닥 6cm
- 〈방울〉 11.5×12×바닥 6cm
- 〈선물상자〉 9×7×바닥 6cm

재료
〈트리〉
- 겉감: 40×20cm
- 안감: 40×15cm
- 두꺼운 종이: 40×20cm
- 켄트지: 40×15cm
- 기타: 바대용 자투리천, 폭 1cm 리본 50cm

〈방울〉
- 겉감: 35×15cm
- 안감: 35×15cm
- 두꺼운 종이: 35×15cm
- 켄트지: 35×15cm
- 기타: 폭 1cm 리본 50cm

〈선물상자〉
- 겉감: 30×10cm
- 안감: 30×10cm
- 두꺼운 종이: 30×10cm
- 켄트지: 30×10cm
- 기타: 폭 1cm 리본 90cm

Fabric
- Folklore Bird Red
- Rose Stripe Red
- Big Spot Red
- Little Flower Burgundy
- Dottie Green
- Ruby Green

※ 두꺼운 종이의 두께는 2mm

〈트리〉

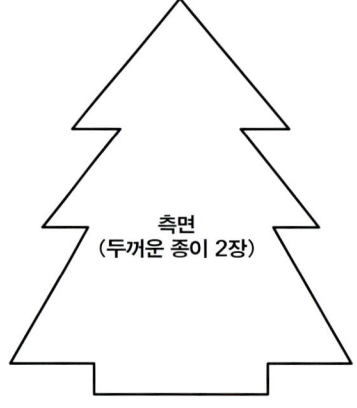
측면 (두꺼운 종이 2장)

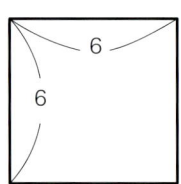
밑 (두꺼운 종이 1장)
6
6

〈방울〉

측면 (두꺼운 종이 2장)

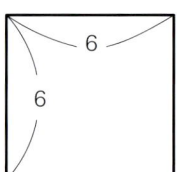
밑 (두꺼운 종이 1장)
6
6

〈선물상자〉

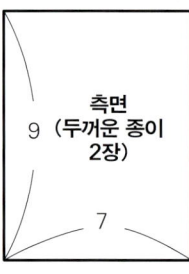
측면
9 (두꺼운 종이 2장)
7

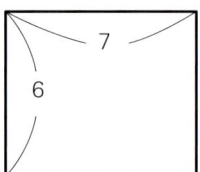
밑 (두꺼운 종이 1장)
7
6

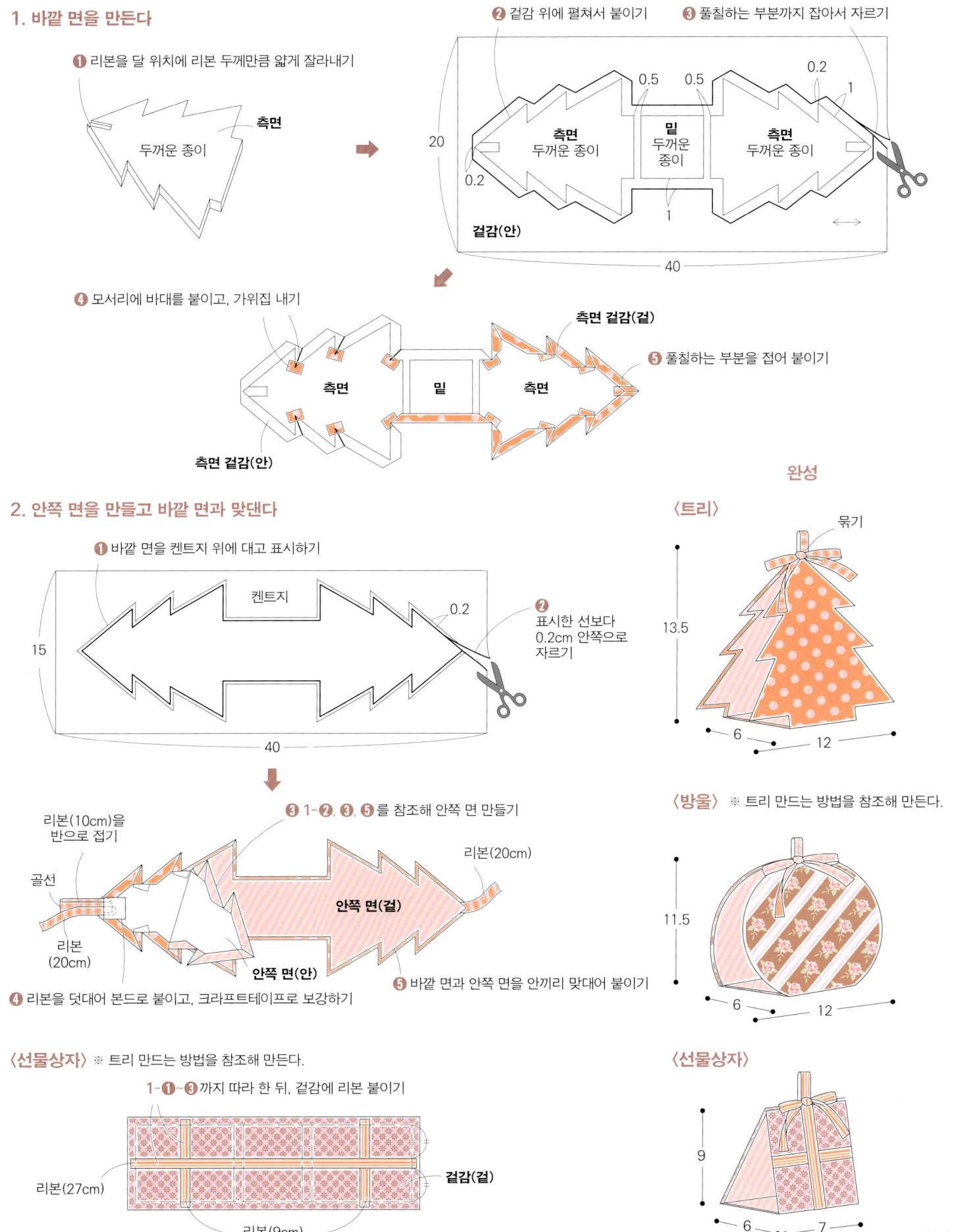

p.151

크리스마스 양말 주머니

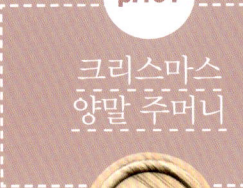

실물 크기 패턴 D면 [26]

완성 사이즈
- 〈소〉 28cm
- 〈중〉 32cm
- 〈대〉 43cm

재료

〈소〉
- 겉감: 자잘한 꽃무늬 40×35cm
- 안감·바이어스감: 꽃무늬 70×35cm
- 기타: 폭 1cm 리본 20cm

〈중〉
- 겉감: 새장무늬 50×40cm
- 안감: 별무늬 50×40cm
- 기타: 폭 1cm 리본 20cm

〈대〉
- 겉감 a · 안감: 자잘한 꽃무늬 60×60cm
- 겉감 b: 꽃무늬 60×45cm
- 기타: 폭 1cm 리본 20cm, 폭 2.5cm 리본 80cm, 지름 1.2cm 아일렛 6쌍

Fabric
- Emma Red
- Buke Ornament Cadet Blue & Red
- Birdcage Toile Cadet Pink
- Star Grey Brown

〈소〉

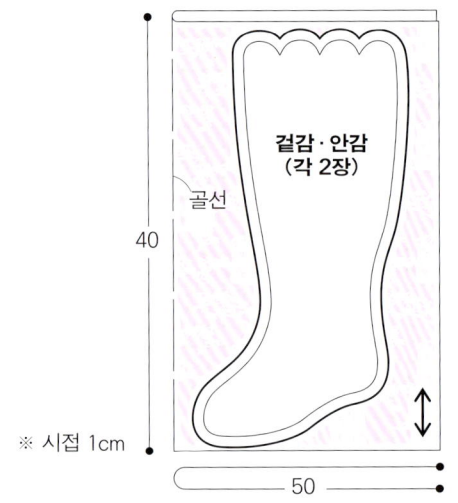

※ ○ 안의 숫자는 시접 표시. 따로 표시하지 않은 부분은 시접 1cm

〈중〉

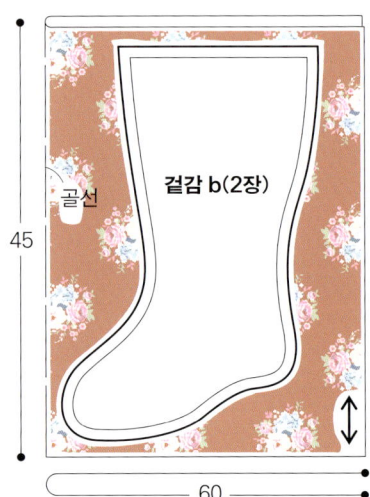

〈대〉

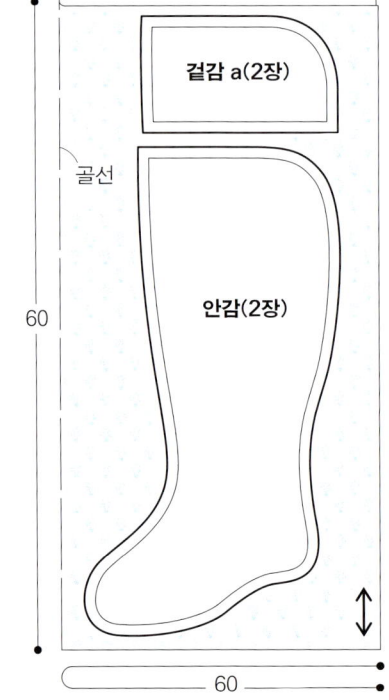

※ 시접 1cm

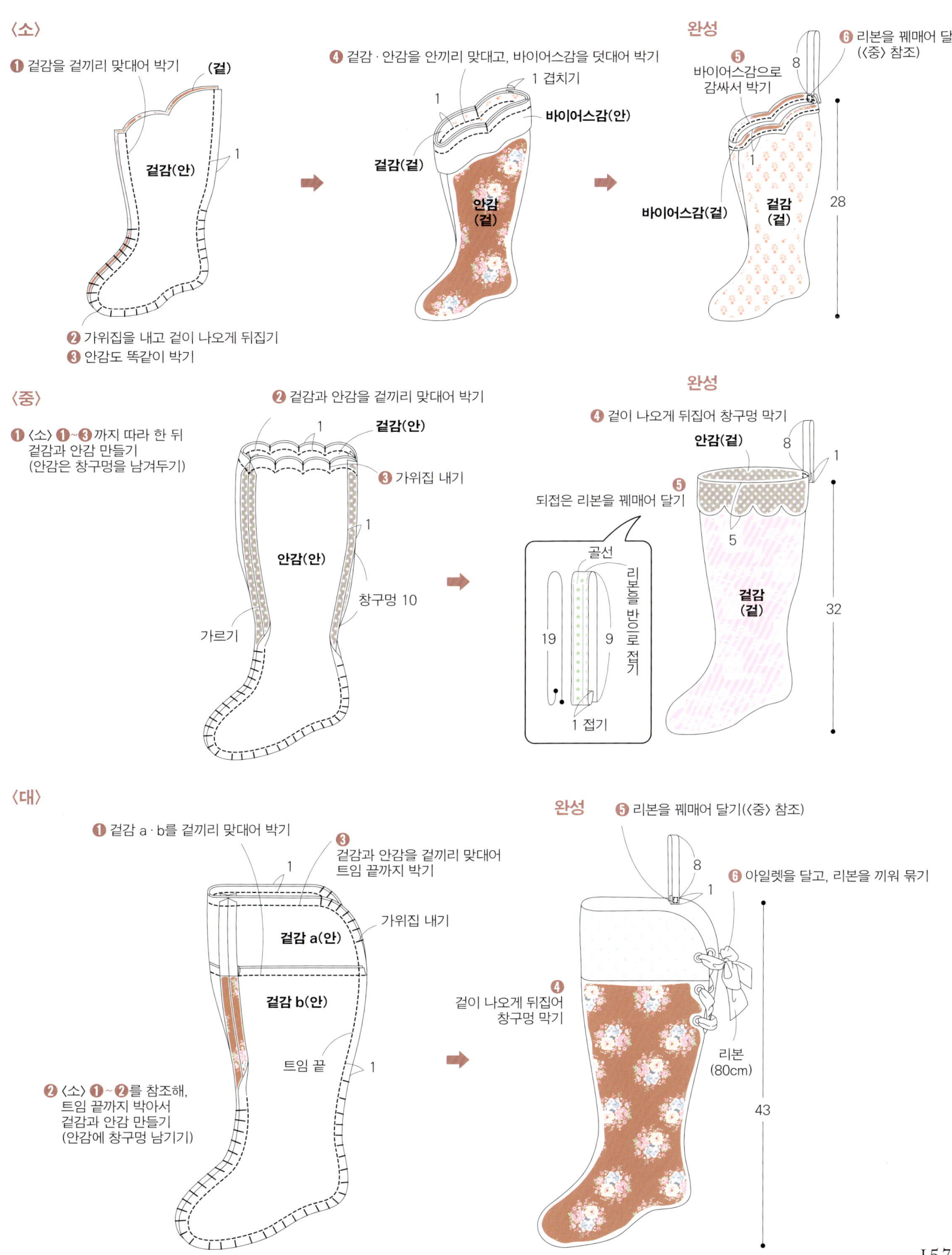

p.152

선물 바구니

실물 크기 패턴 D면 [27]
완성 사이즈
- 약 10×약 15×높이 약 14cm

재료
- 두꺼운 종이·켄트지: 그림 참조

⟨A⟩
- 천: 줄무늬
  [바깥 측면 A] 40×20cm
- 천: 핑크 무지
  [안쪽 측면 A·안쪽 바닥] 40×30cm
- 천: 새무늬
  [바깥 측면 B·바깥 밑] 50×15cm
- 천: 물방울무늬
  [손잡이] 50×10cm
- 기타: 폭 1cm 리본 40cm, 와펜 1개

⟨B⟩
- 천: 꽃무늬
  [바깥 측면 A] 40×20cm
- 천: 줄무늬
  [안쪽 측면 A·안쪽 바닥] 40×30cm
- 천: 핑크 무지
  [바깥 측면 B] 30×15cm
- 천: 물방울무늬
  [바깥 밑] 20×15cm
  [손잡이] 50×10cm
- 기타: 폭 1cm 리본 40cm

Fabric
- Oriental Bird Red
- Classic Stripe Red
- Big Spot Red
- Grandma's Rose Red

※ 왼쪽(위쪽)부터 바깥쪽/안쪽 치수
※ [ ] 안의 숫자는 천의 치수
※ 켄트지는 천을 붙이기 전에, 붙일 위치에 맞대어 사이즈 조정하기

⟨A·B 공통⟩

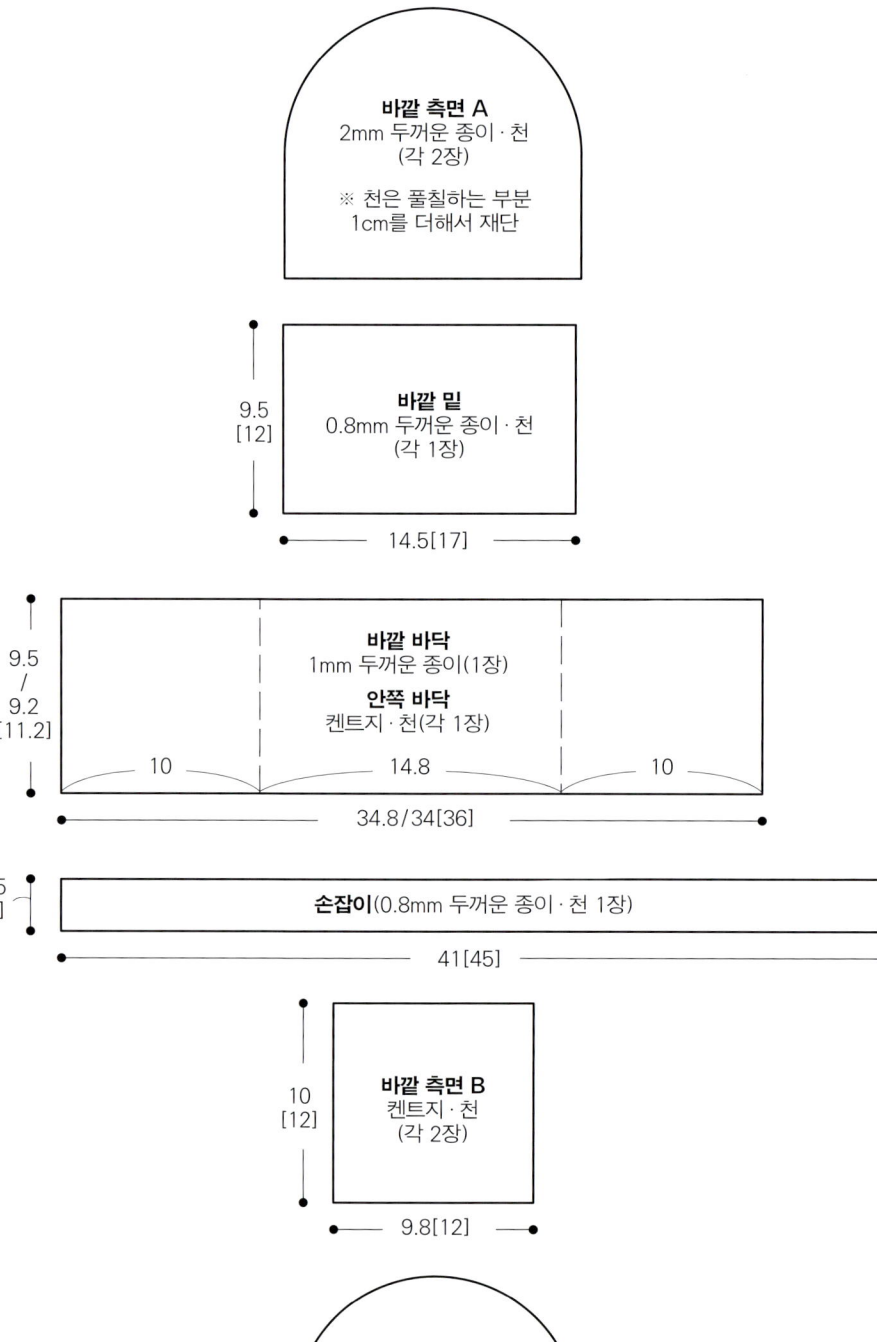

1. 상자를 만들고, 바깥 면을 붙인다

❷ 바깥 측면 A 천을 붙이기
❹ 풀칠하는 부분을 안쪽으로 접어 붙이기

바깥 측면 A
천(안)
바깥 측면 A 두꺼운 종이
바깥 바닥

❸ 가위집을 내고 모서리 자르기
❶ 바깥 측면 A와 바깥 바닥을 맞대어 붙이기

❺ 바깥 측면 B에 천을 붙이고, 양 끝의 풀칠하는 부분을 안으로 접어 붙이기

바깥 측면 B (안) 켄트지
천(겉)
※ 2장 만들기

❻ 바깥 바닥에 ❺를 붙이고, 위쪽의 풀칠하는 부분을 접어 붙이기

바깥 측면 A (안)
바깥 바닥(안)
바깥 측면 A (겉)
바깥 측면 B (겉)

❼ 아래쪽의 풀칠하는 부분을 접어 붙이기

2. 안쪽 면을 붙인다

❶ 안쪽 측면 A에 천을 붙이고, 위쪽의 풀칠하는 부분을 안으로 접어 붙이기

핑킹가위로 자르기
안쪽 측면 A(안) 켄트지
가위집
❷ 모서리 자르기
천(안)
❸ 안쪽 바닥에 천을 붙이고, 풀칠하는 부분을 모두 안으로 접어 붙이기

모서리 자르기
안쪽 바닥(안)

❹ 안쪽 측면 A를 상자에 붙이기
❺ 양 끝의 풀칠하는 부분을 바깥 바닥 쪽에 붙이기

안쪽 측면 A (겉)
바깥 측면 A (겉)
바깥 측면 B (겉)

안쪽 측면 A(겉)
안쪽 바닥(겉)

❻ 안쪽 바닥을 붙이기

3. 손잡이를 단다

❶ 손잡이에 천을 붙이고, 감싸듯이 접어 붙이기

2
1 접기
6
1 접기
손잡이 두꺼운 종이
2.5 접기
천(겉)

❷ 상자 측면 A 가운데에 붙이기

측면 A
6.3
6.3
측면 B
2 밑

바깥 밑

❸ 밑으로 접어 붙이기
❹ 바깥 밑을 2-❸과 마찬가지로 만들어 상자 밑에 붙이기
※ 〈B〉도 똑같이 만든다. 단, 손잡이는 측면 B 가운데에 붙인다.

완성

〈A〉
와펜과 묶은 리본을 원하는 위치에 달기
약 14
약 10
약 15

〈B〉
리본 묶기
3.5
3.5

159

p.153

집 모양 소품 상자

실물 크기 패턴 D면 (28)

완성 사이즈
- 약 15.5×약 14.5× 높이 약 14cm

재료
- 두꺼운 종이·켄트지: 그림 참조
- 안쪽 밑: 복사용지 적당량
- 천: 핑크 무지 [바깥 측면 A·B] 30×60cm
- 천: 짙은 핑크 무지 [안쪽 밑] 20×20cm
- 천: 꽃무늬 [안쪽 측면 A·B·C] 50×30cm
- 천: 물방울무늬 [바깥·안쪽 지붕] 70×20cm
- 천: 물방울무늬 [토대] 20×20cm
- 기타: 토대용 색도화지 15×14cm, 장식 4개

Fabric
- Rose Stripe Red
- Big Spot Red & Pink

※ 왼쪽(위쪽)부터 바깥/안쪽 치수
※ [ ] 안의 숫자는 천의 치수
※ 두꺼운 종이의 두께는 2mm
※ 켄트지는 천을 붙이기 전에, 붙일 위치에 대어보고 사이즈를 조정하기

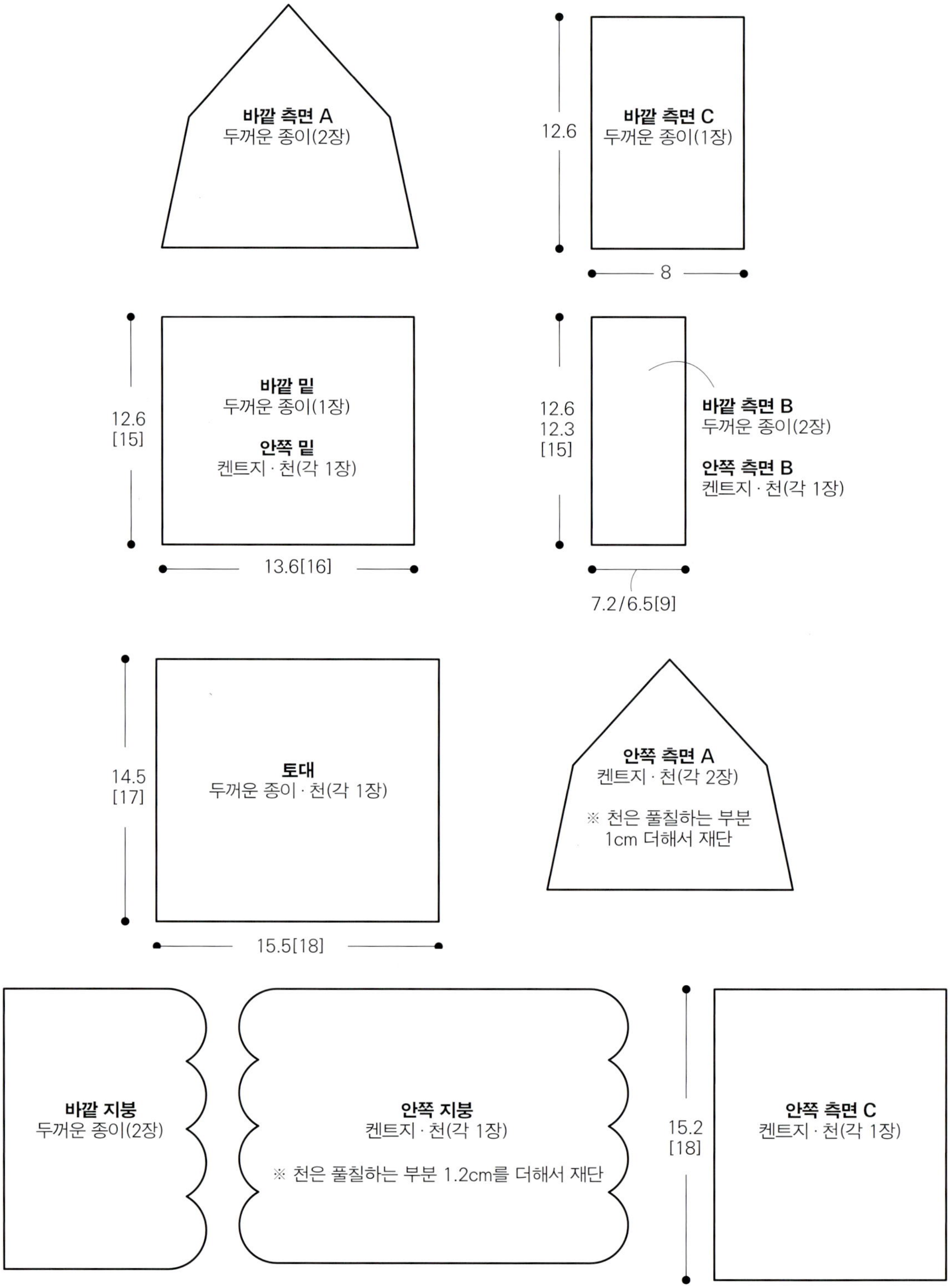

바깥 측면 A
두꺼운 종이(2장)

바깥 측면 C
두꺼운 종이(1장)
12.6 / 8

바깥 밑
두꺼운 종이(1장)
안쪽 밑
켄트지·천(각 1장)
12.6 [15] / 13.6[16]

바깥 측면 B
두꺼운 종이(2장)
안쪽 측면 B
켄트지·천(각 1장)
12.6 12.3 [15] / 7.2/6.5[9]

토대
두꺼운 종이·천(각 1장)
14.5 [17] / 15.5[18]

안쪽 측면 A
켄트지·천(각 2장)
※ 천은 풀칠하는 부분 1cm 더해서 재단

바깥 지붕
두꺼운 종이(2장)

안쪽 지붕
켄트지·천(각 1장)
※ 천은 풀칠하는 부분 1.2cm를 더해서 재단

안쪽 측면 C
켄트지·천(각 1장)
15.2 [18]

PART 6

Special Present & Gift

소 중 한
나 만 의 선 물

가족과 친구를 위해서, 혹은 자신을 위해서 마음에 쏙 드는 천으로 만든 소중한 선물.
천이 조금만 있어도 만들 수 있는 액세서리나 귀여운 인형이 가득한
틸다의 로맨틱한 수공예 월드에 어서 오세요.

아기 꽃신 & 아기 모자

부드러운 색감의 무늬 천 6장을 잇대어 만든 모자, 그리고 요요 퀼트를 포인트로 한 아기 신발입니다. 아기에게 어울리는 파스텔 톤의 색상으로 만들어 누구에게나 인기 있는 선물이 될 거예요.

Design & make ·· Chiharu Okuyama
How to make ·· p.184·186
실물 크기 패턴 D면 [31]신발·[32]모자

토끼와 꽃 오너먼트

솜을 넣어 보송보송하게 만든 오너먼트는 아기가 조물조물 가지고 놀기에도 좋고, 인테리어 소품으로 장식해도 귀여움이 넘치는 디자인입니다. 잎사귀 모양 리본을 달아 한층 사랑스러운 느낌으로 만들어보세요.

Design & make ·· Chiharu Okuyama
How to make ·· p.187
실물 크기 패턴 D면 (33)

작은 새 헤어슈슈 & 팔찌

여자아이를 위한 새장무늬의 작은 액세서리. 새장무늬와 살짝 맞춰 단 새 모양 나무 단추는 작아도 생생한 느낌을 주기에 충분합니다.

Design & make ·· Yoko Kato
How to make ·· p.188

새와 새가
서로 마주 보고 있는 모습의 무늬를
정면에 놓으면,
함을 닫았을 때도 멋진 장식이 됩니다.

3단 액세서리함

3단 서랍이 각각 엇갈려 열리게 되어있어 소품을 넣고 꺼내기가 쉬운 액세서리함입니다. 하늘색 천에 분홍과 빨강으로 그려진 새와 장미무늬가 인상적입니다.

Design & make ·· Hitomi Inoue
How to make ·· p.189

카메라 스트랩

어디든 카메라를 가지고 다니고 싶다면, 스트랩도 조금 더 멋지게 준비해보세요. 새무늬의 폭넓은 리본 끝을 자투리 가죽으로 감싸주면 완성이랍니다. 전통적인 느낌의 꽃과 새 디자인이 복고적이면서도 귀엽습니다.

Design & make ·· Rika Komori
How to make ·· p.192

리본 로제트 & 헤어클립

광택 있는 새틴 리본으로 만든 세련된 로제트와 헤어클립. 리본을 접어서 만든 꽃잎에 커다란 싸개단추로 화심을 붙여주면 완성이에요. 그만큼 짧은 시간에 간단히 만들 수 있답니다.

Design & make ·· Rika Komori
How to make ·· p.193

말과 새 브로치

물방울무늬와 줄무늬 같은 기본 무늬를 중심에 놓고, 느낌이 전혀 다른 천을 매치했어요. 색상으로 통일감을 준 브로치는 북유럽의 달라호스와 행복을 상징하는 새 모티브를 표현한 것입니다.

Design & make ·· Tomoko Tanaka
How to make ·· p.195
실물 크기 패턴 D면 (34)

꽃 코르사주

잘라둔 꽃 모티브를 여러 개 겹쳐서 만든 작은 코르사주. 자유롭게 응용해 블라우스나 가방, 헤어 액세서리 등 여러 곳에 마음껏 달아보세요.

Design & make ·· Yoko Kato
How to make ·· p.196
실물 크기 패턴 D면 (35)

p.166

천사 인형

실물 크기 패턴 D면 (29)

완성 사이즈
• 전체 길이 52cm

재료
• 몸통·팔:
 베이지 무지 50×30cm
• 다리:
 물방울무늬 35×35cm
• 상의:
 벨벳 검정 15×5cm
• 치마:
 꽃무늬 60×30cm
• 머리 장식 천:
 꽃무늬 2종류 5×1.5cm
 각 1장
• 기타:
 지름 0.6cm 진주 비즈 3개,
 폭 1cm 별무늬 리본 15cm,
 날개깃(흰색) 4장,
 두꺼운 종이 약간,
 솜 적당량,
 자수 실(눈) 약간,
 볼연지,
 그림도구(머리)

Fabric
• Emma Grey Brown

※ ○ 안의 숫자는 시접 표시.
따로 표시하지 않은 부분은
시접 1cm

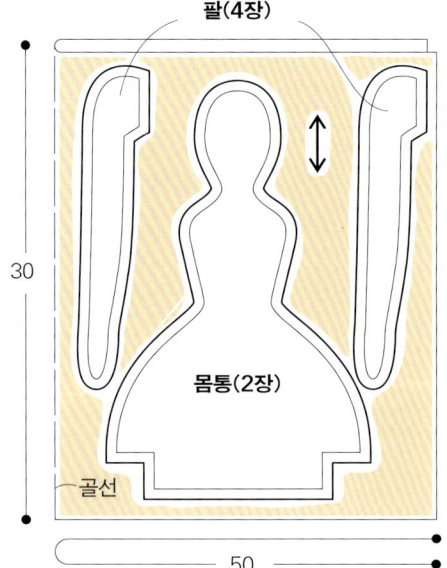

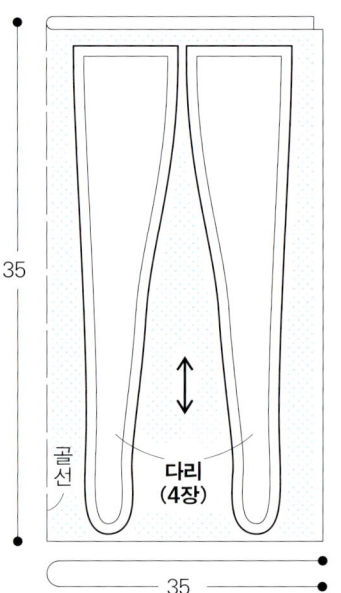

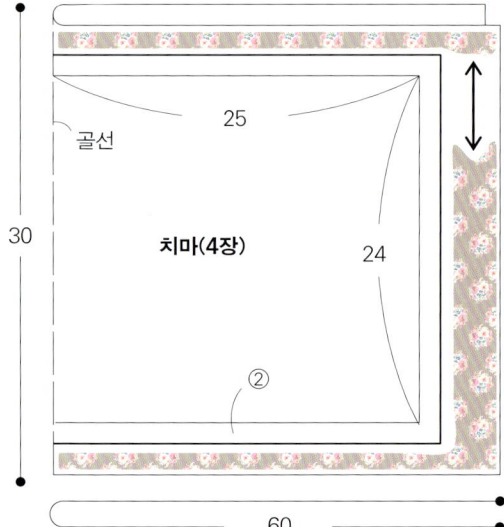

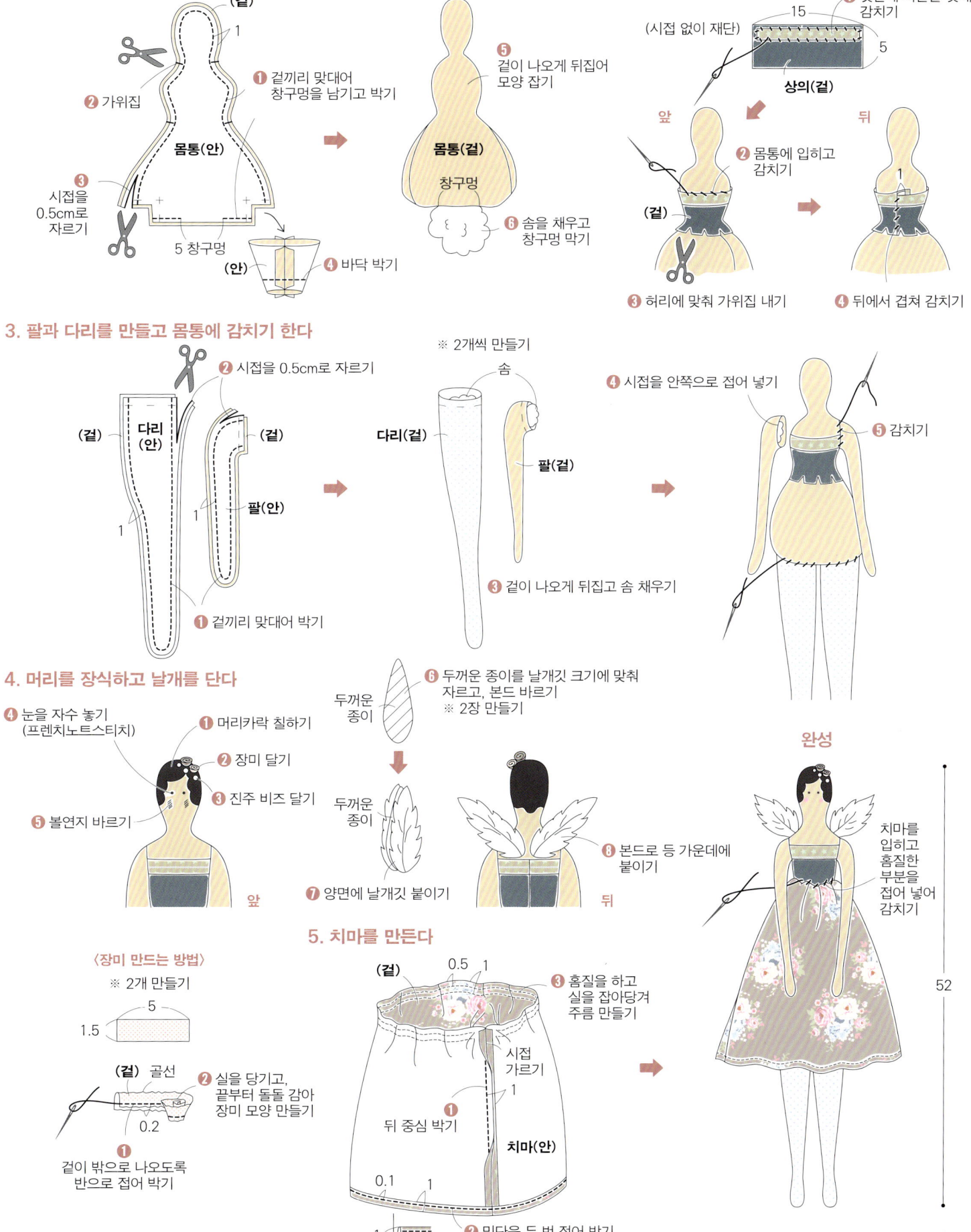

p.166

여우 인형

실물 크기 패턴 D면 (30)

완성 사이즈
- 전체 길이 52cm

재료
- 몸통·팔·다리·귀:
  베이지 무지 40×75cm
- 옷 몸판·소매·프릴:
  별무늬 35×60cm
- 장식 천:
  별무늬 4×15cm
- 기타:
  솜 적당량,
  자수 실(눈·코) 약간,
  볼연지

Fabric
- Star Pink

※ 시접은 1cm

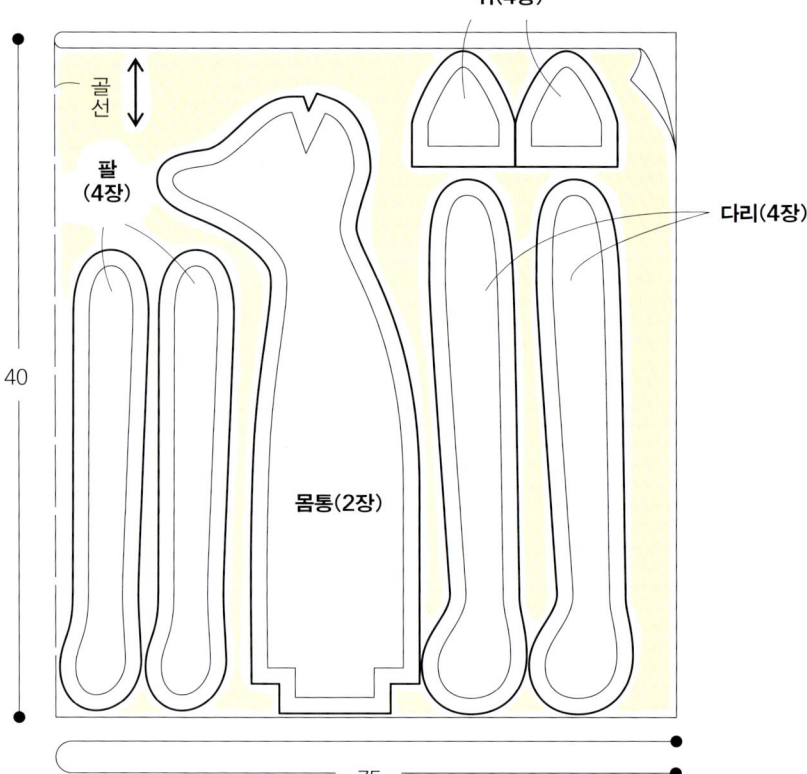

귀(4장)
골선
팔(4장)
다리(4장)
몸통(2장)
40
75

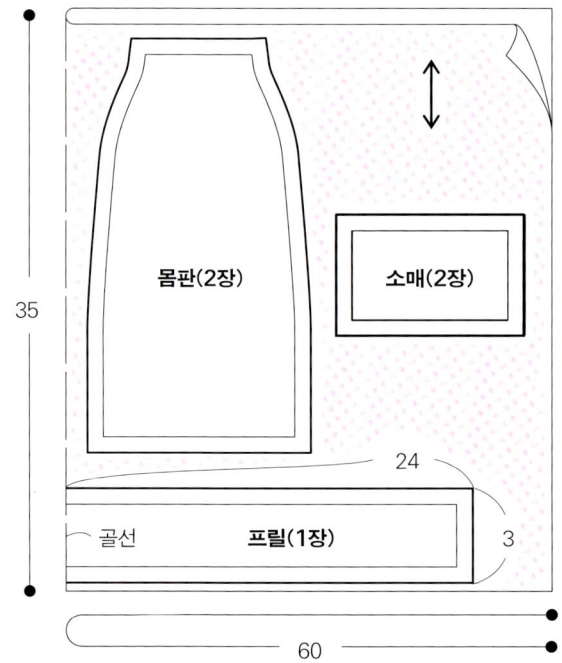

몸판(2장)
소매(2장)
35
골선 프릴(1장)
24
3
60

p.167
레드 & 블루 바네 파우치

완성 사이즈
- 〈레드〉 12×12×바닥 6cm
- 〈블루〉 12×12×바닥 6cm

재료

〈레드〉
- A천: 꽃무늬 25×10cm
- B천: 꽃무늬 25×15cm
- C천: 원무늬 25×25cm
- D천: 꽃무늬 25×35cm
- 기타:
  폭 2.5cm 리본 40cm,
  폭 12cm 바네 1개

〈블루〉
- A천: 꽃무늬 25×10cm
- B천: 나뭇잎무늬 30×20cm
- C천: 새무늬 30×20cm
- D천: 물방울무늬 25×35cm
- 기타: 폭 1cm 리본 30cm,
  폭 12cm 바네 1개

Fabric
- Inca Red
- Rudy Red
- Folklore Bird Blue
- Rosy Teal
- Vintage Ornament Bluegreen
- Peony Teal

※ 시접은 1cm

〈레드·블루 공통〉

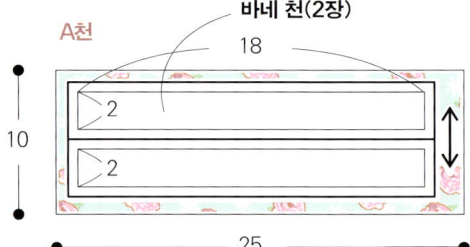

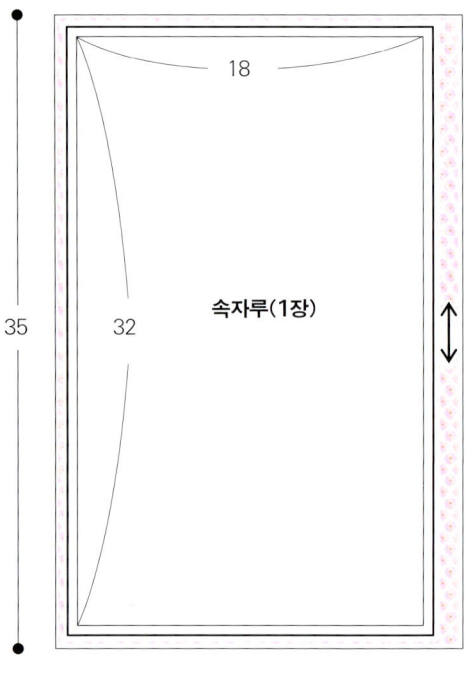

〈레드〉

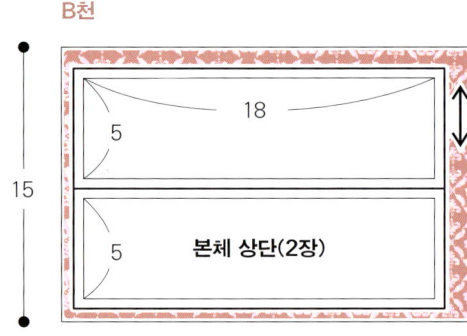

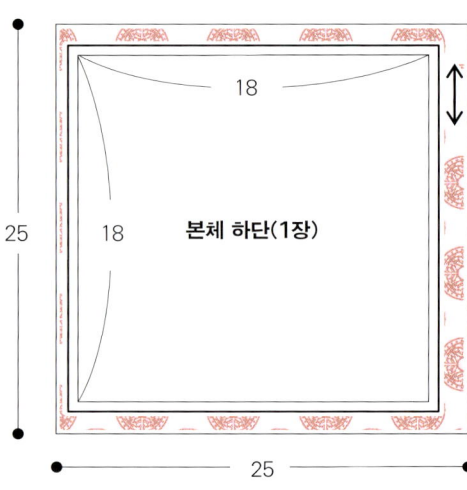

〈블루〉

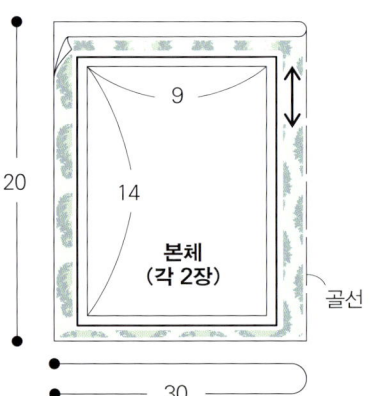

〈레드〉

1. 본체를 만든다

2. 본체와 속자루를 맞대어 박는다

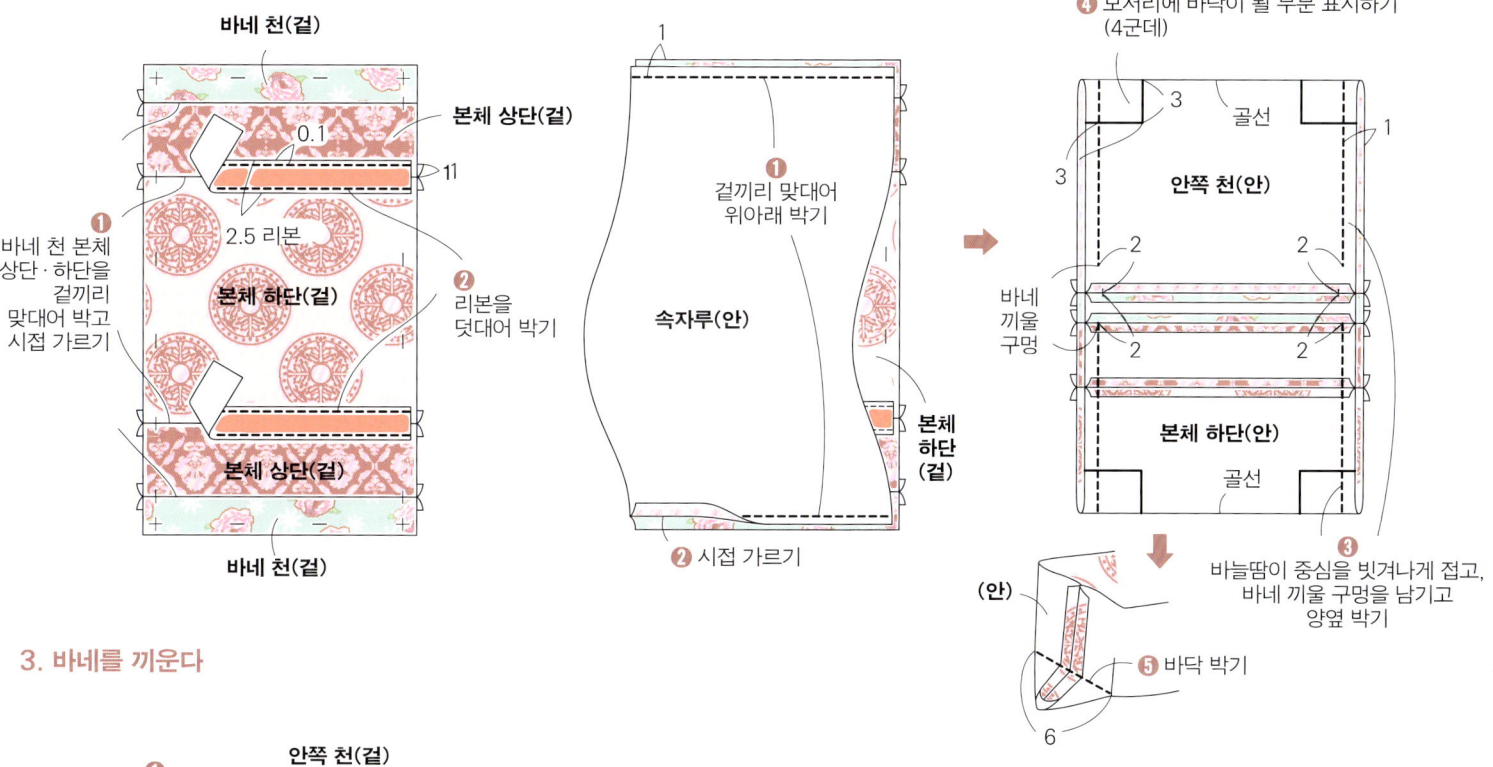

3. 바네를 끼운다

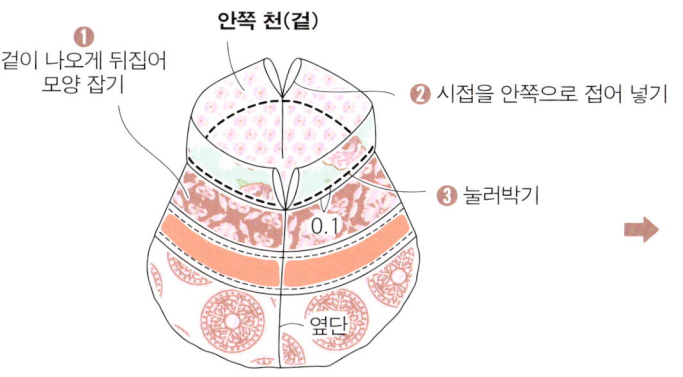

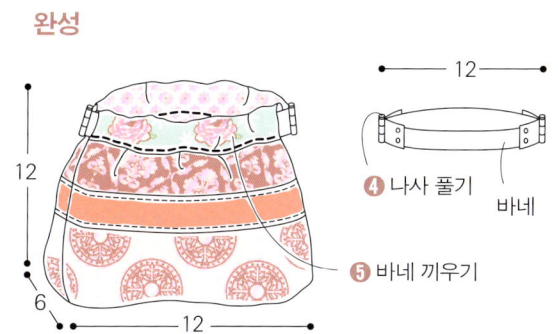

〈블루〉

1. 본체를 만든다

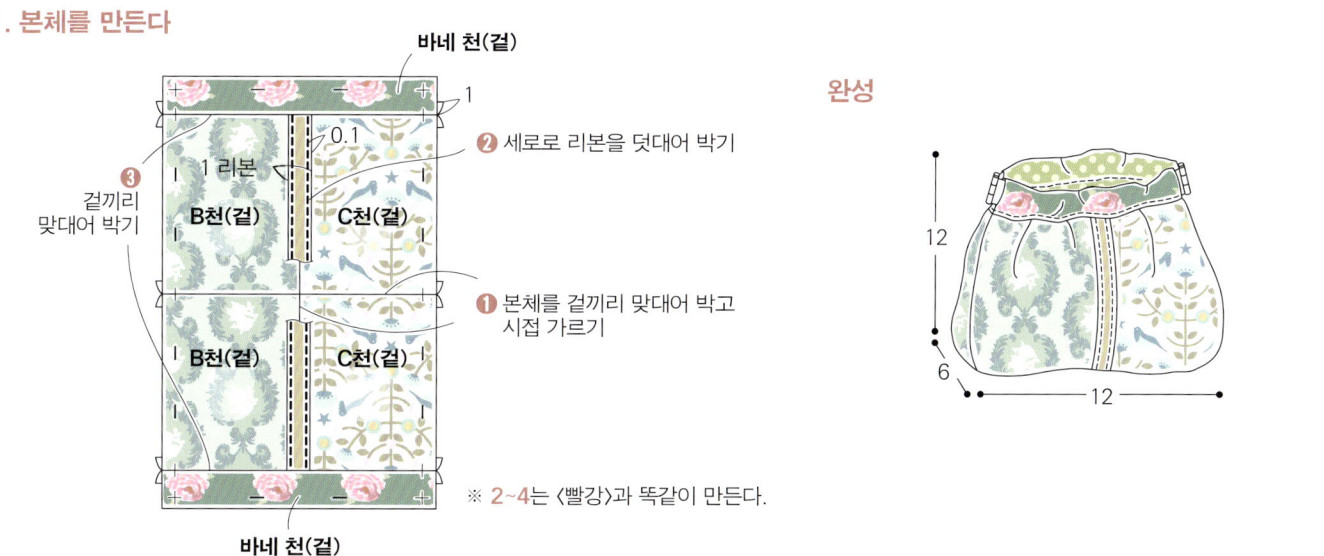

※ 2~4는 〈빨강〉과 똑같이 만든다.

p.168

아기 꽃신

실물 크기 패턴 D면 (31)

완성 사이즈
• 9cm

재료
• 겉감:
  꽃무늬 55×15cm
• 안감:
  물방울무늬 55×15cm
• 기타:
  요요 퀼트용 장식 천
  6×6cm 2장

Fabric
• Mollly Blue
• Ruby Green

※ 시접은 0.5cm

〈겉감·안감 공통〉

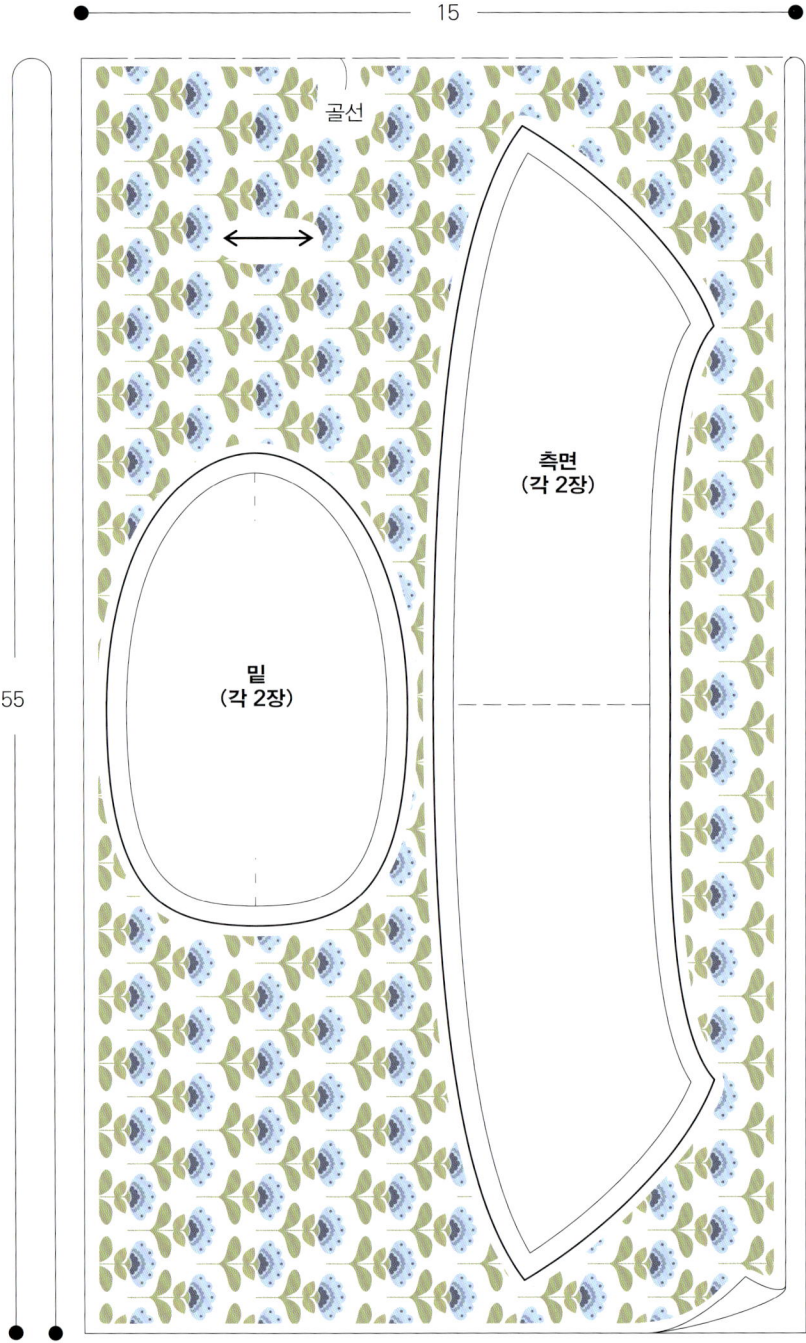

측면 (각 2장)

밑 (각 2장)

골선

15

55

1. 측면과 밑을 맞대어 박는다

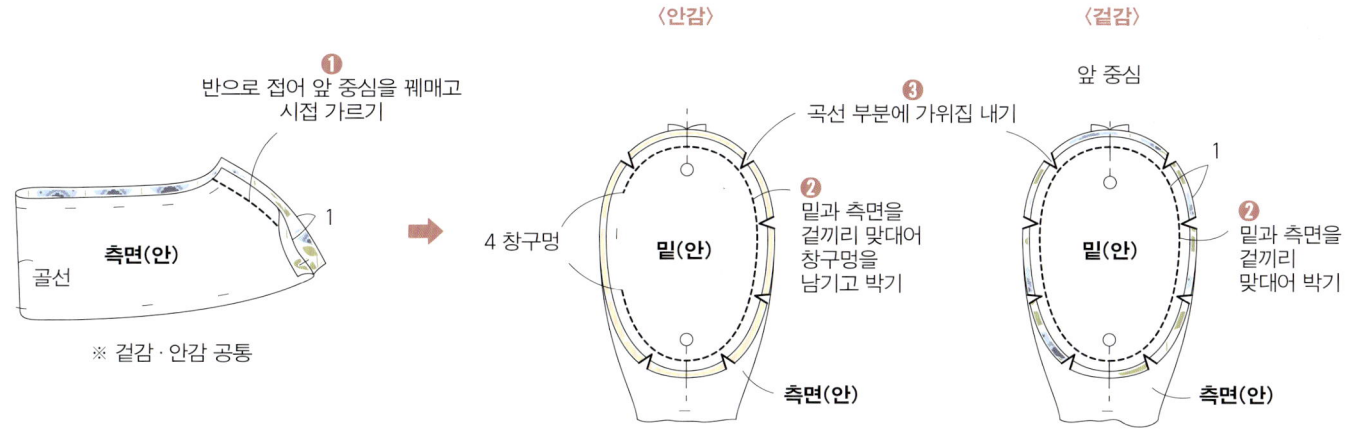

2. 겉감과 안감을 맞대어 박는다

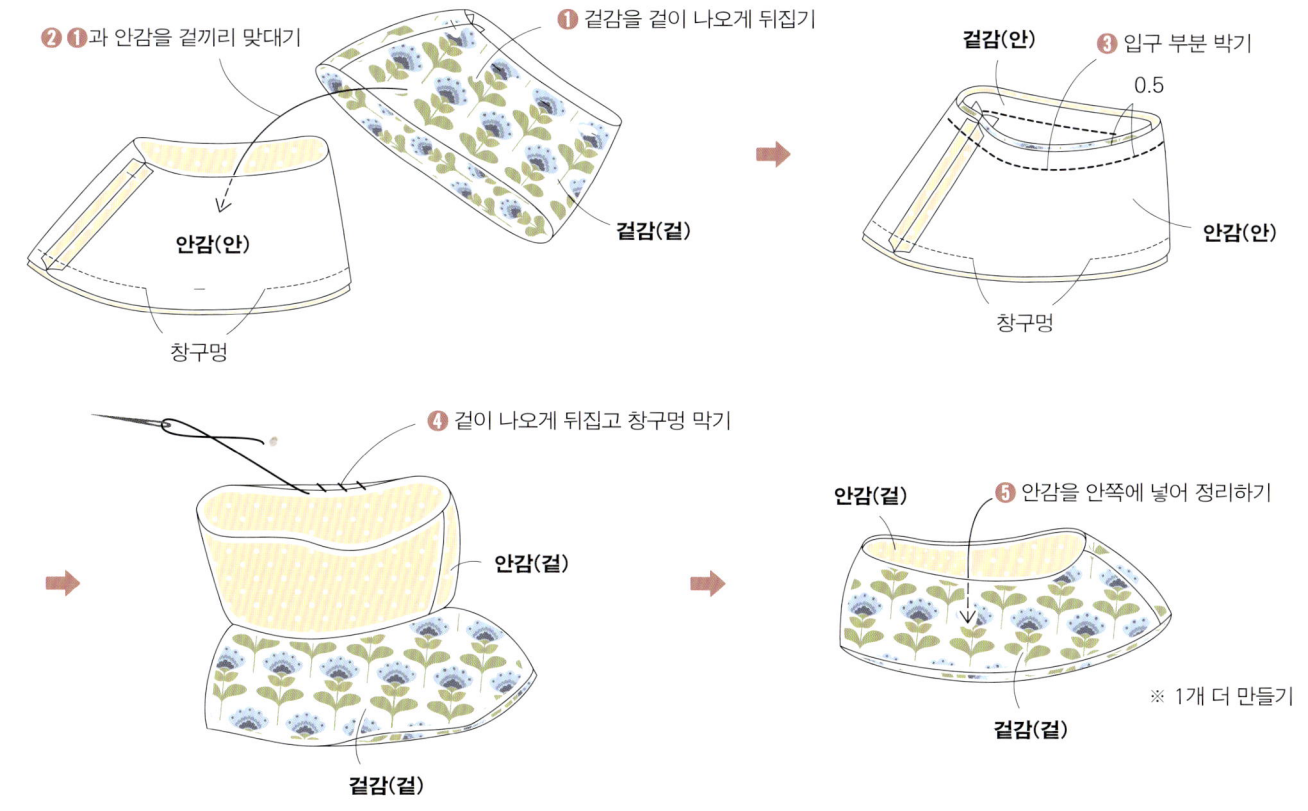

3. 요요 퀼트를 한다

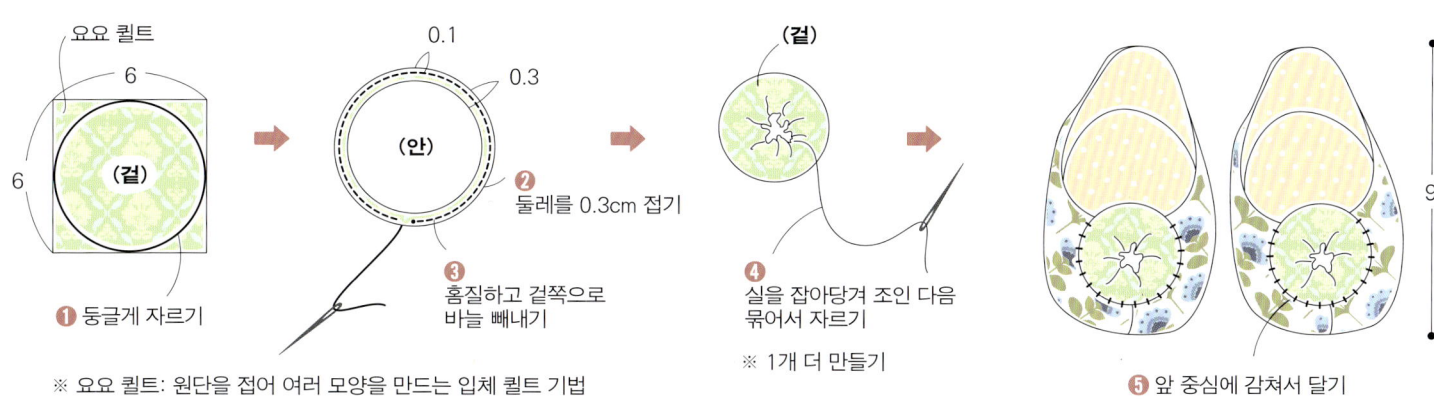

p.168

아기 모자

실물 크기 패턴 D면 (32)

완성 사이즈
- 머리둘레 46cm

재료
- 겉감 A:
  물방울무늬 35×25cm
- 겉감 B:
  꽃무늬 35×25cm
- 겉감 C · 안감:
  꽃무늬 70cm×50cm

Fabric
- Lilac Surf Green
- Star flower Pink
- Dottie Surf Green

※ 시접은 1cm

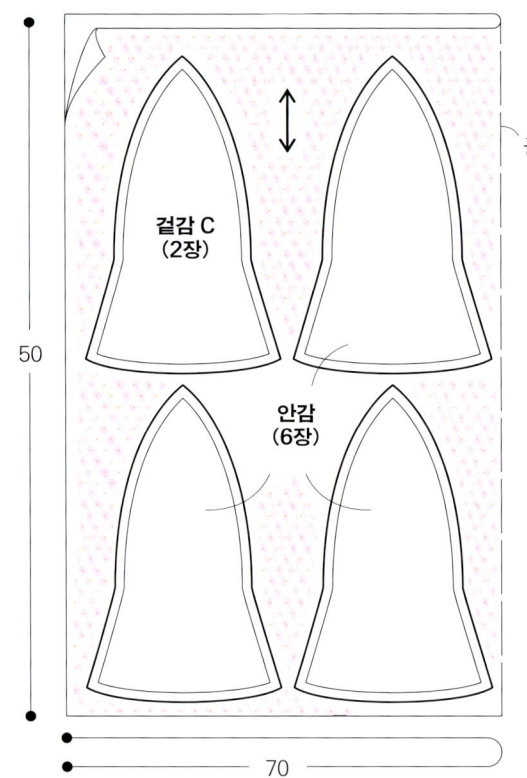

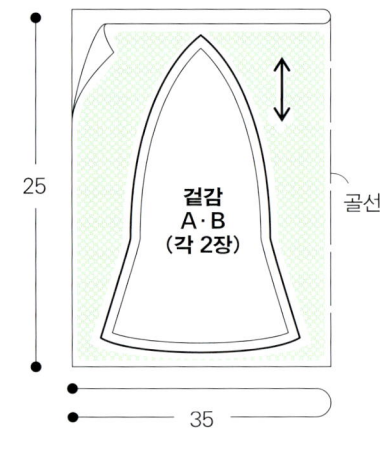

1. 겉감을 만든다
※ 3쌍 만들기

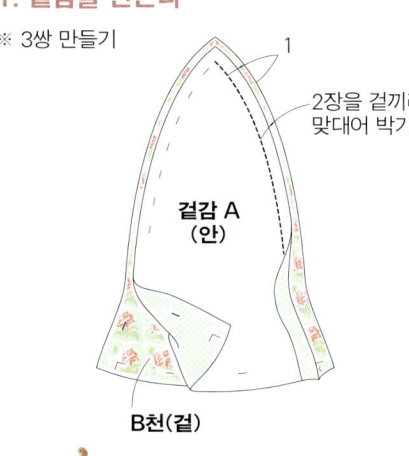

2. 겉감과 안감을 맞대어 박는다

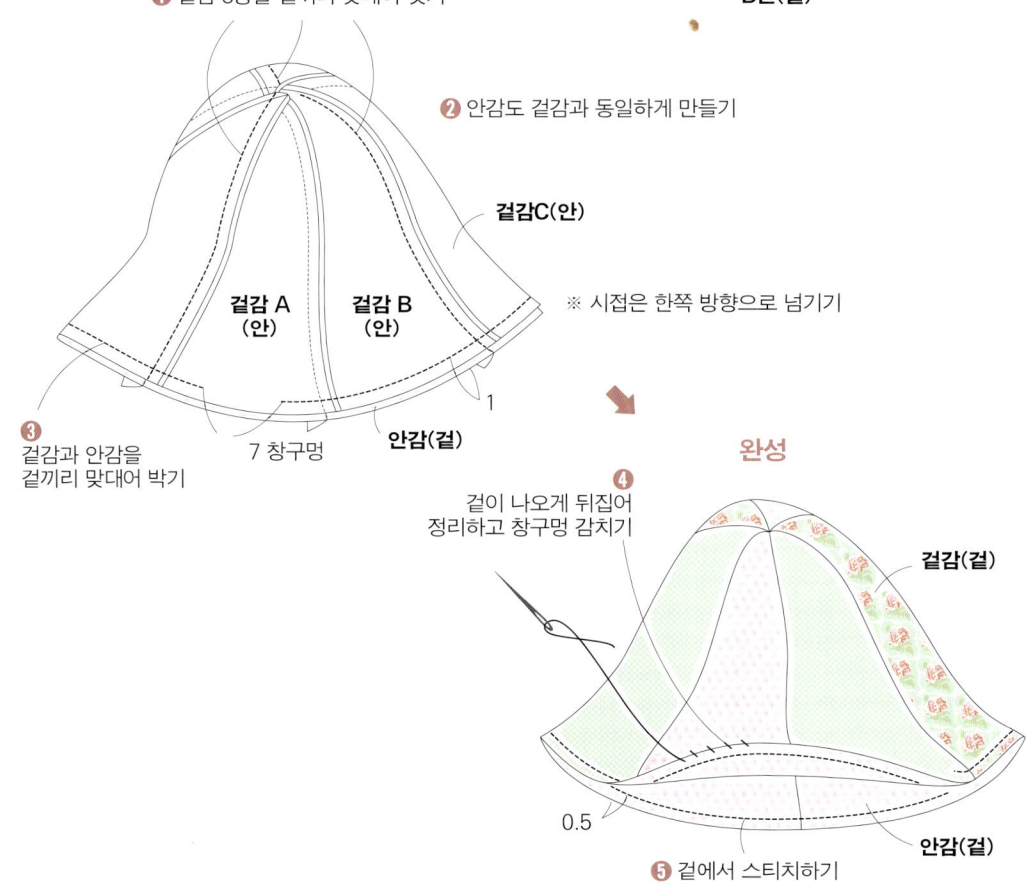

❶ 겉감 3쌍을 겉끼리 맞대어 잇기
❷ 안감도 겉감과 동일하게 만들기
※ 시접은 한쪽 방향으로 넘기기
❸ 겉감과 안감을 겉끼리 맞대어 박기
❹ 겉이 나오게 뒤집어 정리하고 창구멍 감치기
❺ 겉에서 스티치하기

완성

p.169

토끼와 꽃 오너먼트

실물 크기 패턴 D면 〔33〕

완성 사이즈
- 〈토끼〉 전체 길이 16cm
- 〈꽃〉 13cm

재료

〈토끼〉
- 본체·팔:
  꽃무늬 30×20cm
- 기타:
  25번 자수실(2줄) 적당량

〈꽃〉
- 본체:
  꽃무늬 35×20cm
- 기타:
  지름 1cm 꼬다리단추 2개

〈공통〉
잎 달린 리본 60cm,
솜 적당량

Fabric
- Vintage Ornament Bluegreen
- Mumflower Ornament Teal

※ ○ 안의 숫자는 시접 표시. 따로 표시하지 않은 부분은 시접 0.5cm

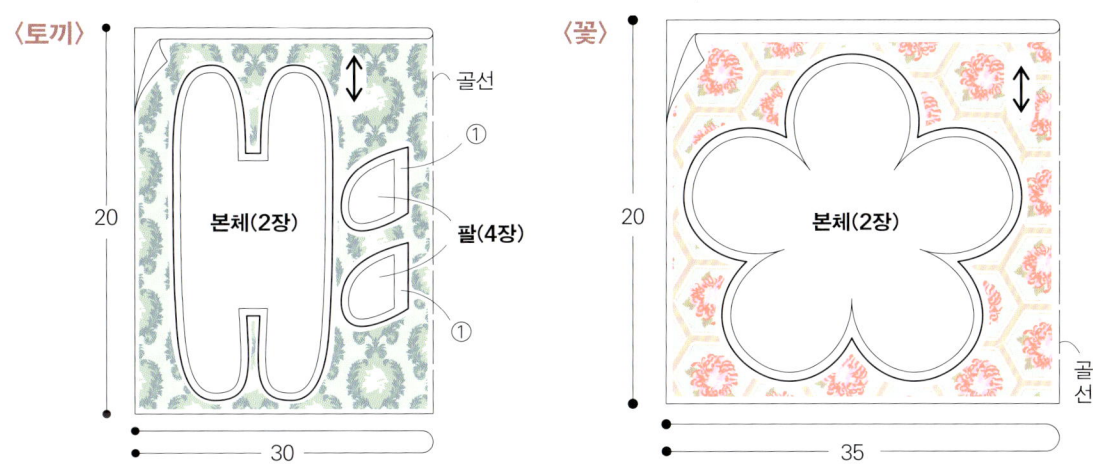

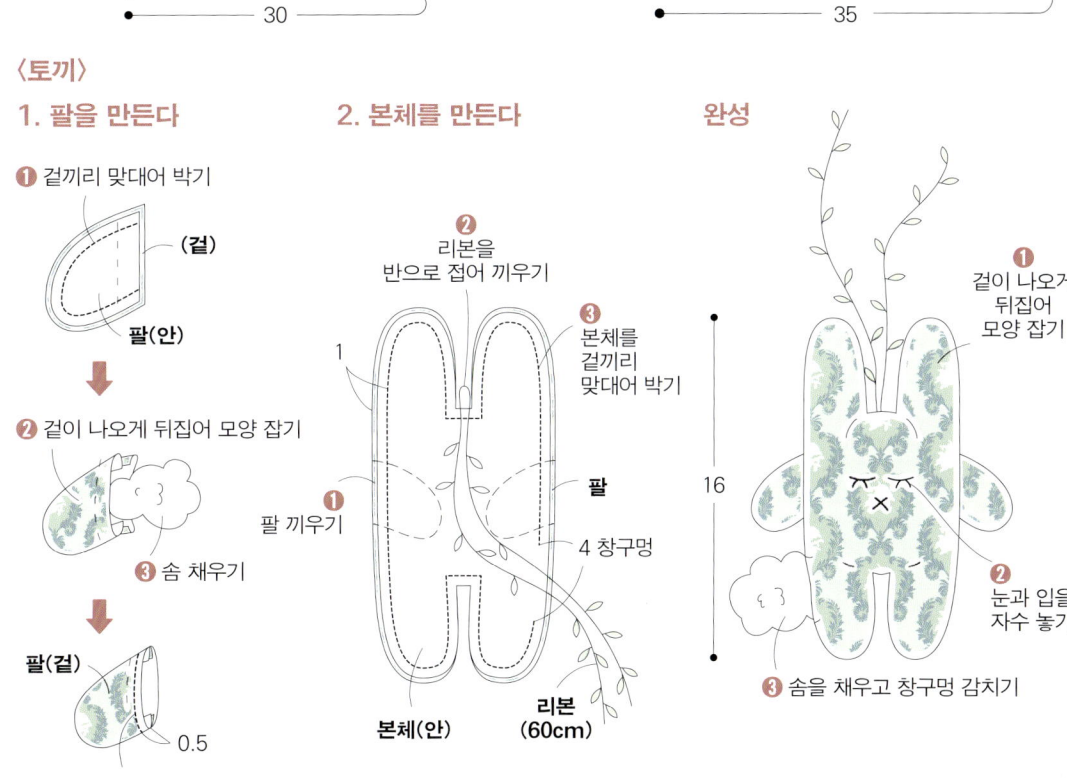

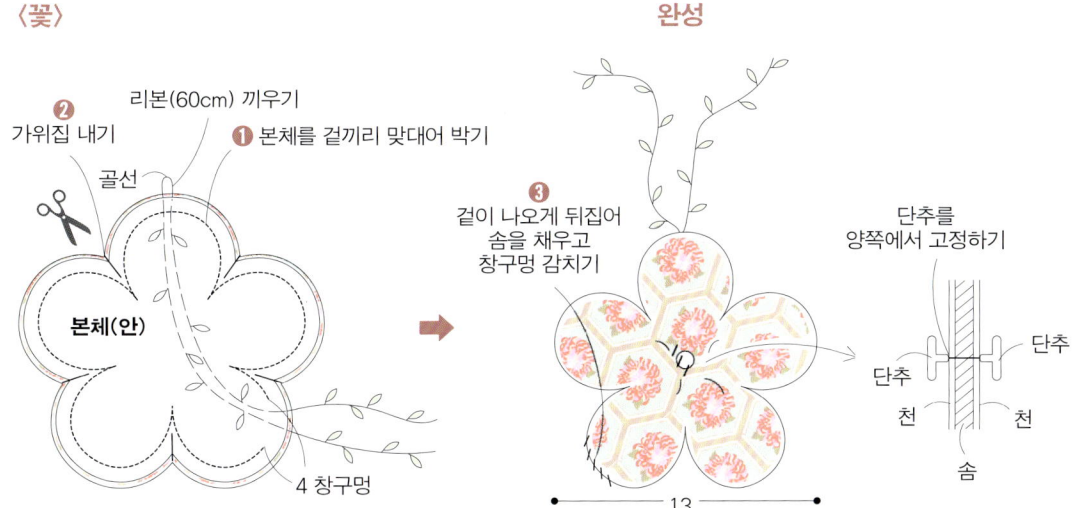

187

p.170

작은 새
헤어슈슈 & 팔찌

완성 사이즈
- 〈슈슈〉 10×6cm
- 〈팔찌〉 7×7cm

재료
- 슈슈·팔찌:
새장무늬 60×60cm
- 기타:
폭 0.3cm 고무줄 40cm,
새 모양 단추 2개

Fabric
- Birdcage Toile Cadet Pink

※ 바이어스 방향으로 재단
※ 시접은 1cm

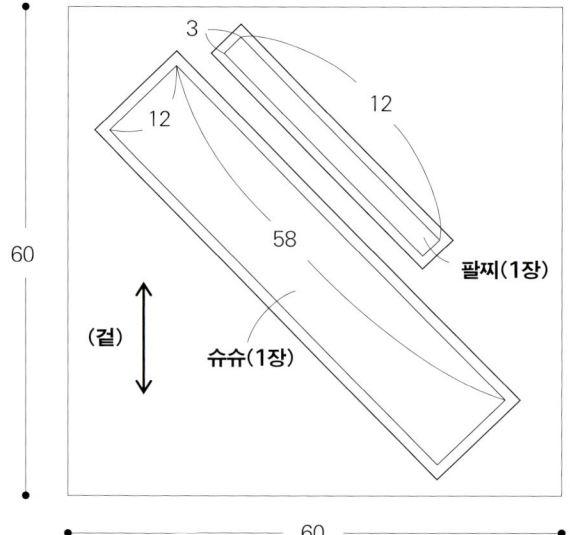

〈슈슈〉

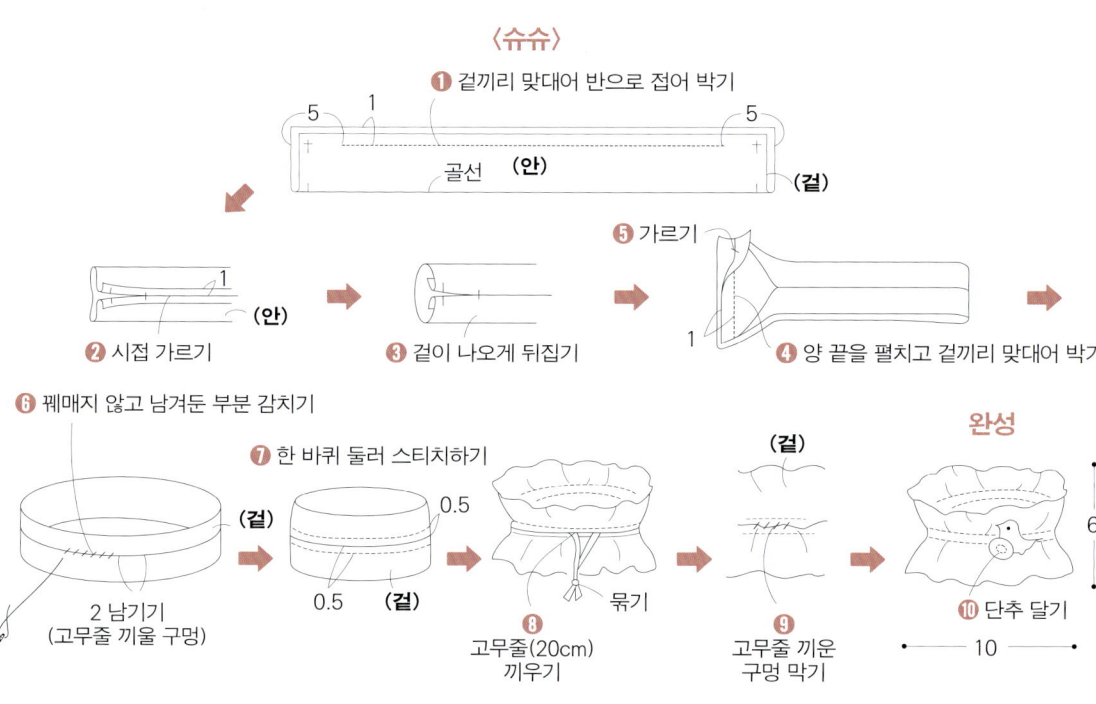

〈팔찌〉

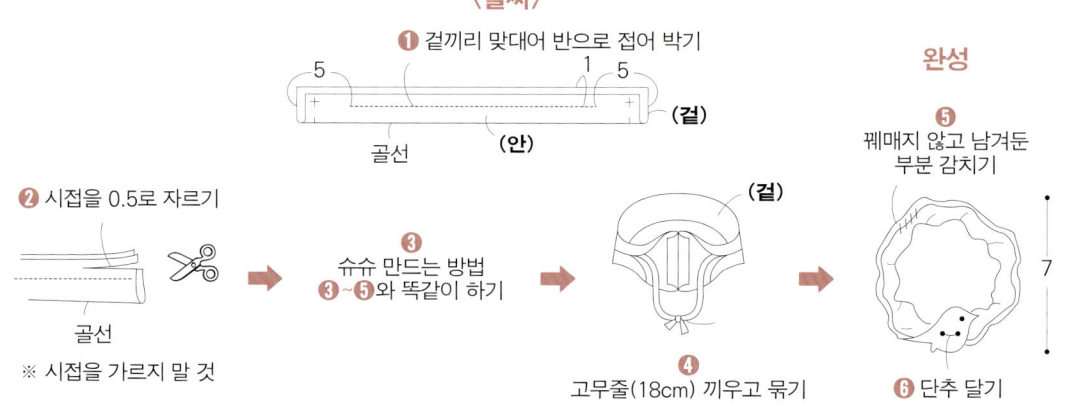

p.171

3단 액세서리함

완성 사이즈
- 12.5cm×12.5cm×높이 13cm

재료
- 두꺼운 종이, 켄트지: 그림 참조
- 천: 꽃무늬
  〈바깥 상자〉
  [바깥 상자 A·B 측면] 15.2×44.5cm 2장
  [바깥 측면 a] 14.1×14.7cm 2장
  [바깥 측면용 경첩 천] 5×12.4cm 1장
  〈안쪽 상자 (3상자 분량)〉
  [측면] 48×6cm 3장
  [내부용 경첩 천] 10×12.4cm 1장
- 천: 핑크 물방울무늬
  〈바깥 상자〉
  [앞 측면] 14.4×13.5cm 2장
  [뒤 측면] 13.4×14.4cm 2장
  [위아래 밑] 13.4×13.4cm 삼각형 4개
  〈안쪽 상자 (3상자 분량)〉
  [바깥 밑] 13.1×13.1cm 3장
  [안쪽 밑] 13×13cm 3장
  [안쪽 좌우 측면] 12.8×5cm 6장
  [안쪽 앞뒤 측면] 13×5cm 6장
- 기타: 폭 1cm 리본 20cm 2개

Fabric
- Rosebird Teal

※ 두꺼운 종이 두께는 2mm
※ 천의 사이즈, 따로 표시하지 않은 경우 모든 풀칠하는 부분은 1cm

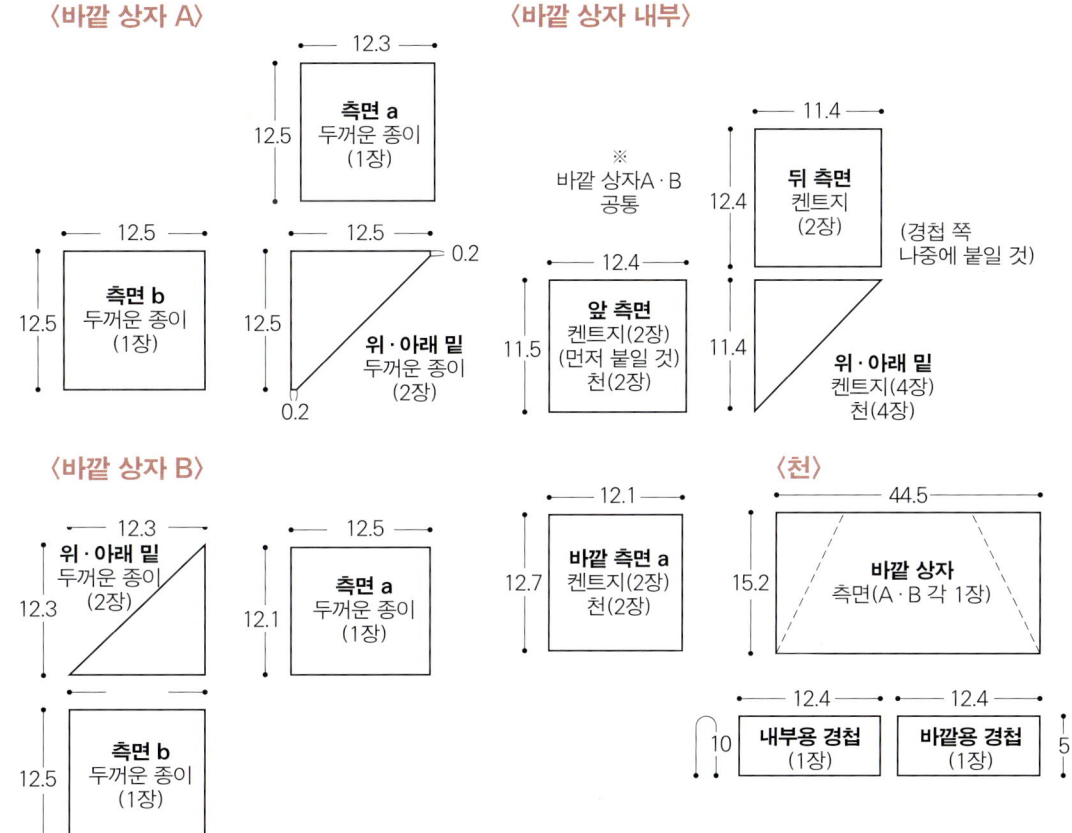

※ 안쪽 상자·안쪽 상자 내부는 똑같이 3세트씩 준비한다.

1. 바깥 상자 A·B를 조립한다
※ 크라프트테이프는 바깥과 안쪽 양쪽에 붙인다.

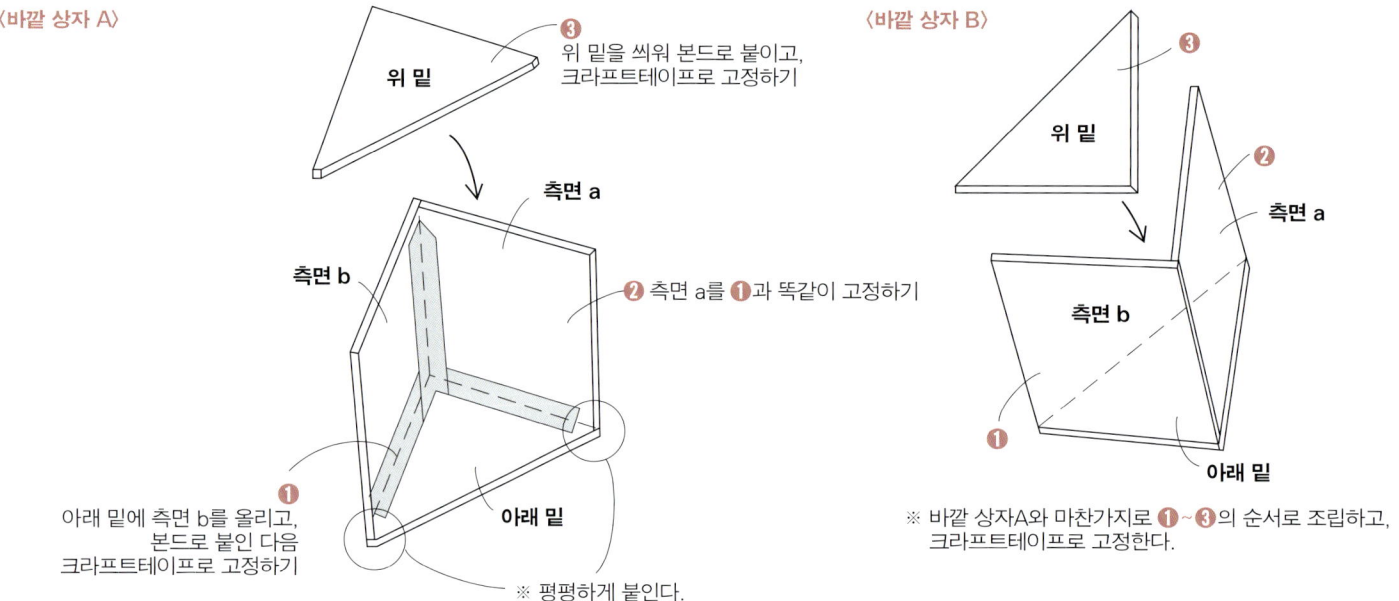

2. 바깥 상자에 천을 붙인다

⟨바깥 상자 A⟩ 모서리 붙이는 방법(191쪽 6 참조)   ⟨바깥 상자 B⟩ ※ 바깥 상자 A와 똑같이 천을 붙인다.

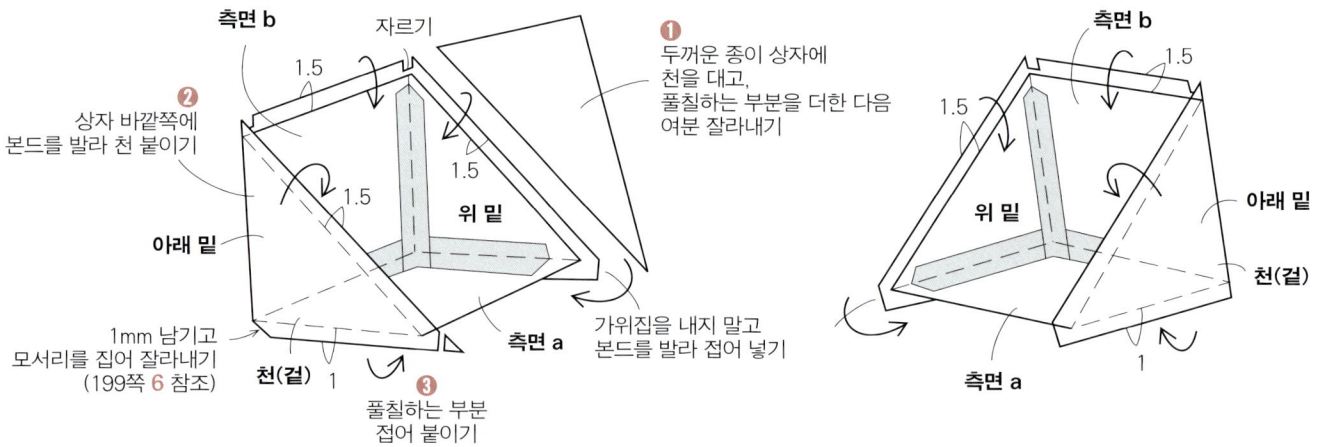

3. 바깥 상자 A·B를 맞춰 붙인다

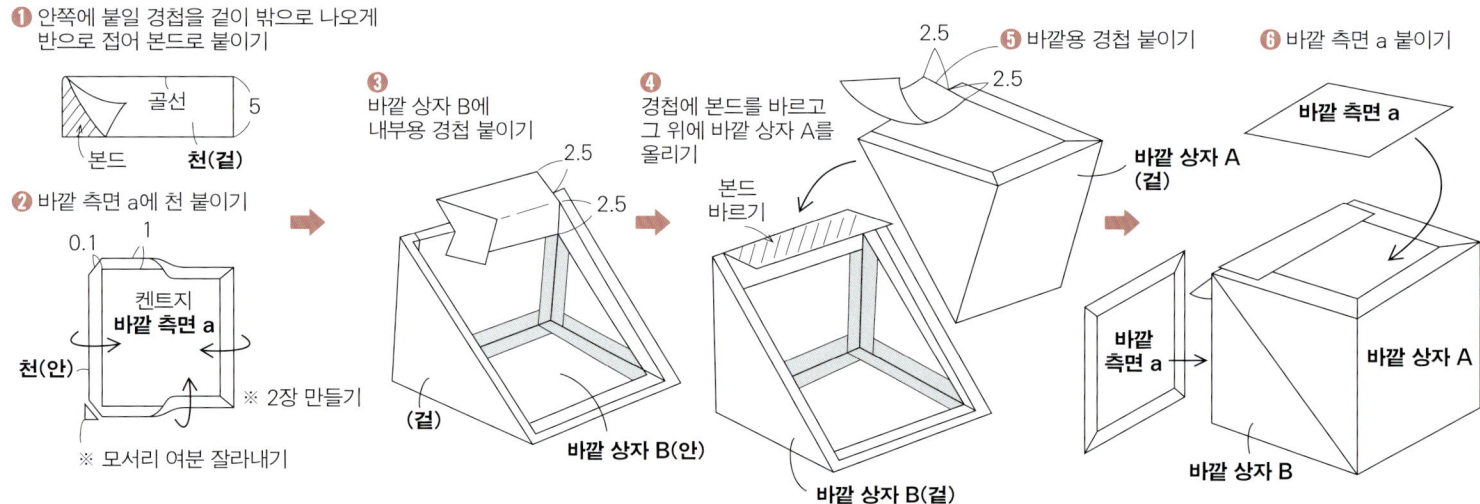

4. 바깥 상자의 안쪽을 만들어 붙인다

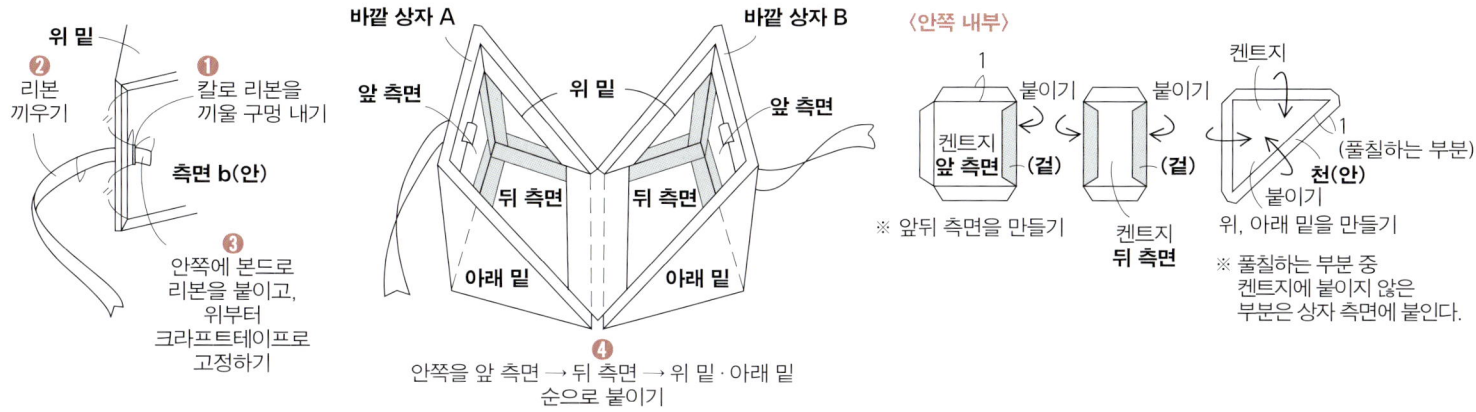

5. 안쪽 상자를 조립한다

6. 안쪽 상자에 측면 천을 붙인다

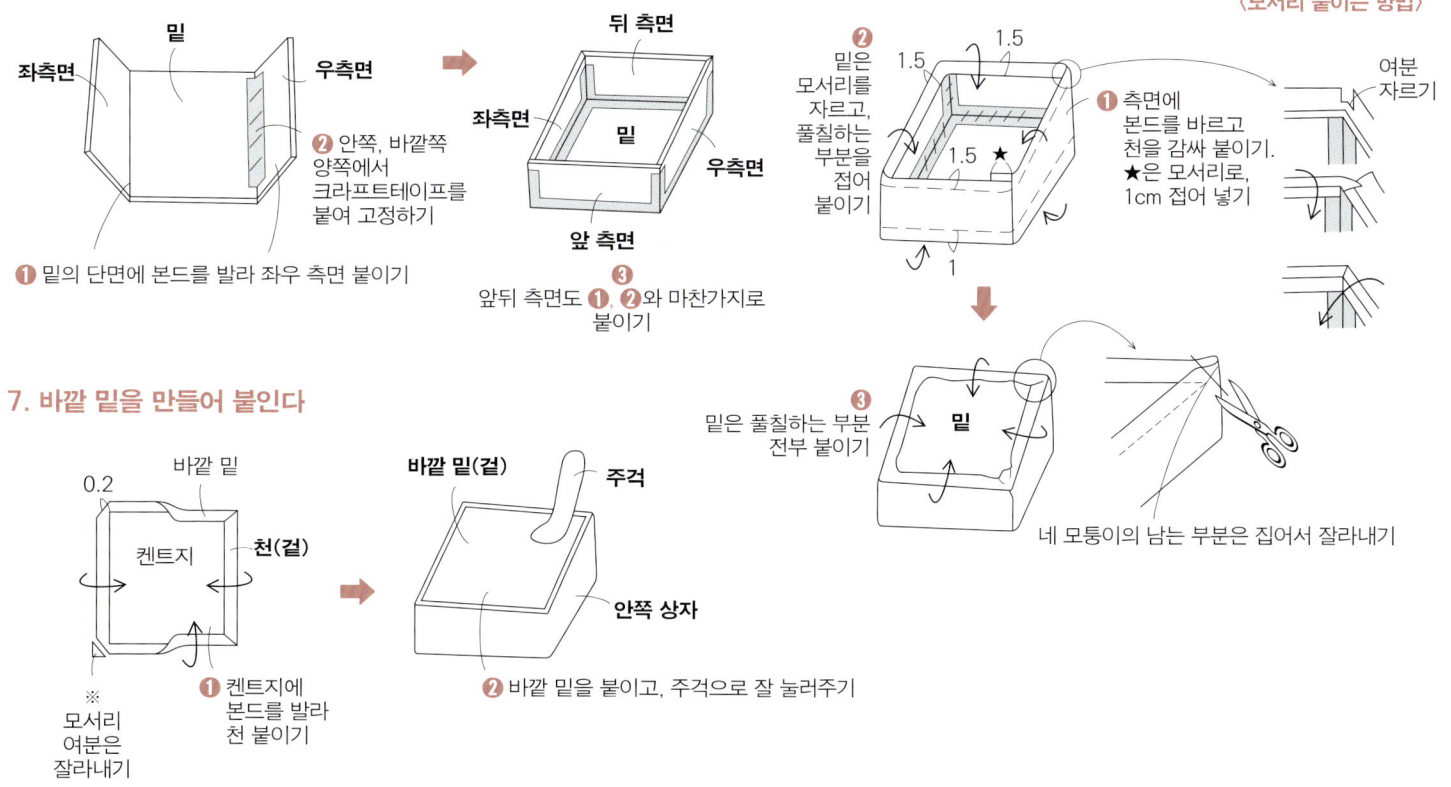

7. 바깥 밑을 만들어 붙인다

8. 안쪽 상자의 안쪽을 만들어 붙인다

9. 바깥 상자 안에 안쪽 상자를 붙인다

p.172

카메라 스트랩

완성 사이즈
• 68cm

재료
• 스트랩:
나일론 테이프
폭 3cm 64cm · 폭 1cm 25cm 총 2개,
폭 2.5cm 리본 64cm,
가죽 10×10cm
• 기타:
왈자형 조리개 · 슐더링(끈 조절하는 부자재) 각 2개,
가죽용 재봉바늘

Fabric
• Design Ribbon

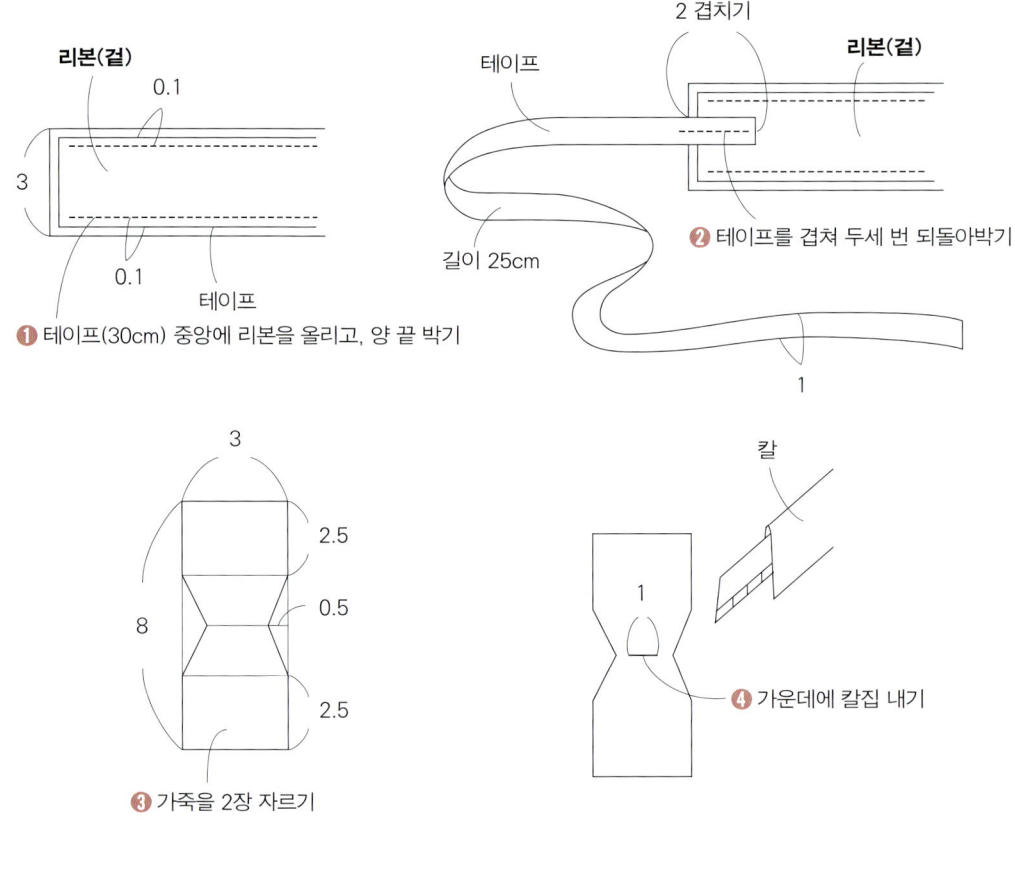

❶ 테이프(30cm) 중앙에 리본을 올리고, 양 끝 박기

❷ 테이프를 겹쳐 두세 번 되돌아박기

❸ 가죽을 2장 자르기

❹ 가운데에 칼집 내기

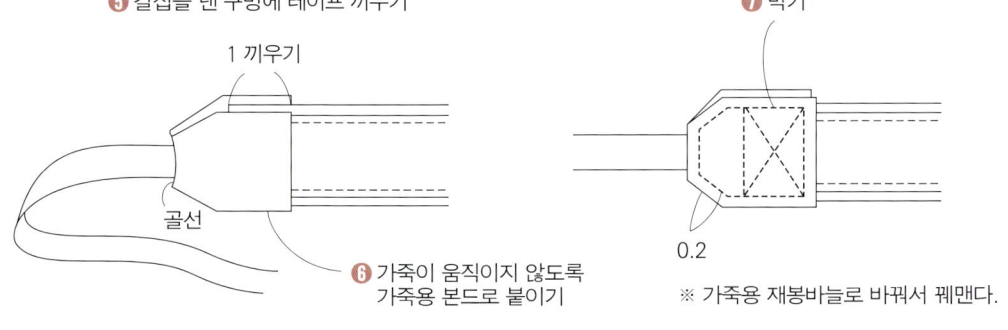

❺ 칼집을 낸 구멍에 테이프 끼우기

❻ 가죽이 움직이지 않도록 가죽용 본드로 붙이기

※ 다음 단계에서 봉제를 하므로, 본드를 잘 발라 임시 고정을 해둔다.

❼ 박기

※ 가죽용 재봉바늘로 바꿔서 꿰맨다.

완성

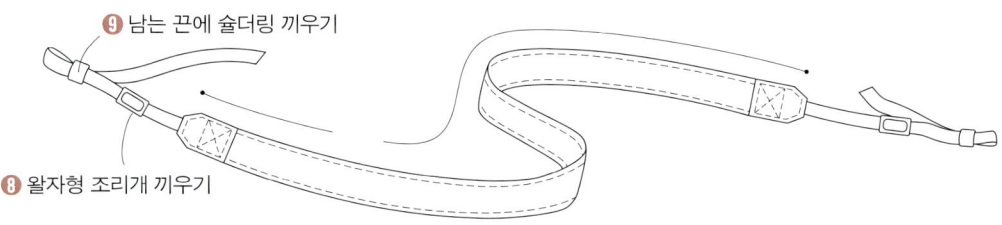

❽ 왈자형 조리개 끼우기

❾ 남는 끈에 슐더링 끼우기

p.173

리본 로제트 & 헤어클립

완성 사이즈
- 〈로제트〉 8×8cm
- 〈헤어클립〉 7×7cm

재료
〈로제트〉
- 브로치:
  폭 2.5cm 리본 50cm,
  접착 타입 펠트
  4×4cm 1장 · 6×6cm 1장,
  지름 2.5cm 싸개단추 1개
  (고정할 수 있는 발이
  달린 것)
- 기타:
  브로치 핀 1개,
  수공예용 본드

〈헤어클립〉
- 헤어클립:
  폭 2cm 리본 40cm,
  접착 타입 펠트
  3×3cm 1장 · 6×6cm 1장,
  지름 2.3cm 싸개단추 1개
  (고정할 수 있는 발이
  달린 것)
- 기타:
  헤어클립 1개,
  수공예용 본드,
  글루건

Fabric
- Design Ribbon

1. 리본을 접어 원형을 만든다   ★…브로치 1~1.2cm 정도 / 헤어클럽 약 1cm

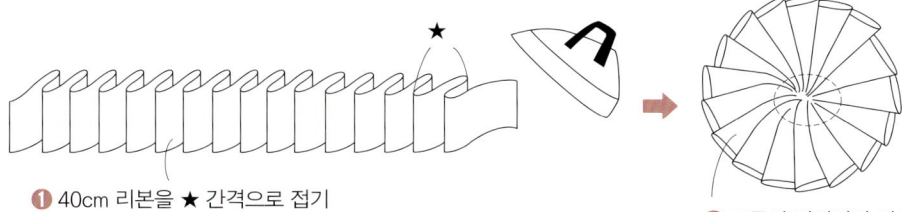

❶ 40cm 리본을 ★ 간격으로 접기
※ 15번 정도 접어 다리미로 잘 다린다.

❷ 조금씩 펼치면서 원 만들기
※ 리본의 시작과 끝이 주름 안쪽에서 끝날 수 있도록 잘 정리하고, 수공예용 본드로 맞대어 붙인다.

2. 중심을 만든다

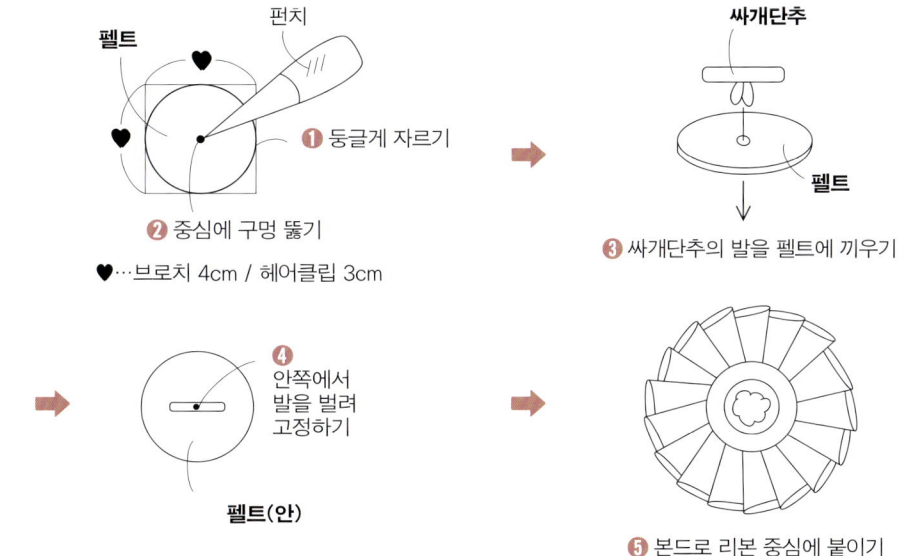

❶ 둥글게 자르기
❷ 중심에 구멍 뚫기
♥…브로치 4cm / 헤어클럽 3cm
❸ 싸개단추의 발을 펠트에 끼우기
❹ 안쪽에서 발을 벌려 고정하기
❺ 본드로 리본 중심에 붙이기

3. 뒷면을 만든다

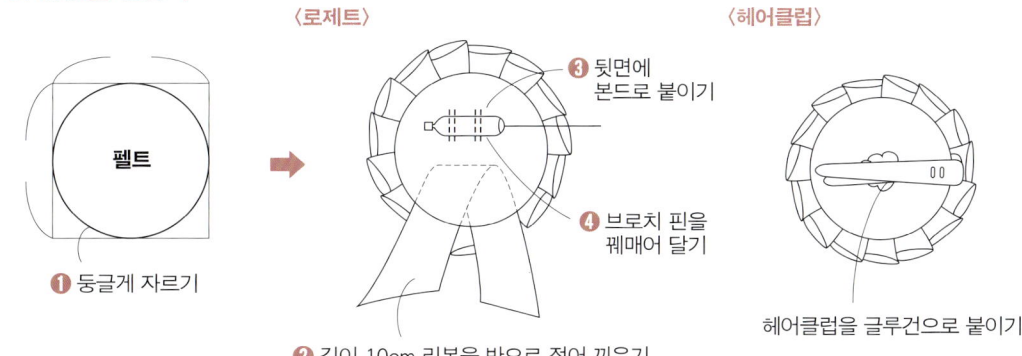

❶ 둥글게 자르기
❷ 길이 10cm 리본을 반으로 접어 끼우기
❸ 뒷면에 본드로 붙이기
❹ 브로치 핀을 꿰매어 달기
헤어클럽을 글루건으로 붙이기

완성

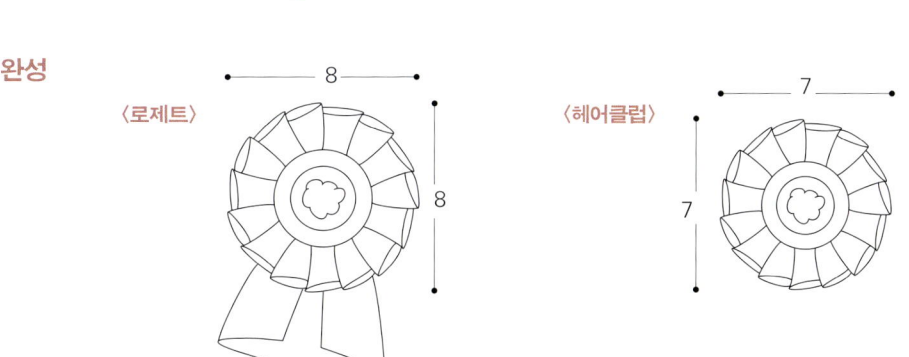

〈로제트〉 8×8
〈헤어클럽〉 7×7

p.174

사탕구슬 목걸이

완성 사이즈
• 전체 둘레 66cm

재료
• A천·B천:
 꽃무늬 각 40×10cm
• 기타:
 지름 1.5cm 발포스티로폼
 으로 만든 흰 구슬 42개(실
 을 끼울 수 있는 구멍이 있
 는 것),
 폭 1cm 레이스 5cm 2줄,
 수공예용 본드,
 바늘,
 구슬에 끼울 실 적당량

Fabric
• Pernille Mist Green
• Mini Rose Grey Brown

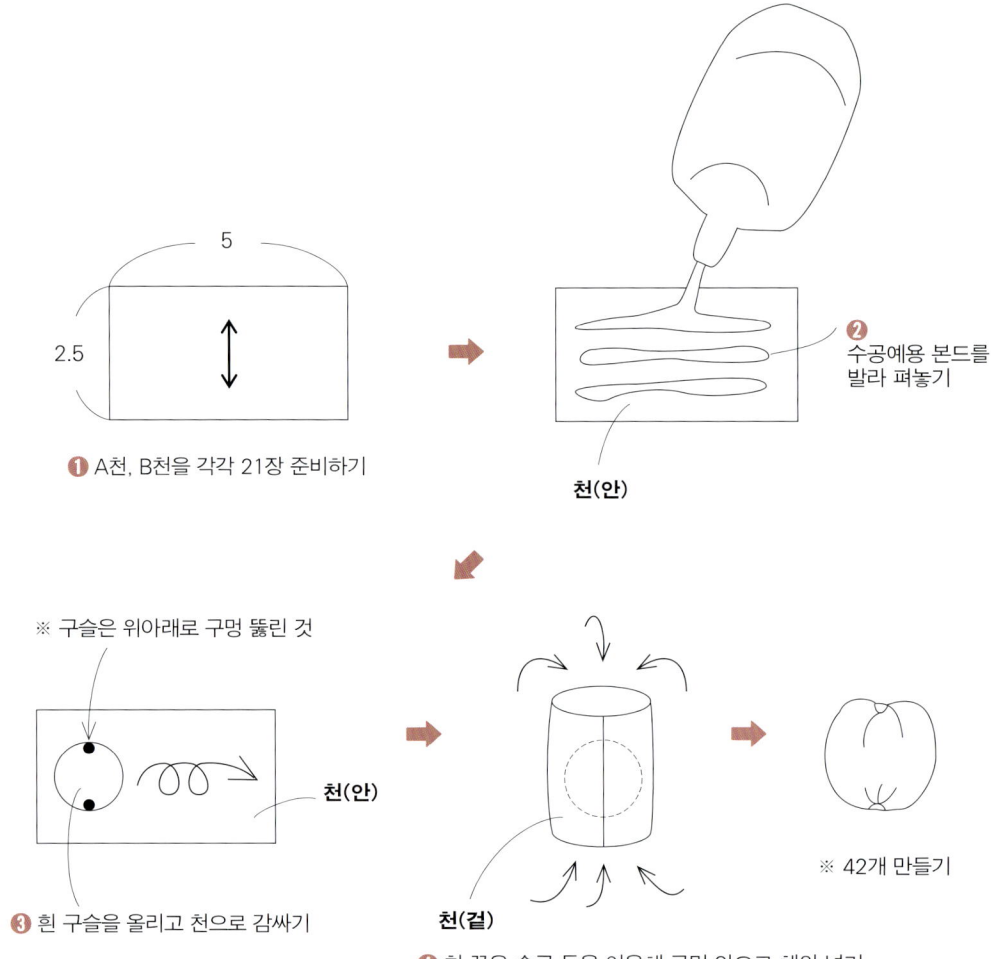

❶ A천, B천을 각각 21장 준비하기
❷ 수공예용 본드를 발라 펴놓기
※ 구슬은 위아래로 구멍 뚫린 것
❸ 흰 구슬을 올리고 천으로 감싸기
❹ 천 끝은 송곳 등을 이용해 구멍 안으로 채워 넣기
※ 42개 만들기

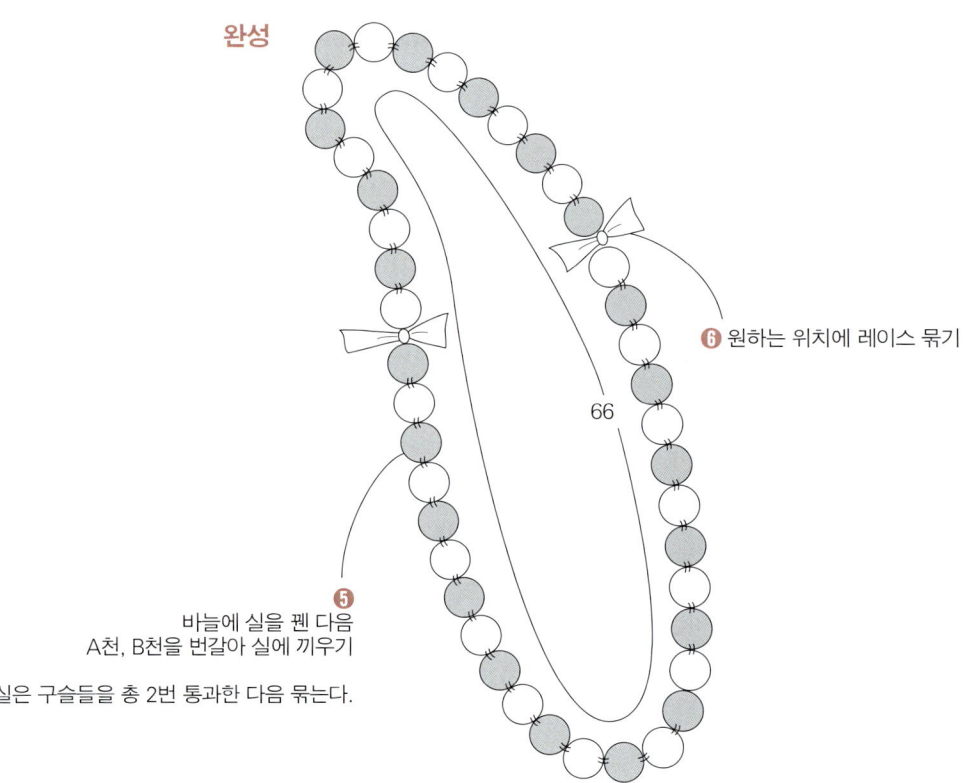

완성

❺ 바늘에 실을 꿴 다음 A천, B천을 번갈아 실에 끼우기
※ 실은 구슬들을 총 2번 통과한 다음 묶는다.
❻ 원하는 위치에 레이스 묶기

p.175

말과 새 브로치

실물 크기 패턴 D면 (34)

완성 사이즈
- 〈말〉 약 10×약 10cm
- 〈새〉 약 12×약 10cm

재료

〈말·새 공통〉
- 겉감:
  물방울무늬·줄무늬·꽃무늬
  5종류 각 15×5cm
- 안감:
  〈말〉 줄무늬·
  〈새〉 물방울무늬
  각 15×15cm
- 기타:
  폭 1cm 리본 40cm,
  두꺼운 종이,
  브로치 핀 1개

Fabric
- Winterbird Fabric Mix
- Christmas House Fabric Mix

〈말〉

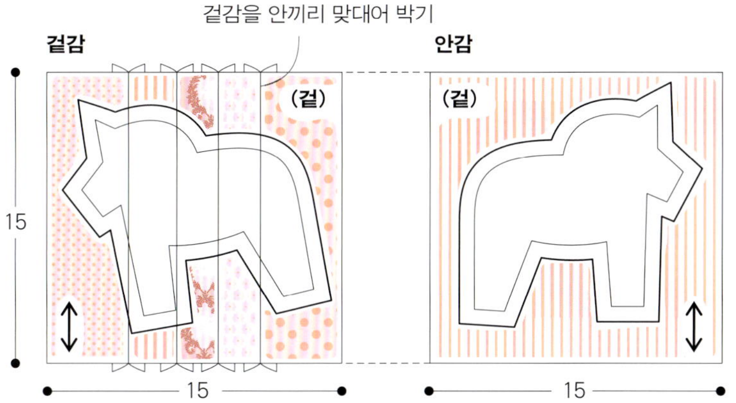

겉감을 안끼리 맞대어 박기

겉감 / 안감 (겉) / (겉) / 15 / 15

〈새〉

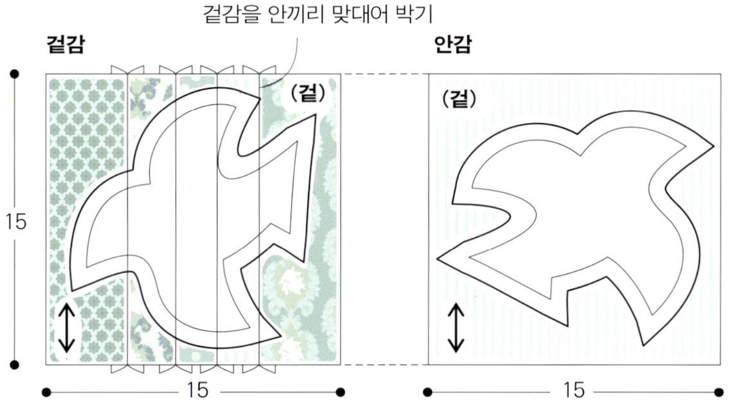

겉감을 안끼리 맞대어 박기

겉감 / 안감 (겉) / (겉) / 15 / 15

※ 시접은 1cm

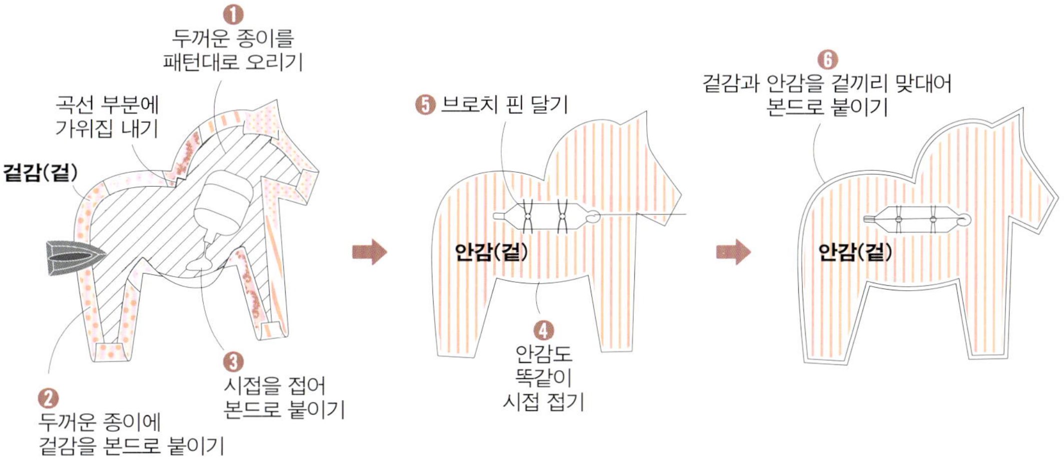

① 두꺼운 종이를 패턴대로 오리기
곡선 부분에 가위집 내기
겉감(겉)
② 두꺼운 종이에 겉감을 본드로 붙이기
③ 시접을 접어 본드로 붙이기
④ 안감도 똑같이 시접 접기
⑤ 브로치 핀 달기
안감(겉)
⑥ 겉감과 안감을 겉끼리 맞대어 본드로 붙이기
안감(겉)

완성

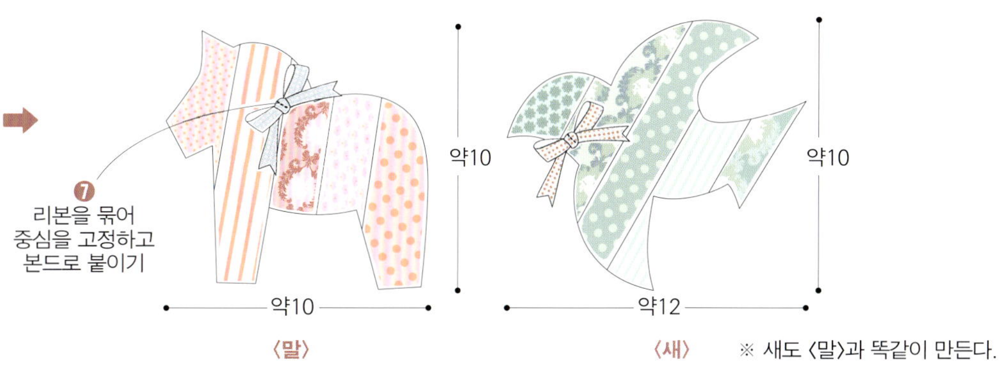

⑦ 리본을 묶어 중심을 고정하고 본드로 붙이기

약10 / 약10
약10 / 약12

〈말〉 〈새〉 ※ 새도 〈말〉과 똑같이 만든다.

p.176

꽃 코르사주

실물 크기 패턴 D면 (35)

완성 사이즈
- 지름 약 4.5cm

재료
〈4개 분량〉
- 본체: 물방울무늬 140×10cm
- 본체: 꽃무늬 140×10cm
- 기타: 브로치 핀 25mm 4개

Fabric
- Ruby Green
- Lining Teal

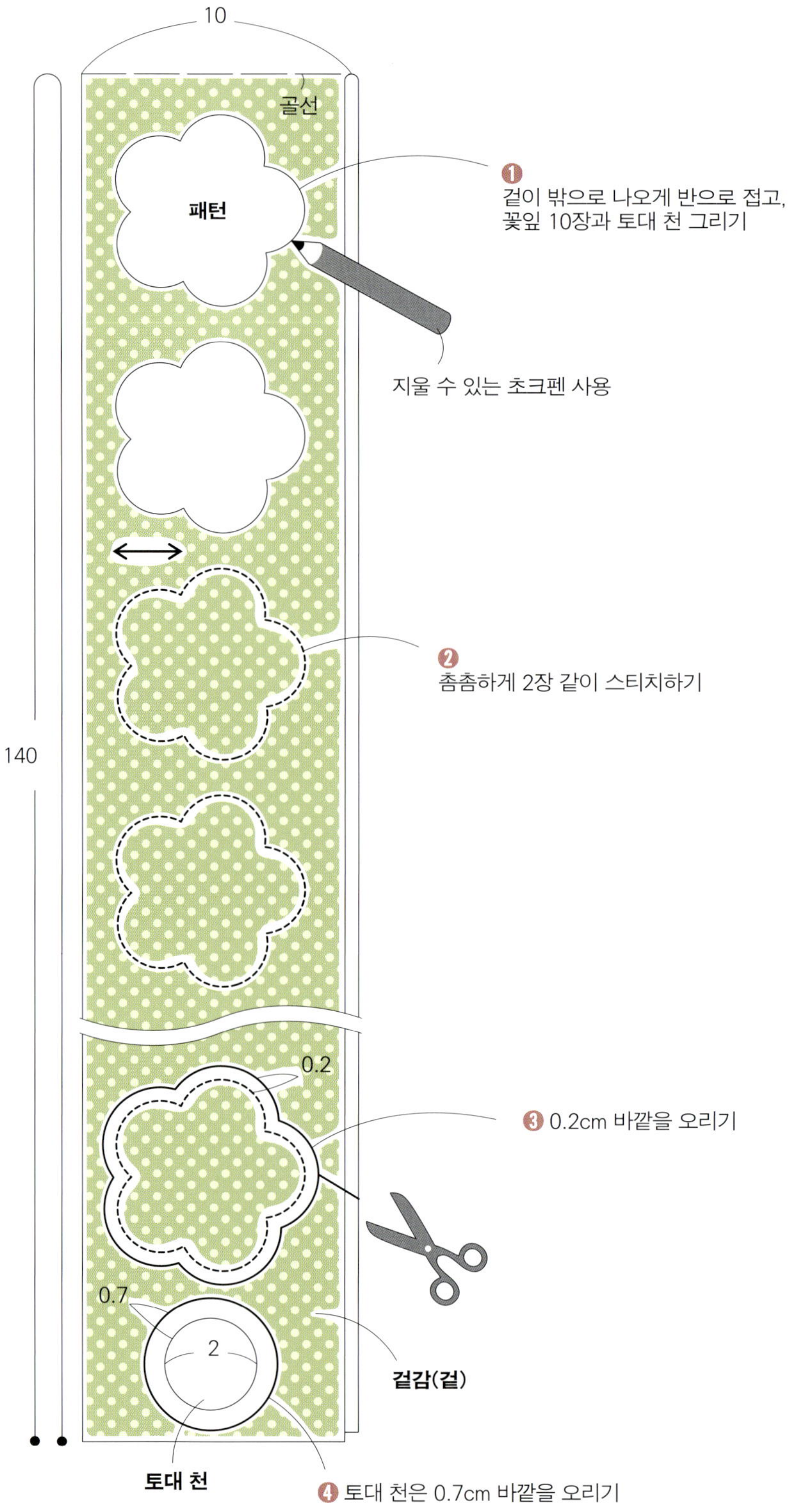

10 · 골선 · 140

❶ 겉이 밖으로 나오게 반으로 접고, 꽃잎 10장과 토대 천 그리기

패턴 · 지울 수 있는 초크펜 사용

❷ 촘촘하게 2장 같이 스티치하기

0.2 · ❸ 0.2cm 바깥을 오리기

0.7 · 2 · 겉감(겉)

토대 천 · ❹ 토대 천은 0.7cm 바깥을 오리기

1. 토대 천을 만든다

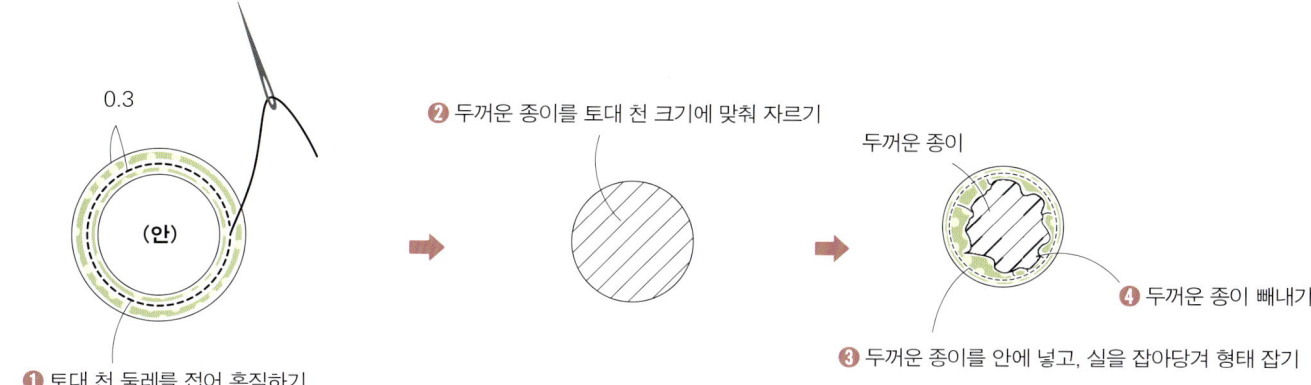

2. 꽃잎을 만든다

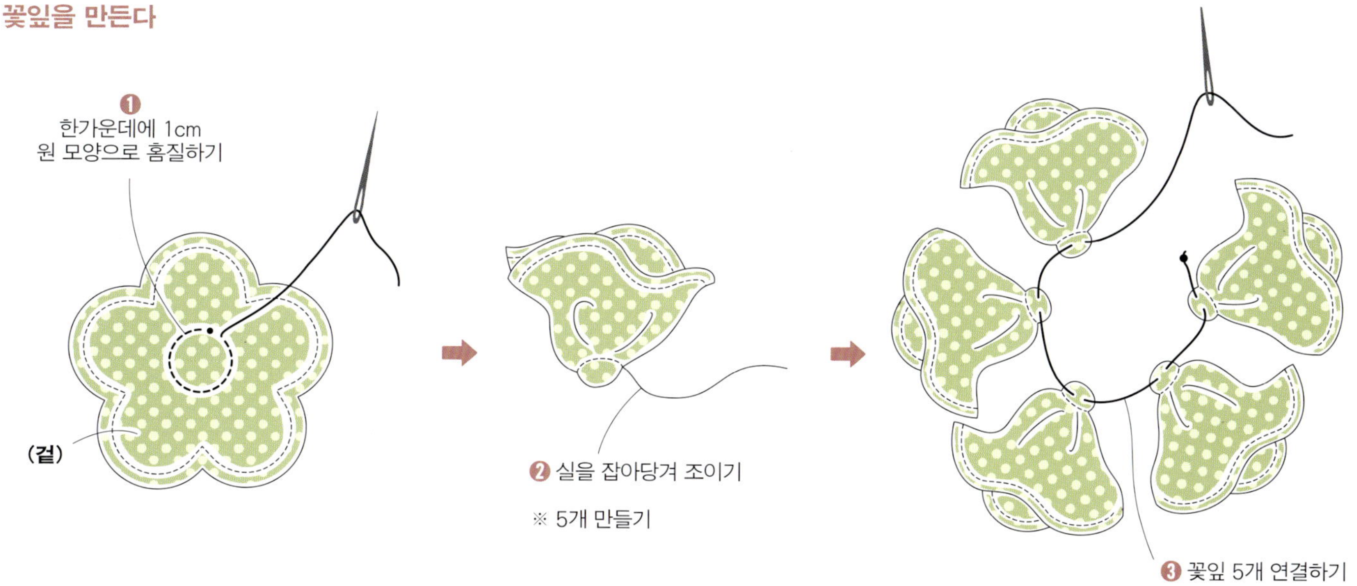

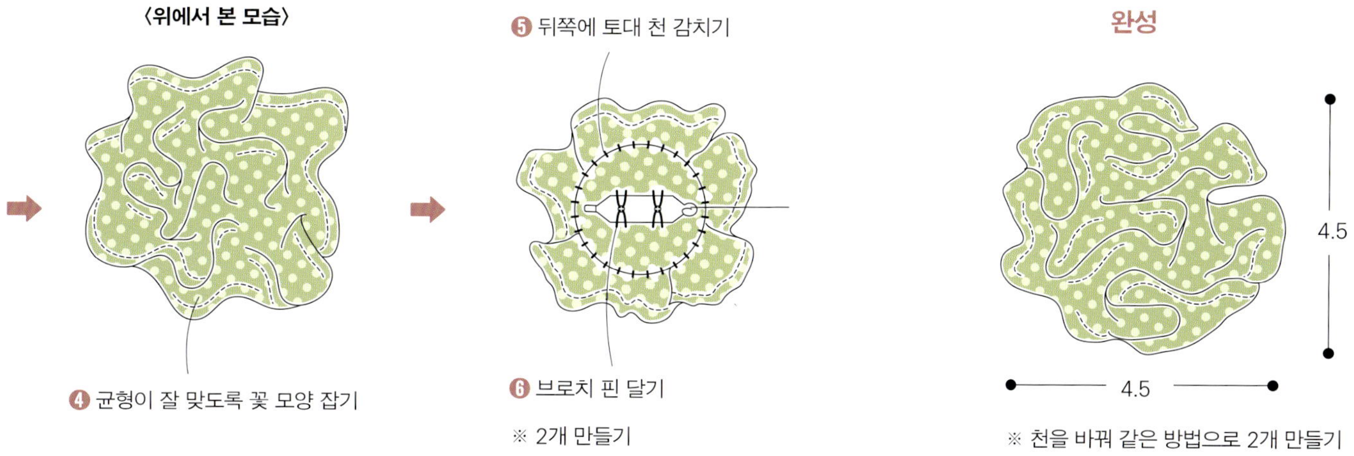

이 책에서 사용하는 틸다의 원단

이 책에서 사용한 귀여운 천들을 한꺼번에 소개합니다. 꽃무늬, 물방울무늬, 줄무늬 등을 이것저것 맞춰 써보는 만큼 만드는 재미도 2배가 될 거예요. 작품의 폭도 훨씬 넓어질 테고요.

Tilda Fabric ● 면 100%, 세탁 40℃, 수축률 6~7% | ★ 원단 폭 110cm | ★ 외의 경우는 원단 폭 140cm

Pernille Cadet Blue ★	 Pernille Lin Grey ★	 Pernille Mist Green ★	 Chinese Fan Cadet Blue ★	 Emma Red ★
 Emma Grey Brown ★	Mini Spot Light Blue ★	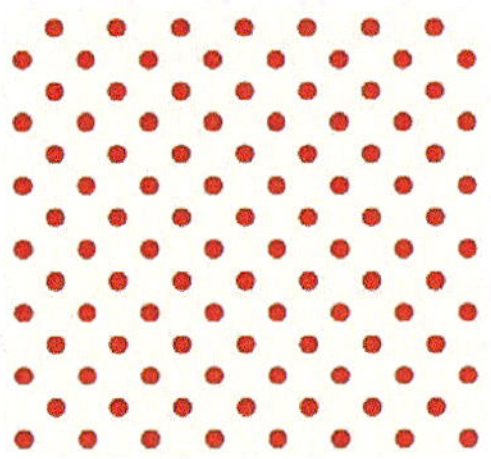 Mini Spot Red ★	Mini Spot Light Grey ★	 Birdcage Toile Cadet Blue ★
 Birdcage Toile Cadet Pink ★	 Mini Rose White ★	 Mini Rose Red ★	 Mini Rose Grey Brown ★	 Porcelaine Cup Cadet Blue ★
 Porcelaine Cup Lin Grey ★	Star Pink ★	Star Grey Brown ★	 Buke Ornament Cadet Blue ★	 Buke Ornament Red ★
 Buke Ornament Grey ★	 Mini Stripe Pink ★	Mini Stripe Cadet Blue ★	 Ruby Red	 Ruby Green
 Ruby Blue	 Vintage Ornament Bluegreen	 Vintage Ornament Pink	 Betsy Blue	 Little Flower Burgundy

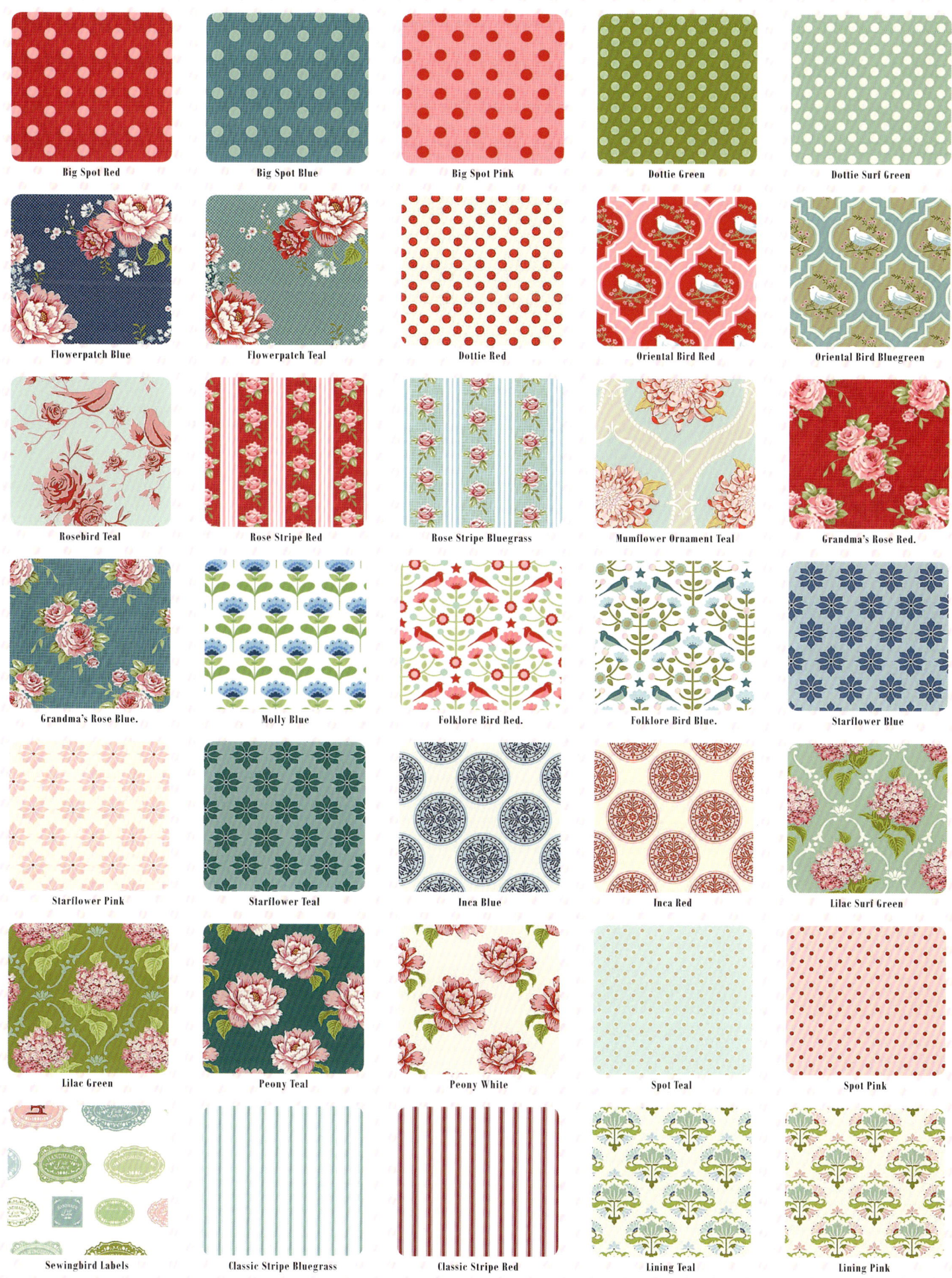

재봉틀로 박는 요령

바늘 끝이 아니라, 완성선(혹은 천 끝)과 노루발의 위치를 보면서 박도록 합니다. 시침핀을 꽂으며 박아나가세요.

원단에 따라 바늘과 실을 선택하세요.
| 보통 원단에 알맞은 것 - 실 ●60번 재봉실, 바늘 ●11번 재봉바늘 |

만드는 방법 페이지와 실물 크기 패턴에 대해서

이 책에서 특별히 따로 표시하지 않은 숫자의 단위는 모두 cm입니다.
여기에 수록된 실물 크기 패턴에 여성용은 S·M·L 세 가지 사이즈, 아동용은 100~120cm의 세 가지 사이즈입니다.

시접 ⓪

이 책의 실물 크기 패턴에는 시접이 잡혀 있지 않습니다.
재단 배치도를 참조해 시접을 더한 다음, 천을 재단하세요.
※ ○ 안의 숫자는 시접의 폭을 나타냅니다.

시작하기 전에 알아두어야 할 것들

1. 천을 다리미로 다려둘 것

차곡차곡 접어둔 천을, 물에 1시간 이상 충분히 담가둡니다. 그 후 가볍게 물기를 제거하고 그늘에 널어 약간 덜 마른 상태까지 말립니다. 안쪽부터 다리미질을 해 천의 올을 바로잡으며 말립니다.

2. 접착심을 붙이는 방법

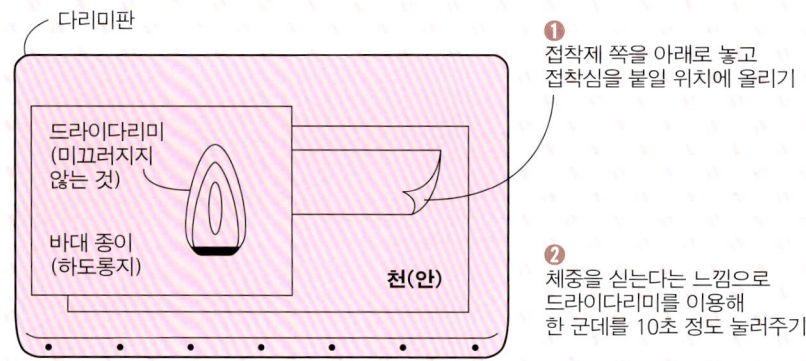

※ 그다음에 누를 때는 다리미의 열기가 식은 다음에 눌러주세요.
계속 뜨거울 때 누르게 되면 쉽게 벗겨지고, 주름이 잡히기도 합니다.

3. 턱을 꿰매는 방법

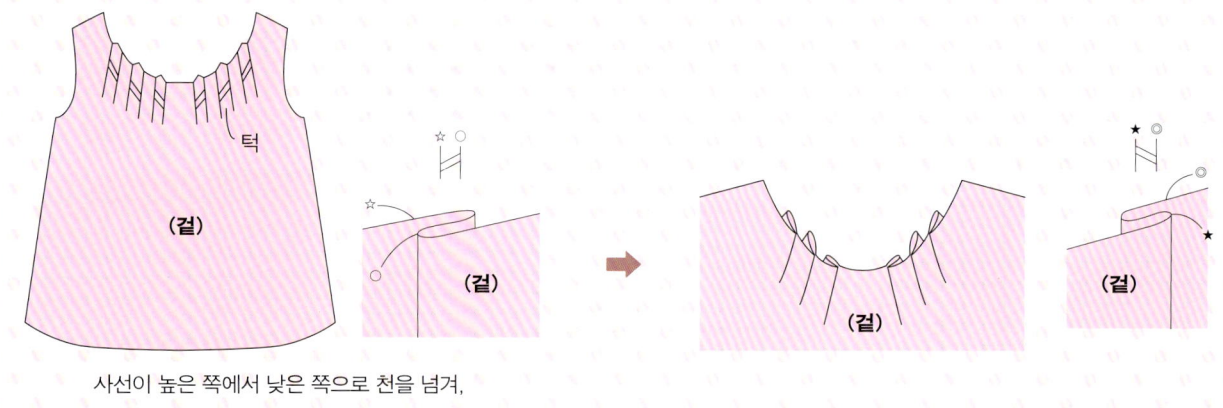

사선이 높은 쪽에서 낮은 쪽으로 천을 넘겨,
주름을 만듭니다. (턱 잡기)

4. 주름을 꿰매는 방법

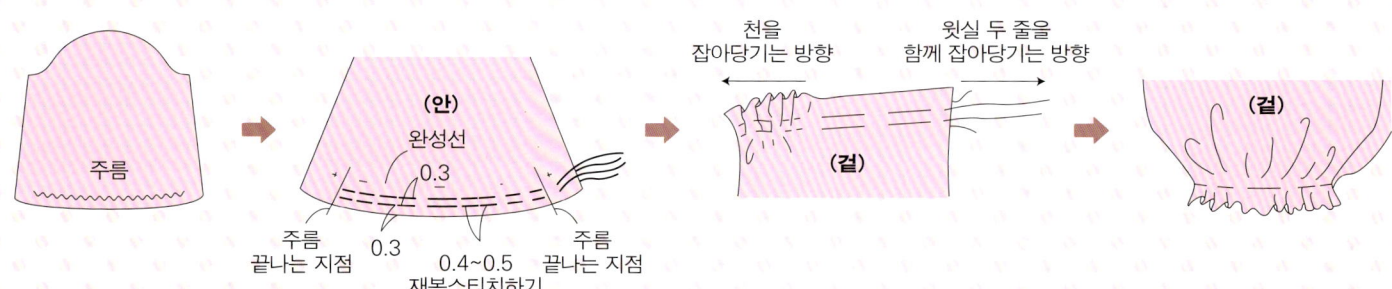

SewingFactory Tilda
www.sewingfactory.co.kr

480683

480684

480685

480689 Material kit "Hare mother with Child"

480688 Material kit "Spring Ornaments"

480691 Tins "Mina Blue"

480698 3D-stickers

480692 Mini Doilies

480696 Decor set

480694 Paper pad 12cm

480638 Mina Blue

480639 Ella Bluegrey

480640 Nina Sand

480641 Nina Pink

480642 Aurora Brown

480643 Bird Sand

480644 Bird Bluegrey

480645 Sally Brown

480646 Leaf Garland Pink

480647 Mini Gingham Bluegrey

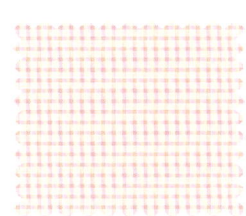
480648 Mini Gingham Pink

480637 Charmpack

480704
Flowery clothes Pegs

480703 Flag garland

480686   480687

480708
Twine on wooden spool,
"Mist"

480707 Spool hanger

480709
Mother of pearl button
"Mist"

480695
Card background

480697
Decor set

480649
Mina Pink

480650
Ella Slate Blue

480651
Nina Slate Blue

480652
Nina Mist

480653
Aurora Bluegreen

480654
Bird Mist

480655
Sally Bluegreen

480656
Leaf Garland Blue

480657
Bird Pink

480658
Mini Gingham Slate Blue

480659
Mini Gingham Red

480682
Charmpack

TILDA'S HOME SEWING(NV80313)

Copyright © NIHON VOGUE-SHA 2013
All rights reserved.
First published in Japan in 2013 by Nihon Vogue Co., Ltd.

Photographer: Ayako Hachisu, Kana Watanabe, Yukari Shirai, S.Anxlvi Dos Santos
Designers of the projects in this book: Sanae Kouno, Rika Komori, Chiharu Okuyama, Yoko Kato, Tomoko Tanaka, Yoko Kubodera, Maki Saeki, Hitomi Inoue, Yoko Kaiki, Mariko Uchimura

This Korean edition is published by arrangement with Nihon Vogue Co., Ltd, Tokyo
in care of Tuttle-Mori Agency, lnc., Tokyo through Botong Agency, Seoul.

이 책의 한국어판 저작권은 보통에이전시를 통한 저작권자와의 독점 계약으로 한스미디어가 소유합니다.
신 저작권법에 의해 한국 내에서 보호를 받는 저작물이므로 무단전재와 복제를 금합니다.

틸다의 홈소잉

1판 1쇄 발행 2014년 4월 24일
1판 3쇄 발행 2016년 8월 16일

지은이 | 일본보그사
옮긴이 | 송혜진
펴낸이 | 김기옥

실용본부장 | 박재성
편집 | 이나리, 류인경
영업 | 김선주
커뮤니케이션 플래너 | 손혜인
지원 | 고광현, 김주현
제작 | 김형식

디자인 | 霖design
인쇄·제본 | (주)상지사P&B

펴낸곳 | 한스미디어(한즈미디어(주))
주소 | 121-839 서울시 마포구 양화로 11길 13(서교동, 강원빌딩 5층)
전화 | 02-707-0337
팩스 | 02-707-0198
홈페이지 | www.hansmedia.com
출판신고번호 | 제313-2003-227호
신고일자 | 2003년 6월 25일

ISBN | 978-89-5975-603-2 13590

책값은 뒤표지에 있습니다.
잘못 만들어진 책은 구입하신 서점에서 교환해 드립니다.

틸다의 홈소잉

1판 1쇄 발행 2014년 4월 24일
1판 3쇄 발행 2016년 8월 16일

지은이 | 일본보그사
옮긴이 | 송혜진
펴낸이 | 김기옥

실용본부장 | 박재성
편집 | 이나리, 류인경
영업 | 김선주
커뮤니케이션 플래너 | 손혜인
지원 | 고광현, 김주현
제작 | 김형식

디자인 | 森design
인쇄·제본 | (주)상지사P&B

펴낸곳 | 한스미디어(한즈미디어(주))
주소 | 121-839 서울시 마포구 양화로 11길 13(서교동, 강원빌딩 5층)
전화 | 02-707-0337
팩스 | 02-707-0198
홈페이지 | www.hansmedia.com
출판신고번호 | 제313-2003-227호
신고일자 | 2003년 6월 25일

ISBN | 978-89-5975-603-2 13590

책값은 뒤표지에 있습니다.
잘못 만들어진 책은 구입하신 서점에서 교환해 드립니다.